本书获得了国家自然科学基金（62307001、31701517）、北京市属高校研修项目（2023年度）的资助

A Study on the Characteristics of Students' Behavior in School Based on Multi-modal Data

U0516186

基于多模态数据的学生在校行为特征研究

李慧 著

经济管理出版社
ECONOMY & MANAGEMENT PUBLISHING HOUSE

图书在版编目（CIP）数据

基于多模态数据的学生在校行为特征研究 ／ 李慧著.

北京：经济管理出版社，2024. -- ISBN 978-7-5096
-9866-2

Ⅰ. G635.5

中国国家版本馆 CIP 数据核字第 2024C0Y091 号

组稿编辑：高　娅
责任编辑：高　娅
责任印制：许　艳

出版发行：经济管理出版社
　　　　　（北京市海淀区北蜂窝 8 号中雅大厦 A 座 11 层　100038）
网　　　址：www.E-mp.com.cn
电　　　话：(010) 51915602
印　　　刷：唐山玺诚印务有限公司
经　　　销：新华书店
开　　　本：720mm×1000mm/16
印　　　张：15
字　　　数：286 千字
版　　　次：2024 年 8 月第 1 版　　2024 年 8 月第 1 次印刷
书　　　号：ISBN 978-7-5096-9866-2
定　　　价：98.00 元

序　言

　　智慧校园提供了大量对于学生群体的行为记录数据，对于学生群体和个体来说，详细的校园记录能够为建构学生群体和个体的行为模式基线以及分析行为模式的变化提供可能性。

　　本书的研究数据来源包含三个方面：学生端的摄像头、教室内的监控视频与校园卡的消费数据和门禁数据。所进行的研究内容主要包含以下三部分：

　　（1）针对在线教学过程中学生端视频的数据获取与分析，改进了多种不同类型的状态数据的获取模型，研究从不同角度获取学生在听课状态下的数据表征。主要包括：①从平衡实时性和准确率方面改进了表情识别模型，以便在性能较低的学生端部署识别模型；②提出了一种直接预测面部姿态的端到端网络模型，利用全局特征直接进行面部姿态估计并生成面部边界框，分析学生在在线教学过程中的面部朝向（关注区域）的变化情况；③改进了基于单目视频的学生3D人脸建模方法，从人脸检测、关键帧提取、图像几何自动编码器三个方面对模型进行改进，基于学生端视频数据建立同步变化的3D人脸模型，以分析学生微表情变化；④改进了视频中的学生个体的交互动作检测与识别模型，通过融合多种分辨率的特征信息，避免小目标特征的丢失，识别学生在课间状态下的交互动作；⑤提出基于短期表情向量聚类的学生分类方法，以及基于长期表情向量聚类的学生推荐方法，为教师选择提问或交流的学生提供更好的参考。

　　（2）针对课堂教学过程中的监控视频的分析，改进了不同状态数据的获取模型，并提出了多种分析方法。这些改进的模型从多人视频中获取学生个体的行为数据，包括面部位置、面部姿态、目标跟踪等，该部分的研究为下一步分析学生行为特征提供数据支撑。主要包含：①改进了课堂视频中的面部姿态数据的获取和分析方案。基于Img2pose模型获取学生面部姿态，分析课堂中学生的注意力分布和课堂参与度与行为模式。②改进了课间视频中的学生个体的目标跟踪模型，将空间注意力机制引入孪生网络，提升网络在复杂背景下的特征提取能力和抗干扰能力，分析学生在课间的活动情况。

（3）基于校园卡刷卡数据的学生消费行为特征分析，基于校园一卡通中的消费数据和门禁系统中的刷卡数据研究分析学生群体的校园行为特征，包括餐饮消费习惯、消费偏好以及校园活动规律、行动轨迹特征等，基于学生所在分类的群体行为模式，分析学生在不同时间段的生活习惯方面的特征模式。

本书基于大数据分析的视角，感知学生的课堂学习状态及校园行为模式，以及它们随时间的变化情况。对于学生群体和个体的行为数据的分析，可以在两方面起到有效的助力作用：一是反馈学生的学习状态，二是反馈其情绪状态变化。对于学生学习状态的分析，可以用于教学效果评价，为教师提供教学效果的闭环反馈，改善教学过程设计，提高教学质量。对于学生日常生活和行为模式变化的分析，则能帮助评估其情绪状态的变化，从而反馈其心理健康状况的变化。

前　言

　　学生群体的日常行为大多发生在固定的校园环境内，智慧校园提供了大量对于学生群体的行为记录数据，对于学生群体和个体来说，其对应数据被详细地记录或可从多项数据中综合分析获得，为建构学生群体和个体的行为模式基线以及分析行为模式的变化提供可能性。

　　对于学生群体和个体的行为数据的分析，可以在两方面起到有效的助力作用：一是能够有效反馈学生的学习状态，二是能够常态化地反馈其情绪状态变化。

　　在学生的学习状态分析方面，在教学过程中，学生在课堂中的连续状态信息对教师来说是过载的，教师无法连续记忆每名学生的状态，利用图像处理技术能够识别课堂学生的表情、关注点、交互行为等特征，从而生成一系列学生状态的数据。对于学生在课堂中的学习状态的分析，可以用于教学效果评价，能够为教师提供实时的教学效果的闭环反馈，提高教师对教育质量的把控能力，也能够帮助教师掌握授课情况并及时制订针对性的教学计划，改善教学过程设计，提高教学质量。

　　在学生的情绪状态分析方面，情绪状态与行为举止及生活习惯等具有很强的相关性，且情绪的变化常常会影响行为模式的变化。对于学生群体而言，在一定阶段（如一个学期）内，学业安排和课余活动较为规律，日常生活行为（如课堂学习情绪状态、睡眠时间结构、饮食结构及行为习惯特征等）的变化受外界因素影响较少，而受情绪和心理状况的影响较大。通过学生个体的校园行为数据，综合不同环节的行为特征，观测其日常生活和行为模式的变化，评估其近期情绪状况的变化，则可有望反馈学生个体的心理健康状况的变化。假如将这一评估过程常态化，持续地以每位学生的历史行为模式基准循环分析其近期行为，则可以实现学生个体心理健康状况的连续动态评估，从而有助于提高学生个体心理健康隐患早期发现的及时性和全员覆盖性，促进由治"已病"向治"未病"的积极转变。

本书以笔者近年来的研究工作为基础，阐述了笔者及研究团队在学生的校园行为特征方面的技术研究工作，并结合这些研究成果，针对智慧校园下的多模态数据在脱敏后进行多角度的分析。相关的研究工作分为两个阶段：第一个阶段是2020年初到2021年底，第二个阶段是2021年底到2024年3月。

第一阶段：2020年突如其来的新冠疫情为在线教育带来新的机遇，推进全社会的在线教育进程，各大中小学在疫情防控期间大规模开展从传统课堂教学向在线教学的一次性转型。在线教学是一种师生时空分离、基于媒介的教育教学实践，在线课堂中的教学过程与传统课堂的本质区别是教学时空分离，传统课堂中教师的教学行为与学生的学习行为发生在同一时空中，在教学过程中"优秀教师可以做到对学生知识掌握情况的精准把握"，教师能够关注课堂整体，并关注每一名学生，可以根据学生的表现随时调整课堂节奏或讲授方式，以适应学生的学习状态，达到最佳的教学效果，尤其是对听课状态不佳的学生，能够通过关注、提醒、提问等形式及早将其拉回到课堂中，提高学生对课堂的参与度与黏度。而在线课堂中，教师的教学行为和学生的学习行为发生在相互分离的不同空间甚至不同时间内，教师难以实时全面地掌握学生的学习状态。传统课堂对学生的管理和闭环反馈过程是在线课堂所缺失的，在线课堂中在教学氛围和实时交互方面无法实现与传统课堂同质量的互动。

疫情开始后，由于数据获取方面的困难和研究过程中交流的困难，导致研究工作前所未有的滞后，同时笔者在工作过程中接触到大量学生不得不通过在线教学的形式学习。因此，笔者的研究重点从针对知识检索和知识推荐服务的研究，迁移为研究在线课堂中的教师对学生的管理和师生闭环反馈过程，通过提高信息技术、网络技术在在线教学中的应用水平，意图提升在线教学中对教学效果的胜任力，提高线上教学和线下教学同质等效的保障能力。

在这一阶段的研究过程中，我们针对在线教学过程中学生分散的特点，提出"学生端识别、教师端仅汇总识别结果"的解决方案，降低网络传输的数据量，并针对该解决方案，进行了几方面的研究：

（1）用于学生端的表情识别模型的轻量化，目的是在性能较低的学生端部署表情识别模型。

（2）基于学生端单目视频的学生面部姿态估计，目的是分析学生在在线教学过程中的面部朝向（关注区域）的变化情况。

（3）基于单目视频的学生 3D 人脸建模，目的是基于学生端视频数据建立实时变化的 3D 人脸模型，以分析学生微表情变化。

（4）基于单目视频的学生个体的交互动作检测与识别，目的是识别学生在听课状态下的交互动作，以更进一步地分析学生的听课状态。

（5）基于学生的课堂表情数据，对学生的短期/长期行为数据进行特征画像，用于师生交互推荐。

第二阶段：随着疫情形势的转好，学生的教学逐渐转入课堂教学，但一个新的问题逐渐呈现在大众视野中，根据 2021 年 3 月中国科学院心理研究所发布的《中国国民心理健康发展报告（2019—2020）》，2020 年我国青少年抑郁检出率为 24.6%，其中重度抑郁为 7.4%。"在新冠疫情的影响下，心理健康风险上升为全球十大风险之一"且"青少年已经成为抑郁的高风险群体"。早期发现和及时适宜的心理支持，对于有效减缓或避免心理疾患的发生具有积极的意义，但由于心理健康问题的发生机理和发展过程非常复杂，对于非精神专科医师来说，通过典型的指标识别有心理健康障碍的学生的时效性不佳。

对于学生群体来说，通过学生个体的校园行为数据（尤其是其课堂学习状态数据），综合不同环节的行为特征，观测其日常生活和行为模式的变化，评估其近期情绪状况的变化，则可有望反馈学生个体的心理健康状况的变化。因此，本阶段的数据对象主要为在教室中上课时的课堂监控视频。在课堂教学过程中，教师能较好地把握课堂的整体状况，但无法关注到每一名学生的具体数据，更难以对具体的某一名学生做不同时间段的纵向对比，因此该阶段基于学生在校园内的数据（包括教室内的监控视频和校园卡刷卡数据）对学生个体进行横向分析和纵向分析，建立学生的行为特征画像，描述学生的行为分类和随时间变化的情况，从而辅助心理健康中心对学生进行初筛。在这一阶段的研究过程中，我们针对校园内的数据进行了以下几方面的研究：

（1）课堂视频中的面部姿态识别与数据分析。针对课堂中的每一名学生在不同时间段的面部朝向（关注区域）进行识别与数据分析。

（2）课间视频中的学生个体的目标跟踪研究。对于学生个体来说，其课间的表现更能体现其情绪状态，以及体现情绪状态的变化情况，因此研究课间视频中的学生个体的目标跟踪方法，能够分析学生在课间的活动情况，从而反馈其情绪倾向。

（3）基于校园卡刷卡数据的学生行为特征分析。对学生的就餐与活动规律进行分析能够得到学生在不同时间段的就餐时间、就餐喜好、消费特点的变化情况，需要说明的是，学生个体的就餐和活动规律受所在群体的影响较大，因此本部分中首先分析了不同类别群体的行为特征。

本书对两个阶段中的研究工作进行了总结，所处理的数据类型主要包含三类：在线教学过程中基于学生端采集的单人视频、课堂教学过程中基于监控摄像头采集的教室视频，以及校园卡刷卡数据。在上述三类数据源的基础上，大量的工作是用于解决学生相关的行为数据获取过程中遇到的困难。由于疫情等多方面因素的影响，本书研究内容经过多次调整，因此研究工作尚需在研究深度和研究广度方面进一步加强，在解决数据特征获取的困难之后，笔者将尽自己所能为所设定的任务目标进一步开展相关的研究。在本书内容的基础上，下一步的工作主要会围绕以下几方面：

（1）继续扩展校园数据的种类和数量，如校园运动数据、校园设施使用数据、校园网络使用数据、教务数据、心理中心数据等。

（2）对于学生不同分类的群体行为特征的分析，目前还只是在静态分析阶段，后续会进一步实施基于序列数据的动态分析。

（3）对于学生个体行为特征的分析，目前仅有部分数据实现了以群体行为为基准的对照分析，尚未进行以自身历史行为模式为基准的对照分析。

本书中内容以笔者近年来的研究工作为基础，属于计算机视觉领域、校园数据分析领域的最新研究成果，对于系统地了解、学习和研究校园数据分析方法的前沿知识具有较好的帮助作用。

本书可作为计算机、信息技术、教育学、心理学等相关专业的教师、研究生和大学高年级学生的参考书，也适合于从事计算机视觉、视频处理、图像处理、数据分析、智慧校园、行为特征分析等方面的研究人员和技术人员阅读使用。

本书所涉及的所有研究工作由笔者及所属研究团队、多名研究生协力完成，在研究过程中得到了北京师范大学余胜泉教授研究团队的指导，得到了中国科学技术信息研究所张运良研究员和韩红旗研究员团队的指导，得到了北京工商大学陈红倩教授研究团队的指导和大力支持，参与本书研究工作的研究生和本科生包括：孙丽萍、常雨乐、李宗润、高卉、吴倩、章亚琴、熊佳辉，在此向辛勤工作的全体同学表示感谢，对每一位曾给予笔者帮助和支持的朋友、同事与学生表示最真诚的感谢！

还要特别感谢所有为本书相关的研究工作提供数据支持的单位。在此虽然无法一一写上你们的名字，但没有你们的数据共享，笔者的研究工作将难以深入进行。这些宝贵的资源为笔者的研究工作提供了基础性支持，在此对你们的信任与协助表示深深的敬意与衷心的感谢！

本书的研究工作得到了国家自然科学基金（项目号为 62307001、31701517）、北京市属高校研修项目（2023 年度）的资助，得到了北京联合大学和北京联合大学管理学院的大力支持，感谢学校和学院的领导们的支持与信任，在此表示诚挚的感谢！

本书的出版得到了经济管理出版社的大力支持。在此对所有关心与支持本研究工作的领导、专家和各位老师表示真诚的感谢！

由于笔者水平有限，书中错误与不足之处在所难免，恳请读者予以指正。

李慧

2024 年 3 月

目　录

第1章 绪论

1.1 研究背景与意义

本书是围绕"学生的校园行为特征分析"这一条主线进行研究的，基于学习过程数据和校园卡刷卡数据两类校园数据源分析学生的行为特征，其中学习过程数据包含"在线教学"和"课堂教学"两种场景下的视频数据。由于数据源的多模态特征，对于学习过程的视频数据，需要研究能够表征学生行为的数据获取方法和分析方法；对于校园卡刷卡数据则仅需研究数据分析方法。

本书的研究背景主要从两方面进行阐述：一方面是关于在线教育过程中面临的问题，另一方面是关于学生心理健康教育面临的问题。

在学生的学习状态分析方面，在教学过程中，学生在课堂中的连续状态信息对教师来说是信息过载的，教师无法连续记忆每名学生的状态，利用图像处理技术能够识别课堂学生的表情、关注点、交互行为等特征，从而生成一系列学生状态的数据，通过汇总至教师端为教师提供有效的教学效果闭环反馈。

在学生心理健康教育，尤其是情绪状态检测方面，通过学生个体的校园行为数据，综合不同环节的行为特征，观测其日常生活和行为模式的变化，评估其近期情绪状况的变化，则可有望反馈学生个体的心理健康状况的变化。假如将这一评估过程常态化，持续地以每位学生的历史行为模式基准循环分析其近期行为，则可以实现学生个体心理健康状况的连续动态评估，从而有助于提高学生个体心理健康隐患早期发现的及时性和全员覆盖性，促进由治"已病"向治"未病"的积极转变。

相对于普通人群，通过学生个体的行为数据分析其心理状况有两方面优势：一是学生个体行为的时间与时空规律性较强且外界影响因素较少，其心理状况的变化能够更为显著地投射至其行为模式的变化；二是学生个体行为的数据记录翔实完整，能够较为充分地获知学生的行为模式及变化特性。

1.1.1 在线教育方面的研究背景

在在线教育方面，在线教育是一种以网络为媒介的教学方式，通过网络技术进行内容传播和快速学习。在线课堂中的教学过程与传统课堂的本质区别是教学时空分离，传统课堂中教师的教学行为与学生的学习行为发生在同一时空中，在教学过程中"优秀教师可以做到对学生知识掌握情况的精准把握"，教师能够关注课堂整体，并关注每一名学生，可以根据学生的表现随时调整课堂节奏或讲授方式，以适应学生的学习状态，达到最佳的教学效果，尤其是对游离状态的学生，能够通过目光关注、提醒、提问等形式及早将其拉回到课堂中，提高学生对课堂的参与度与黏度。而在线课堂中，教师的教学行为和学生的学习行为发生在相互分离的不同空间甚至不同时间内，教学行为和学习行为是同步或异步发生的，教师难以实时全面地掌握学生的学习状态，从而难以对教学活动进行及时调整。这是由于在线课堂缺失传统课堂对学生的管理和闭环反馈过程，在线课堂在教学氛围和实时交互方面无法实现与传统课堂同质量的互动。

随着图像处理、大数据、人工智能等技术的不断发展和成熟，对在线课堂中的学生进行实时跟踪和监控已很普遍。利用图像处理技术识别在线课堂学生的学习状态，从而生成一系列学生状态的数据，能够让教师监督学生上课，并帮助教师掌握授课情况，及时制定针对性的教学环节，提升教学效率。因此，本书将面部姿态估计与表情识别技术应用到在线课堂中，有效帮助教师在课堂中随时了解学生的情绪状况，及时调整教学方式，增强课堂互动效果，提高学生注意力，从而保证良好教学效果与质量。本书对在线课堂的交互进行探索，以表情识别和推荐算法融合的技术为载体，进一步实现在线课堂的智能化。

1.1.2 心理健康教育方面的研究背景

在心理健康教育方面，根据 2021 年 3 月中国科学院心理研究所发布的《中国国民心理健康发展报告（2019—2020）》，2020 年我国青少年抑郁检出率为 24.6%，其中重度抑郁为 7.4%。《2020 年大学生心理健康现状与需求》建议"促进高校心理健康教育工作从治'已病'向治'未病'、从治疗性向预防性的更积极的转变"。学生群体的心理健康工作既是党和政府当前关注的重点，也已成为教育界的现实而紧迫的重要任务。

以抑郁症为代表的心理健康问题，以情绪状态及其持续时间长度为典型识别表征，而情绪状态与行为举止及生活习惯等具有很强的相关性，且情绪的变化常常会影响行为模式的变化。对于学生群体而言，在一定阶段（如一个学期）内，学业安排和课余活动较为规律，日常生活行为（如课堂学习情绪状态、睡眠时间结构、饮食结构及行为习惯特征等）的变化受外界因素影响较少，而受情绪和心理状况的影响较大。另外，学生群体的日常行为大多发生在固定的校园环境内，其对应数据被详细地记录或可从多项数据中综合分析获得，为建构学生个体的行为模式基线以及分析行为模式的变化提供可能性。

通过学生个体的校园行为数据，综合不同环节的行为特征，观测其日常生活和行为模式的变化，评估其近期情绪状况的变化，则可有望反馈学生个体的心理健康状况的变化。假如将这一评估过程常态化，持续地以每位学生的历史行为模式基准循环分析其近期行为，则可以实现学生个体心理健康状况的连续动态评估，从而有助于提高学生个体心理健康隐患早期发现的及时性和全员覆盖性。

1.2　研究的必要性分析

1.2.1　在线学习状态分析的必要性分析

在在线课堂的学生学习状态分析方面，在线课堂作为在线教育的载体有三种主要组织形式：①网络精品课＋师生在线交流；②教师录播＋在线答疑；③教师在线直播＋在线讨论。对比传统课堂，当前的在线课堂主要存在以下几方面的问题：①难以形成良好的课堂教学闭环反馈机制，教师无法一目了然地掌握学生的课堂学习反馈，所以极易导致教师授课节奏不合理。②教师对学生难以有效监督，基于网络的在线教育由于无法面对面交流，教师无法对学生的学习过程进行有效的监督，对于主动性较差的学生而言，学习效果大打折扣。③学生的参与积极性不均衡。大部分在线教育平台都实现了互动功能，但大多逃不开一种困境——对于大多数学生来说，基本处于信息的单一输入状态（大班课尤其如此），对于个别主动性强的学生来说，虽然其与老师的互动显著增强，但仍有很多学生感受到自身受关注程度严重不足，从而造成学生的参与积极性大幅度下降，甚至个别学生处于游离状态。

针对在线教学过程中教师对课堂的整体把控力度低、教学闭环反馈不完善的问题，利用基于视频的表情识别技术、面部姿态识别技术和个性化推荐技术，研究低网络流量条件下的在线课堂的学生听课状态实时分析，能解决两个痛点：一是教师对学生状态的高效掌控能力，二是学生的交互需求的及时响应能力。这种形式能带来很大的获益，体现在两方面：①从教师角度来说，视频连线时老师能实时感受到来自学生听课状态的反馈，并能及时根据学生的反应调整授课进度和讲解方式，形成更好的教学反馈闭环；②从学生角度来说，视频连线中学生普遍会更积极地参与交流，课堂秩序和纪律也能得到很好的维持。

本书的研究价值在于：①在现有在线课堂的基础上，研究适用于分离空间的高效互动连接形式，以目前能实现的技术手段和网络承载能力，有效提高现有在线课堂的教学体验和学习体验，提高学生的课堂积极性；②提高在线课堂的适应能力和应用水平，使在线教育从时间、空间、师生三方面打破传统教育教学的时空限制，提高课堂中所有学生尤其是中下游成绩的学生感知到的自身受关注程度，从而提高学生的课堂参与度；③创新在线教育的教学模式，提供教师对学生的学习状态的观察和把握途径，提高教师对学生学习的有效监督能力，丰富跨区域教育合作平台的实时交互能力，为降低区域间教育差异乃至教师的跨地区支教行动创造可能性。

1.2.2　情绪状态分析的必要性分析

心理健康问题的主要诊断手段依赖于医学诊断方法，如问卷、量表以及基于症状学的临床观察，其本质是想了解和掌握患者平时的心理状况、生理躯体状况，以及情绪变化情况等。早期发现和及时适宜的心理支持，对于有效减缓或避免心理疾患的发生具有积极的意义，但由于心理健康问题的发生机理和发展过程非常复杂，对于非精神专科医师来说，通过典型的指标识别有心理健康障碍的学生的时效性不佳。由此造成抑郁或抑郁倾向的早期状态较为隐蔽和易被忽视，社会、学校、家庭容易把青少年抑郁症当作青春期的叛逆行为来对待，从而错过了及时发现的时机，不少抑郁症患者未能及时就诊与干预。

学生的心理健康问题是教育领域的一个重要研究课题，如何对有心理健康隐患的学生个体实现早发现、早干预是提高心理健康教育水平的重要途径。依托数据分析技术针对智慧校园数据记录中的学生个体的校园行为进行深入分析，获知学生的行为特征模式，以及学生的行为特征随时间的变化规律，能够对情绪状态发生变化乃至心理健康状态发生变化的学生个体起到有效的初步筛查作用。

本书的研究价值在于：①对学生个体而言，本书提出的心理健康状况变化的主动监测框架和筛查机制，能提供一个潜移默化的心理健康支持途径，在出现心理健康状况变化时便于及时发现并予以关注和进行隐性心理支持，能有效提高学生对于心理支持工作的可接受性，在提升学生个体心理危机识别、预防和应对的能力，以及提高校园体验方面有重要应用价值；②对学校管理工作而言，提供一个全员覆盖、全时在线的心理健康状况的主动监测和辅助平台，通过智慧校园中的数据驱动感知学生的心理健康状况变化，为心理健康教育工作提供了一种自然状态下的非侵扰式主动感知手段，能有效提高对学生心理健康状况变化的反馈及时性，提高校园心理健康危机的前置处理能力，减少心理健康问题引发的校园危机隐患，为维护校园安全稳定提供支持。

1.3　本书的内容简介

本书的第一部分是针对在线教学过程中的学生端的视频数据获取与分析，通过对学生端的视频进行分析，获取学生在听课状态下的数据表征，通过汇总至教师端为教师提供有效的教学效果闭环反馈。研究内容具体为：

（1）适用于学生端的识别模型的轻量化，分别从表情识别模型和姿态估计模型两方面对模型提出了改进思路，以便在性能较低的学生端部署识别模型。在表情识别模型的改进方面，主要从平衡实时性和准确率方面改进表情识别模型，从输入流结构、中间流结构、输出流结构三个层面对表情识别模型探索改进方法；在面部姿态估计模型方面，基于 Transformer 构建面部姿态估计模型，对全局图像产生的输入序列与包含面部姿态信息在内的输出序列之间的复杂关系进行建模，利用学习到的全局特征进行面部姿态估计。

（2）基于学生端单目视频的学生面部姿态估计，目的是分析学生在在线教学过程中的面部朝向（关注区域）的变化情况；基于 Transformer 构建网络模型，提出了一种直接预测面部全局 6DoF 的端到端的 FPTR（Face Pose Transformer）网络模型，对全局图像产生的输入序列与包含面部姿态信息在内的输出序列之间的复杂关系进行建模，利用学习到的全局特征直接进行面部姿态估计并生成面部边界框。

（3）基于单目视频的学生 3D 人脸建模，目的是能基于学生端视频数据建立实时变化的 3D 人脸模型，以分析学生微表情变化；分三个步骤来实现三维人脸重建，分别包括人脸检测、视频关键帧的提取以及基于图像几何自动编码器的三维重建，并对各个步骤所涉及的算法和模型做了一些改进；通过模型预测生成各个特征因子，来重构规范视角下的标准图像，然后使用神经网格渲染器对其进行重建来生成三维人脸模型。

（4）基于单目视频的学生个体的交互动作检测与识别，目的是识别学生在听课状态下的交互动作，以更进一步地分析学生的听课状态；通过融合多种分辨率的特征信息，然后通过"信息性得分"对特征进行筛选，避免小目标特征的丢失；并对特征集合进行压缩以解决 Transformer 模型在高分辨率图像上计算复杂度高的问题。

（5）对学生的短期/长期行为数据进行特征画像，用于师生交互推荐，提出两种师生交互的个体推荐方法：基于短期表情向量聚类的学生分类方法，以及基于长期表情向量聚类的学生推荐方法。通过这两种个体推荐方法，将师生间的交互行为从主观经验判断转变为客观数据支持，为教师选择提问或交流的学生提供更好的参考。

本书的第二部分是针对课堂教学过程中的监控视频，解决多人视频中的学生个体行为数据的获取，包括面部位置、面部姿态、目标跟踪等，该部分的研究为下一步分析学生行为特征提供数据支撑。具体包含如下几方面的研究：

（1）课堂视频中的面部识别与位置数据分析，在课堂监控视频中学生数量多，每一个学生个体的面部所占像素数很少，且容易发生学生间互相遮挡的现象，因此在学生个体检测时检测效率很低。为提高学生课堂行为的检测效率，对面部识别检测模型的训练过程进行了多方面的优化；并分析学生在不同时间段的活动水平和空间移动模式，通过统计和分析班级学生不同时间段不同位置变化幅度的频次，揭示学生在特定时间段内的活动量和活跃情况。

（2）课堂视频中的面部姿态识别与数据分析，针对课堂中的每一名学生在不同时间段的面部朝向（关注区域）进行识别与数据分析；应用基于深度学习的 Img2pose 模型，获取学生面部姿态，分析课堂中学生们的面部朝向状态，以此来量化学生的注意力分布和课堂参与度，统计整体学生在课堂上的面部朝向习惯，获得班级整体在一整节课堂内的注意力关注方向，从而方便分析和理解课堂中学生的关注度、参与度和行为模式。

（3）课间视频中的学生个体的目标跟踪研究，提出了一种名为 SiamRPNer++ 的单目标跟踪模型，使用优化的由 ResNeXt 构成的特征提取模块进行特征提取，增强模型特征提取能力，并将空间注意力机制引入孪生网络中以降低 Padding 等非必要特征的干扰，以提升网络在复杂背景下的特征提取能力和抗干扰能力来提高跟踪精度；并以此分析学生在课间的活动情况，反馈其情绪倾向。

第三部分基于校园卡刷卡数据的学生行为特征分析，基于校园一卡通中的消费数据和门禁系统中的刷卡数据研究分析学生群体的校园行为特征，包括餐饮消费习惯、消费偏好以及校园活动规律、行动轨迹特征等，基于学生所在分类的群体行为模式，分析学生个体的行为模式，主要根据其每一数据所在的占位值进行分析，分析学生在生活习惯方面的不同时间段特征，建立学生自身的历史行为模式，并以此作为基准监测学生个体的校园行为模式的微妙变化及异常。

1.4　本书涉及的数据集

本书对于学生群体和个体的行为数据分析的来源包含三个方面：①对于在线教学中的学生课堂行为，可通过学生端的摄像头或其他感知设备远程获取学生的上课状态。②对于课堂教学的学生课堂行为，可通过教室内监控视频中每一名学生的课堂行为的分析有效获得学生在课堂教学过程中不同时间段的听课和学习状态数据。③对于学生校园生活行为特征，可通过校园卡在食堂和超市的消费数据，以及校园设施的门禁数据进行获取。

已获取并完成预处理阶段的校园数据主要包含三类：①对于在线教学中的学生课堂行为分析，数据源主要是视频数据，由学生端摄像头录制，大部分情况下每个视频画面中只包含一人的上半身部分，可通过分析该视频中的学生行为数据远程获取学生的上课状态；②对于课堂教学的学生课堂行为，数据源主要是视频数据，通过教室内的监控摄像头录制，视频画面中包含一个教学班的所有学生的学习过程，通过对视频中每一名学生的课堂行为的分析，能够有效获得学生在课堂教学过程中不同时间段的听课和学习状态数据；③对于学生校园生活行为特征，数据源主要是结构化数据，记录每一名学生的校园卡在食堂和超市的消费数据，以及校园设施的门禁数据。三类数据源的详细介绍如下。

1.4.1 在线教学的学生端视频数据

在线课堂数据集的收集是在学生上课状态下，让学生打开电脑的前置摄像头录制上课状态的视频。学生在自然状态下，镜头前无遮挡，不戴口罩，视频不中断、不暂停，保证一节课视频的完整性。完成录制的一节课视频在45分钟左右。

需要说明的是：本书中所使用的在线课堂视频数据集均已取得学生本人的同意，并由学生本人启动摄像头录制视频，在本书内容中如果确需展示，则对学生的面部部分进行遮盖处理。

1.4.2 课堂教学的教室监控视频数据

教室课堂视频数据是能直接反馈学生上课时的情绪状态的重要数据，同时，视频数据能够获取学生对课堂的参与度的详细变化情况，课间视频能够体现学生的课间活动状态以及学生个体间的交互行为，这些数据对于学生的情绪状态具有重要的表征和反馈作用。但相对于大部分文献中所提及的测试视频，课堂视频中的学生数量多，且往往会发生学生之间互相遮挡的情况，而对学生个体的数据分析过程则需要能够识别出所有学生并获取所有学生的行为数据。因此，本书为提高学生的识别率以及身份对应关系也做出了诸多尝试。

本书所使用的教室课堂视频数据包含三部分：

（1）某大学的课堂教学监控视频。本书所使用的课堂教学监控视频数据为一个固定班级的教室内课堂教学过程的视频。基于该视频数据的学生在课堂中的行为表现分析，包括两方面：一是整个班级群体的行为特征；二是以群体行为为基准，分析学生个体区别于群体的个性化特征。

（2）某大学的机房上机课视频数据。机房课堂视频数据能够体现学生在非授课状态下自主完成实验工作的情绪状态，相对于教室课堂视频来说，学生的座位更加分散一些，但学生的行为和情绪表达更为自由一些，因此机房课堂视频数据的分析是对学生个体行为模式分析的重要组成部分。

本书所使用的机房上机课视频数据来自同一班级的机房课堂监控视频，以同一班级的机房内的课堂行为作为第二视角，分析该班同学的班级群体行为特征和个性化行为特征。

（3）某小学的教室课堂视频数据。本书最初采用大学的课堂视频作为分析对象，但大学的课堂存在学生在不同周上课时的座位不固定的问题，通过采用人脸识别进行身份对应，但由于视频中的人脸像素数太少，造成识别的准确率不高。因此，本书同时采用了某小学的教室课堂视频数据作为本书所提出方法的对照数据源，并同步分析大学生和小学生在课堂中的个体行为特征差异性。

需要说明的是：本书中所使用的教室内课堂教学视频数据集均已取得授课教师同意和学生的知情，如果确需展示，则对学生的面部部分进行遮盖处理。

1.4.3 校园卡的刷卡消费和门禁数据

校园一卡通系统是数字化校园系统重要的有机组成部分之一，是数字化校园的基础工程，通过该系统可以记录学生的消费情况和门禁刷卡情况。其中消费数据来自食堂和商超的刷卡机，门禁系统的数据来自教学楼和区域分界处的闸机。基于校园一卡通中的消费数据能够研究分析学生的餐饮消费习惯、消费偏好，而门禁系统中的刷卡数据能够说明学生在校生活习惯如图书馆使用、出门、回寝等，以及校园活动规律、行动轨迹特征等。

本书所使用的一卡通刷卡数据来自某高职院校，刷卡数据一共涉及 6 个食堂，分别是第一食堂、第二食堂、第三食堂、第四食堂、第五食堂和教师食堂，一共有 2 家商超，分别是红太阳超市和好利来食品店，共计 120 台刷卡机。

食堂刷卡数据的数据项包括 Card No（卡号）、Sex（性别）、Major（专业）、Access Card No（门禁卡号）4 列数据；data 2 中包含 Card No（卡号）、Peo No（学号）、Date（日期）、Money（单笔消费金额）、Fund Money（充值金额）、Surplus（卡上剩余金额）、Card Count（刷卡次数）、Type（消费类型）、Term No（刷卡机终端号）、Oper No（操作员号）以及 Dept（地点）。

门禁刷卡数据的数据项包含 Access Card No（门禁卡号）、Date（日期）、Address（出入地点）、Access（门禁刷卡类型）、Describe（通过情况）。

需要说明的是：本书中所使用的校园卡刷卡数据集为网络公开数据集，数据源为 2019 年泰迪杯数据分析大赛中的竞赛数据，数据集已经提前做脱敏处理。本书的分析方法和过程适用于实际数据集。

1.5 本书的组织结构

本书的组织结构如下：

第 1 章：绪论。阐述了本书的研究背景和意义、研究的必要性，介绍了本书涉及的数据集以及本书的组织结构。

第2章：本书的相关方法和技术基础，介绍了现有的智慧校园数据分析与应用案例，介绍了用户行为数据表示与分析方法、学生心理健康问题识别方法、学生个体的智能推荐方法；还从具体的方法和技术层面，介绍了表情识别、面部姿态估计、3D人脸建模、人物交互检测和单目标跟踪的模型与方法。

第3章：针对在线教学过程中表情识别模型的轻量化需求，介绍了对表情识别模型的改进方法，并对改进的结果进行了定性与定量分析。

第4章：针对在线教学过程中的面部姿态估计需求，介绍了对面部姿态模型进行改进的方法，并对改进的结果进行了定性与定量分析。

第5章：针对在线教学过程中的学生的微表情识别需求，介绍了基于单目视频的3D人脸建模的改进方法，并对改进的结果进行定性与定量分析。

第6章：针对在线教学过程中的学生的交互行为分析需求，介绍了人物交互检测模型的改进方法，并对改进的结果进行了定性与定量分析。

第7章：针对在线教学过程中的师生交互推荐需求，介绍了基于短期和长期行为的学生分类和推荐方法，并对实验结果进行了分析。

第8章：针对教室内课堂教学中的学生关注区域的变化分析需求，介绍了面部姿态检测的数据分析方法，并展示了分析结论。

第9章：针对教室内教学过程中的课间行为分析需求，介绍了个体目标跟踪模型的改进方法，并对改进的结果进行了定性与定量分析。

第10章：针对学生的在校消费行为习惯与特征分析需求，介绍了校园卡刷卡数据的分析方法，并根据学生的分类别群体特征展示了分析结论。

第11章：总结与展望。对全书的工作进行总结，归纳本书的主要研究成果和创新点，并对今后的研究工作提出建议和基本研究思路。

第2章 相关方法和技术基础

2.1 智慧校园数据分析与应用

　　智慧校园通过信息化手段将教学、教务管理和校园生活进行充分融合，实现智慧化服务和校园管理，可以自动对学生做无感知考勤，能够有效构建智能感知环境，实现校园内各项活动的智能化管理。通过校园内的学生行为相关数据，利用人工智能技术能够自动识别、检测和描述学生的课堂参与度和情感特征，而头部姿态也能有效反馈学生课堂兴趣区域，如张志祯等在 2010 年开始通过课堂视频分析获知学生的课堂参与程度并持续进行相关研究，其团队研发的 TSA 课堂视频分析软件能对教学过程中的学生活动进行 FLAC 分析（张志祯和齐文鑫，2021）；Sun 等（2016）设计时空密集尺度不变特征描述学生的行为特征；Wei 等（2017）设定情感注释的标准规则标注学生在课堂上的情感；陈靓影等（2018）获取学生头部姿态、面部表情以及课堂互动多模态信号进行分析；Luo 等（2020）研究以头部姿势和微笑特征为条件的学习过程中的情绪体验；Yang 等（2021）基于注意力机制的双分支神经网络提高课堂监控视频中人脸表情的识别精细度，并解决人脸姿态偏斜和在整幅图像中所占比例较小的问题；He 等（2021）基于 CNN 模型和注意力机制结合的多任务表情识别模型准确识别课堂视频中的学生情绪，并对情绪产生和消失过程的时间特征进行自动建模。

　　智慧校园场景下，学生的校园行为数据被详细地记录，因此也有较多相关的研究对学生的行为进行分析或预测。如何功炳（2019）利用消费数据，挖掘学生消费行为特征；赵雨欣（2020）分析在校学生的消费习惯和购物偏好；赵丹和赵文广（2020）基于网络数据分析校园网用户行为，量化学生的校园行为规律，分析上网时长、上网内容与学习成绩之间的关系；宋洁（2020）整合教务系统、校园一卡通、校园 WiFi 等，分析学习行为及预测学习成绩；谢慧（2020）基于校园一卡通日志对全校师生的工作、学习和生活进行量化分析，并挖掘代表性的特征数据；王新澳（2021）基于校园行为信息网络分析学生的生活习惯，预测学生行为。

2.2　用户行为数据表示与分析方法

用户的行为是有顺序的一组序列数据，行为数据以及通过数据表现出的倾向是随着时间漂移的，在针对用户行为数据的分析方法方面，利用人工智能和大数据获得的生态化行为数据，能够有效地提高研究结果的内部效度和外部效度，如Li 等（2018）通过采用基于循环神经网络模型的数据关联模型，处理学生的序列数据，学习学生行为状态的特征表示。如今，"互联网+教育"的发展越来越迅速，图像处理、表情识别、姿态识别、语音处理等越来越多的人工智能技术被应用在课堂教学中。

2.2.1　面部表情识别技术

面部表情是能够直接表达内心情感、状态和意图的最有效方式之一，通过面部表情的变化可以帮助人们很好地判断人的内心情感变化。近年来，面部表情识别广泛应用在各个领域，如教育、心理、情感计算、人机交互等，均取得显著效果。在在线课堂中，由于师生双方无法直面授课，影响教学质量，因此需要将面部表情识别结合在在线课堂中。面部表情识别能够帮助学生完成自我情绪监督，也能够帮助教师更好地监督学生的情绪变化，及时调整教学方式，例如，当教师根据表情识别发现学生产生抵触或疲惫情绪时，便可以及时与该学生进行互动或给予其适当的休息，帮助学生及时调整学习状态。

以基本表情为基础进行研究。Ekman 等（1972）提出了人类的六类基本表情，这在跨文化领域仍适用。何秀玲等（2019）使用了人脸五类基本表情，通过提取并融合人脸的局部特征和全局特征自动识别学生的情绪状态。Sidney（2012）使用 AutoTutor 系统检测学生表情，并提出学习者在学习过程中包含的基本表情并不适用于评价在线课堂。

袁源（2014）使用了表情识别检测学生的情感，可以了解在线课堂中学生的状态，从而达到评价课堂的效果。李文倩（2018）采用 Adaboost 算法检测人脸、眼睛和嘴巴等兴趣区域，并根据眼睛闭合状态和嘴巴的角度分析学生状态，将嘴巴和眼睛的闭合状态作为学习者的状态数据，使用模糊推理的方法把学习者的状态分为正常、专注、疲劳三种。潘翔（2009）使用 Adaboost 算法检测人脸，若未检测到人脸则视为无人，若检测到人脸，则定位眼睛和嘴巴并提取相应的特征，进而计算眼睛间距和嘴角弧度，根据计算结果判断学生的表情和状态，并把检测结果向学生展示。熊碧辉（2018）在检测到人脸后截取眼部区域，根据提取的眼部特征，计算眼睛的闭合状态；提取眼部轮廓信息和定位眼睛虹膜中心位置计算视线，判断学习者的分心状态；使用 OpenCV 中的 3D 姿态评估算法计算学习者的面部旋转角度，判断学习者的状态；最后综合三种方法的计算结果评估学习者的专注度。钟马驰等（2020）主要通过人脸头部转向的角度、抬头与低头的角度、眼睛闭合度、嘴巴闭合度和面部表情等综合学生特点对每个学生上课专注度进行打分，从而评价在线课堂，进而对在线课堂中学生的学习情况进行监督。

早期对于面部表情识别方法通常采用传统的机器学习算法，这种方法通常需要先对面部区域进行检测，从而排除待检测图像中人脸之外的其他无关信息，如背景、躯干、头发等。在完成人脸检测后，通过对人脸关键点定位等方式进行人脸对齐，经过裁剪去除多余部分，将裁剪所得图片进行归一化操作，完成特征提取。提取到的特征按照类型可以分为几何特征和外貌特征，通过设计好的分类器将所提取的特征信息在特征空间中完成分类，从而判断不同表情的类别。

基于几何特征的面部表情识别方法是根据面部不同区域之间的相互联系而建立起来的一种方法。Ghimire 和 Lee（2013）为了通过面部的几何特征完成表情识别，运用多种几何方法标记 52 个面部关键点，根据这些关键点之间的相互角度和相对位置，确定每张待检测图像的面部特征，同时采用了 Adaboost 和支持向量机两种分类器对特征信息进行分类。但该方法在实际应用过程中想要标选出全部角度中的面部关键点非常困难。

外貌特征提取分为全局特征提取和局部特征提取两个部分。Happy 等（2012）采用局部二值图像（Local Binary Pattern，LBP）和主成分区分技术（Principal Component Analysis，PCA）来对全局特征进行提取与识别，通过 LBP 获得大小不等的区域图像作为整张图像的全局特征信息，再通过 PCA 对图像进行降维并识别提取的特征。虽然全局特征提取能够对面部表情进行分类，但是其所使用的特征是整体综合状态，无法反映不同区域特征之间的局部差异，因此该方法的识别精度往往不高。对于局部特征，Ghimire 等（2017）提出了一种局部特征的提取方法，根据待检测图像中的面部特征将面部划分成不同区域，从这些区域范围内提取面部特征。由于不同的区域所包含的外貌信息并不相同，因此Ghimire 等采取了增量收缩的思想，缩减提取特征的区域范围，来确定关键特征的所在区域，保证提取到的信息能够更好地表达面部信息，提高识别的准确率。

在众多表情识别的方法中，基于深度学习的面部表情识别方法逐渐成为热点。与传统的机器学习算法不同，基于深度学习的方法能够通过神经网络自主学习面部图像特征，并将特征提取与表情分类两个步骤整合在一起，不需要对两部分进行单独处理。国内外对于深度学习的面部表情识别采用较为普遍的卷积神经网络技术，该技术能够通过局部操作自主逐层地进行特征提取，2012 年 AlexNet 在图像识别的任务中取得了重大突破，这种识别方法的识别精度远超传统方法（Alex et al.，2017）。之后，类似 AlexNet 的各类卷积神经网络应用到了各个领域，在面部识别相关技术中，卷积神经网络技术取得了惊人的成绩。

为了提高面部表情识别的准确率，许多研究方法尝试使用注意力机制来提高卷积神经网络在面部表情识别任务中的性能，从而准确地找出有助于面部表情识别特征所在的局部区域。引入方法一般有全局注意力、全局注意力和局部注意力结合、面部关键区域裁剪等方法。Jang 等（2018）提出的全局注意力机制方法会导致忽略局部面部区域的细粒度信息。而 Zhao 等（2021）和 Le 等（2022）提出的全局注意力和局部注意力结合的方式，能同时捕获人脸图像中的整体结构信息和细粒度语义信息，但多层网络之间特征传递时的特征传输损失仍然影响表情识别的性能（Sun et al.，2020）。Liu 等（2018）提出面部关键区域裁剪的方法，将人脸划分成多个手动定义的区域，并从面部关键区域如眼睛、鼻子、嘴中提取准确的特征。但该方法可能存在面部区域多次裁剪等不确定的问题影响面部表情识别的精度，尤其对相似的面部表情识别准确率较低。同时，在结合注意力机制的表情识别模型中，大多仅采用一个注意力模块关注局部面部区域，存在忽略关注区域外的重要特征的问题。

综合以上分析以及相关理论的研究，基于面部关键区域裁剪的方法从输入图像中选择面片并将面片进行展平操作，这一操作既增加了检测时间，又导致空间信息丢失，同时存在裁剪重复区域、涉及计算量大的问题。基于注意力机制的方法无法同时关注面部细节区域。因此，基于卷积神经网络，针对面部表情识别的特征提取阶段开展研究，使用多尺度特征融合方法，即在不同大小的感受野下进行卷积运算得到特征图，并引入注意力机制提取不同尺度的特征信息。

2.2.2　面部姿态估计技术

面部姿态估计是计算机视觉领域中的一个重要课题，广泛应用在实际生活中，如疲劳驾驶、人机交互、行为分析等，均取得良好效果。其中面部朝向是面部姿态估计中最直观的表达方式，表现为面部在自然坐标系的方向，如向上、向下、向左、向右等，但这种方式不能针对所有面部姿态进行唯一性表达。大多数研究选用了欧拉角来表达面部姿态，欧拉角包括俯仰角、偏航角和横滚角三个角度参量，用以描述定点转动刚体在三维空间的位置。相较于面部朝向，欧拉角包含的姿态信息更多，能够更精确地描述面部姿态。在在线课堂中，学生的面部姿态变化是教师最容易捕捉的信息之一，通过面部姿态估计，能够在教学过程中直观地看出学生的抬头以及低头情况，从而辅助教师判断学生的听课情况。

在对面部姿态估计的研究历程中，研究方法逐渐从传统的识别方法演变成深度学习方法，国内外大量研究学者对面部姿态估计问题从不同的研究角度提出了独到的见解与方法。本书根据当前国内外对面部姿态估计的研究现状，对现有常见的面部姿态估计方法进行梳理与汇总，其中大致可以分为传统的检测方法和基于深度学习的检测方法。

在传统的检测方法中，基于外观模板的方法是较为简单和常见的一种方法。该方法通过构建一组或多组带标签的模板数据集，将待检测图像与构建的模板数据集中图像进行对比，找到面部姿态最为接近的一组数据，输出检测结果。Breitenstein 等（2018）提出一种能够实时估计的算法，通过对几何特征进行提取，将输入图像与一组或多组带标签的模板图像进行分类比较得出结果。此方法易于实现，但随着模板数据的增加，该方法效率会大大下降。

基于几何模型的方法是通过计算人脸关键点位置如眼睛、鼻子、嘴等几何位置与其几何关系相对应的约束来得到面部姿态参数。Nikolaidis 和 Pitas（2000）曾提出结合自适应霍夫变换，通过模板检测等方式对面部特征点进行检测，然后基于检测双眼和嘴的几何位置来计算水平方向上的面部姿态。为了更加精确地估计面部姿态角度，Narayanan 等（2016）提出了一种对面部姿态角度中的偏航角进行估计的通用水平面部姿态估计模型，将 12 种不同的模型统一到这个通用的几何模型之中。这种方法原理简单，并不需要训练大量的数据，而且估计精度较高，但基于几何模型的方法需要获取面部关键点定位，关键点定位的干扰因素有很多，如何能够精确地获取这些信息还有很多挑战。

由于深度学习技术发展十分迅速，基于深度学习神经网络的面部姿态估计逐渐成为重点研究对象，学者们提出了许多基于卷积神经网络的面部姿态估计方法。根据面部结构的相关性，Amit Kumar 等（2017）提出一种热力图卷积神经网络（Heatmap-CNN），该网络模型能够很好地捕获到结构化的局部以及全局信息，通过捕获的信息对面部姿态进行估计。Chang 等（2017）基于面部结构上的关键点定位提出了一种 FacePoseNet 网络，该网络通过投影对齐二维人脸和三维人脸的特征点，从而获得对应的面部姿态。Hsu 等（2018）提出了 QuatNet 网络解决面部姿态的非静态性问题，并提出训练四元数回归器以避免欧拉角中的歧义问题。Miao Xin 等（2021）提出了 EVA-GCN 网络，将面部姿态估计视为图形回归问题，并利用图卷积网络来建模图形拓扑结构和面部姿态之间复杂的非线性映射关系。

然而上述方法仅仅回归 3DoF 的面部姿态，包括偏航角、俯仰角和横滚角，对于某些应用场景，获取这些信息已经足够了。但是对于许多其他的应用场景如面部对齐、3D 人脸重建等，还需要获取完整的 6DoF 面部姿态信息。Chang 等（2019）直接从人脸图像中回归出透视投影下的 6DoF 面部姿态信息。Kao 等（2022）提出了 PerspNet 深度神经网络，用于在透视投影下进行单张图像的 3D 人脸重建，通过重建规范空间中的 3D 人脸形状并学习 2D 像素与 3D 点之间的对应关系，估计 6DoF 从而表示透视投影。由于人的面部姿态变化十分丰富，因此需要采用性能更好的模型来保证面部姿态估计的准确性。目前面部姿态估计仍然是一项艰巨的任务，需要不断地开拓创新。

2.2.3 动作和手势识别技术

针对视频的动作/表情识别属于计算机视觉方面的技术范畴，随着基于深度学习的计算机视觉算法在视频处理中的应用，识别性能有很大提高。每年的 CVPR、CCCV、NIPS 等国际顶级会议发表大量论文和视频处理相关的计算机视觉算法。通过动作捕捉和表情识别技术能够进行高速高精度识别和追踪。本书拟结合这些算法，针对课堂监控视频中的学生行为状态数据的获取来设计适合的算法，并对其进行优化，提高数据获取的质量和可用性。

针对视频中的动作和手势识别技术方面，浙江大学杜宇（2017）在深度机器学习框架下提出使用双流深度卷积网络融合彩色图像和高度图两种输入信息来估计二维人体姿态和基于半监督深度机器学习的手势识别方法；任海兵和徐光祐（2002）针对人的手势识别，以 3D 模型为基础，对人体上肢建模、重构人体上肢的 3D 姿态提出了端点固定的关节模型，以此估计各个关节点的 3D 坐标；代钦等（2017）基于遮挡级别的部位间形变模型，依据以上 2 个模型的总体匹配得分，获得最合理的人体姿态，提高了姿态估计的整体准确率；史青宣等（2018）以人体部件轨迹片段为实体构建中粒度时空模型，通过迭代的时域和空域交替解析引入全局运动信息，将单帧图像中的最优姿态检测结果传播到整个视频形成轨迹，提高了视频人体姿态估计的精度；杨彬等（2019）利用相邻帧间人体姿态的连续性来改进视频序列中三维姿态估计的平滑性，解决因缺少帧间信息而导致准确率下降的问题。

2.2.4　情感识别及其序列分析

针对视频中的动态序列的情感信息识别技术方面，王晓华等（2020）使用堆叠 LSTM 学习时间序列数据的分层表示，使用层级注意力模型更加有效地表达视频序列的情感信息；以降低学生的搞怪表情对学习状态数据捕捉的影响。姚乃明等（2018）基于 Wasserstein 生成式对抗网络的人脸图像生成网络，建立对抗关系来提取用户无关的表情特征以推断表情类别，并能够在 45 度头部旋转范围内对非正面表情进行有效识别；在深度学习框架方面，基于深度学习的人脸表情识别算法（曾逸琪，2018）和基于坐标敏感的姿势识别（Feng Zhang et al.，2020）都被大量研究。

目前的研究中，依据课堂中的动态序列的情感信息，对课堂中的学生进行评价或对课堂效果进行评价的研究主要包含三个方面：

（1）把学生划分为不同状态，进而评价在线课堂。根据学生表情将学生分为不同的学习状态如专注、疲劳和中性等（汪亭亭等，2010）。詹泽慧（2013）提出了在课堂学生面部表情识别上建立三维情绪空间模型，通过不同维度的特征将学生状态划分为疲劳、兴趣和愉悦等。Whitehill 等（2014）使用摄像头获取学生状态，根据表情把学生状态分为完全参与、名义上参与、顺从参与和非常乐意参与并进行课堂评价。

（2）结合人脸不同兴趣区域综合评价学生状态。韩丽等（2017）通过多个兴趣区域（如眉毛、眼睛、嘴唇和头部角度）状态共同评价在线课堂。钟马驰等（2020）通过对人脸表情、眼睛闭合度和嘴巴闭合度三个部分的共同评分，使用模糊综合评判方法量化学生在课堂中的专注度。

（3）加入学生属性信息以评价在线课堂。在评价学生的状态时，加入学生平时成绩预测其对课堂知识掌握情况亦是一种方法。何祎（2015）从学生的学习水平、效果、状态中分析学生的情感状态，建立了一套基于情感评价体系的学生情感模型。

由于循环神经网络有较强的序列数据处理能力，因此循环神经网络常被用来建模用户行为的序列数据，如 Li Zhi 等（2018）通过采用基于循环神经网络模型的数据关联模型，处理学生的序列数据，学习学生行为状态的特征表示。陈晋音等（2019）提出的个性化学习推荐实现了在线学习行为规律分析、成绩预测、识别学生微表情并聚类学生情绪。

2.3 学生心理健康问题识别方法

习近平总书记在党的二十大报告中提出，"推进健康中国建设……重视心理健康和精神卫生"，这对新时代做好心理健康和精神卫生工作提出了明确要求。心理健康和精神卫生是公共卫生的重要组成部分，也是重大的民生问题和突出的社会问题。根据 2021 年 3 月中国科学院心理研究所发布的《中国国民心理健康发展报告（2019—2020）》，2020 年我国青少年抑郁检出率为 24.6%，其中重度抑郁为 7.4%。如何守护好青少年群体的心理健康，成为我国亟待解决的一道必答的"时代命题"。

以抑郁症为代表的心理健康问题，以情绪状态及其持续时间长度为典型识别表征，而情绪状态与行为举止及生活习惯等具有很强的相关性，且情绪的变化常常会影响行为模式的变化。对于学生群体而言，在一定阶段（如一个学期）内，学业安排和课余活动较为规律，日常生活行为（如课堂学习情绪状态、睡眠时间结构、饮食结构及行为习惯特征等）的变化受外界因素影响较小，而受情绪和心理状况的影响较大。另外，学生群体的日常行为大多发生在固定的校园环境内，其对应数据被详细地记录或可从多项数据中综合分析获得，为建构学生个体的行为模式基线以及分析行为模式的变化提供可能性。

心理健康隐患的早期发现和干预研究是教育界乃至国家基础战略层面的前沿研究主题，以大数据技术和人工智能技术辅助解决心理学中的难点问题，一直是心理健康领域的研究热点，根据识别手段和数据类型可大致将研究分为医学诊断方法、基于生理信号的识别方法、基于社交数据的识别方法，以及基于日常生活行为习惯表现的识别方法等，本部分针对这几个类型的国内外研究现状进行简要概述，并分析其发展动态。同时，还针对本项目将采用的相关技术如多模态数据处理方法、用户行为数据特征、可视分析技术及专家参与的领域知识融合等方面的发展动态进行分析。

2.3.1 基于医学诊断的识别方法

心理健康问题的主要诊断手段仍然依赖于主观的医学诊断方法，如问卷、量表以及基于症状学的临床观察，如全球诊断卫生信息标准 ICD-10 和 ICD-11、《美国精神障碍诊断与统计手册》（DSM-V），以及中国精神障碍分类与诊断标准 CCMD3，其本质是想了解和掌握患者平时的心理状况、生理躯体状况，以及情绪变化情况等。但临床诊断易受到学生的回避、抵触或述情障碍等因素的干扰，常态化评估较困难（Wang et al.，2021）。

2.3.2 基于生理信号的识别方法

为找到客观的辅助诊断手段，生理信号（包括语音特征、面部特征）等均已成为研究者们识别用户情绪和心理健康状态的表征。如 H. W. Chung 等（2017）通过动作捕捉和表情识别技术来判断受测试者的心理健康状态；Fang 等（2018）利用传感器收集学生的生理数据来推断学生的情绪状态；Yan 等（2019）基于大样本量的抑郁症静息态功能磁共振成像数据的重新分析和再挖掘，建立脑机制中默认网络内部功能连接异常与抑郁症间的核心标识作用；曲志雕（2020）将不同类型情绪刺激下的抑郁脑电数据在特征层进行基于权重优化的融合，构建相对有效且泛化性能较好的抑郁症识别模型；吕宝粮等（2021）基于多模态情感脑机接口，在情感交互实验中采集脑电和眼动等数据，通过深度学习技术，构建抑郁状态的客观评估系统。基于专业设备采集生理信号的识别手段，能够直接获取受测试者的体征，与医学诊断具有较好的一致性，但由于设备与使用环境的限制，可推广性低。

2.3.3 基于视觉技术的识别方法

随着计算机视觉技术的发展，研究者们提出通过非接触式的视频设备记录受测试者的面部特征或身体姿态，对表情和姿态进行量化评估，分析其与情绪状态间的相关关系并进行抑郁识别，如 Bastian 等（2020）借助于无标注的身体姿态估计；Richard 等（2020）借助于大姿势的面部识别技术；Ding Yan 等（2020）基于上下文情感信息的深度学习网络模型框架实现面部表情的自动辅助情感分类，高精度监测情绪状态，并根据抑郁症相关的特征来识别抑郁症患者；杨楚珺

（2019）通过分析记录访谈中音频和面部表征数据的时间特性，建立长短期记忆网络（LSTM）识别情绪的变化并用于抑郁识别；Luo 等（2020）以头部姿势和微笑特征识别情绪体验，并将识别结果用于情绪异常识别的辅助诊断；Zhou 等（2020）根据视频的连续序列间的语义相似性，基于标签分布和度量学习识别不同面部表情的细微差异，并用于不同抑郁程度的对应关系分析；徐路（2020）提出了基于动作单元的典型表情行为量化评估方式，对抑郁人群的表情行为模式进行数字特征的量化研究，构建抑郁识别模型。

除视频设备外，被测试个体的音频数据的采集或交互模式的采集也成为识别抑郁状态的有效途径，如 Wang 等（2021）用微软 Kinect 智能体感设备采集被测试者的步态行为数据，使用逻辑回归分析探究不同类别步态特征对抑郁识别的贡献，并利用机器学习技术训练抑郁识别模型；Wang 等（2019）采集健康人与抑郁症患者在不同言语情景下的声音，研究声音表达模式与不同的情绪间的相关关系；韩冰雪等（2020）研究了抑郁症患者对不同情绪面孔图片的反应，发现抑郁症患者对负性情绪面孔的注意回避和注意脱离困难；夏海莎等（2022）基于眼动研究发现抑郁症与健康个体在注视时间和注视次数上存在显著性注视模式差异，抑郁症患者在正性刺激下的注视时间和注视次数显著减少。基于计算机视觉设备和通用设备的生理信号采集方法对设备和环境要求低，但也存在两方面的不足：①需要被测试者主观配合，往往容易受被测试者主观意志的干扰，而摆拍表情或姿态的存在对识别真实情绪造成很大困难［如 Fan 等（2021）的研究所述］，从而造成一定的误判和漏判问题；②无法实现常态化监测，对心理健康隐患早期发现的及时性不足。

2.3.4　基于社交和网络数据的识别方法

社交媒体的大规模应用使非干预状态下的数据获取成为可能，社交数据、生活日志的筛选和分析方法逐渐用于心理健康问题的早期发现，如基于社会化问答（赵安琪等，2018）、访谈评估（李晓英等，2020）和社交网络数据等；Giuntini 等（2020）综述了在社交网络中识别抑郁情绪障碍的最新研究，在社交网络中的文本、表情符号、图像都是被分析的对象；李林坚（2019）通过微博数据进行了更细颗粒度的情绪分析，研究抑郁症患者和普通用户在细颗粒度下的情绪表达差异，并构建了抑郁症预测模型；姜钰莹（2021）以新浪微博为基础构建微博抑郁倾向用户的画像模型，从个体维度、时间维度、内容维度和情感维度四个方面构建微博抑郁倾向人群的 CUTE 模型；杨小溪等（2020）从心理健康的影响因素出发，探究心理健康信息需求触发所需要的条件，根据触发条件提前判断学生的心理健康状态并预测其发展路径。社交数据更容易反馈受测试者在非侵扰条件下的心理状态，对早期评估和干预有积极成效，但其同样面临全员覆盖能力不足的困扰，且更新频率不可控，从而造成早期发现的时效性不足。

2.3.5　基于行为习惯的评估方法

情绪变化或焦虑抑郁状态同样会映射到其日常生活规律的变化中，因此日常生活行为的时间特征（如手机使用、睡眠等）也为抑郁状态的识别提供了客观评估的依据，且日常行为表现的变化规律尤其会作为重要的参考因素，如 Liu 等（2019）对每天使用手机的持续时间、工作日和周末的睡眠模式，与评估量表的分析结果进行了关联分析，发现手机使用和睡眠结构与心理状态间存在双向联系；Gao 等（2021）对学生的情绪调节策略、抑郁评分、近期情绪和睡眠质量指数进行评估，并用于多模态生理信号的情绪识别研究；Wang 等（2021）通过手机的日志数据研究抑郁症患者与对照组在手机使用的时间结构，探究抑郁与智能手机社交行为之间的关系；周琳和徐柳柳（2021）研究了抑郁症患者对手机的依赖情况，发现抑郁症患者的抑郁情绪、消极应对均与手机依赖呈正相关；王鹏宇等（2021）使用可穿戴设备收集用户的生活日志数据，建立集成学习模型对数据进行了特征方面的分析，有效地识别用户的情绪状态以及抑郁状态的分析。

2.4　学生个体的智能推荐方法

国外对智能教育系统这一领域的研究相对较早，并研发了一些智能教学系统（Lesta & Yacef，2002）。陈晋音等（2019）提出的智能教学系统分为线上个性化学习推荐和线下课堂质量评估两部分，线上系统通过学习成绩预测和在线学习行为规律分析，实现表情分类，通过线下课堂信息数据实现对教学质量和学生学习行为的评价和反馈。Fengmei（2018）提出多模态学生课堂行为分析系统，通过表情识别和麦克风检测学生听课状态和教师授课情况，实现对学生的学习情况和教师教学质量的双向评估。

在信息爆炸时代，推荐算法是解决信息过载的问题，是为了节省人类时间提供的服务。1997 年学术界提出推荐算法的概念（Paul & Hal，1997），从此"推荐"一词被广泛应用并成为一个重要的研究领域。在推荐算法中推荐目标可以分为三类：评分预测（Kostadin & Preslav，2013）、Top-k 推荐（Paul et al.，2016）、邻接推荐（Zhao et al.，2019）。

基于内容的推荐主要是利用项目属性和用户画像进行建模，推荐过程分为三步：为每个项目提取特征；用提取的特征表示项目；构建用户喜好和项目表示产生推荐。基于内容的推荐需要有专业领域知识的人提取特征，提取的特征要有意义和良好的结构性，最终推荐的准确率依赖于特征的相似度计算，然而实际中相似项目的特征差异并不是很大，因此推荐的准确率相对较低，发掘用户潜在兴趣的能力不足。基于内容的推荐提取用户和项目的特征很重要，根据用户和项目特征生成用户和项目的向量，从而计算相似度产生推荐。

随着深度学习的发展，神经网络被用来提取用户或项目的特征。评分数据通常作为用户或项目的特征向量，评分数据一般具有极高的稀疏性，为了更准确地表示特征把文本信息作为辅助数据是一种可行的方式。ConvMF（Convolutional Matrix Factorization）推荐方法（Donghyun et al.，2016），把卷积神经网络集成到了概率矩阵分解中，用卷积神经网络学习文本信息。DeepCoNN（Deep Cooperative Neural Networks）模型（Lei et al.，2017）构建两个并行的卷积神经网络模型，分别根据用户评论和针对项目的评论信息学习用户特征和项目特征。在会话推荐中，项目特征的表示影响推荐的准确度，Trinh 和 Tu（2017）使用了三维卷积神经网络提取项目名称、ID 号、类别、描述信息学习特征表示。相比卷积神经网络用来提取文本信息，吴国栋等（2019）使用卷积神经网络提取用户—项目评分矩阵的局部特征，对评分数据提取局部特征有以下优势：保持卷积神经网络输入数据的二维特性；能更好地挖掘用户的隐藏偏好特征。利用不同大小的卷积核提取局部特征，从而得到若干局部特征矩阵，局部特征矩阵用来初始化预测未知评分，经多次训练得到多个预测评分矩阵，对结果进行排序，取排序的部分结果做平均，作为最终的预测结果。

协同过滤推荐根据用户和项目的交互数据进行建模，该方法的优点是不需要专业领域的知识提取特征，推荐利用基于统计的机器学习算法得到较好的推荐效果，因此在工程上更易于实现，能够很方便地应用在实际的服务中。协同过滤推荐有基于用户的推荐（Arriaga et al.，2017）、基于项目的推荐（Ruslan et al.，2007）和基于模型的推荐（Suvash et al.，2015）。

基于用户的协同过滤是利用用户和用户之间的相似性，找出相似用户喜欢的物品，根据相似用户喜欢的物品进行推荐。Ruslan 等（2017）使用了受限玻尔兹曼机模型实现推荐，可视层是用户的评分，隐藏层映射用户的评分，从而计算用户的相似性，根据用户的相似性推荐对应的物品。何洁月和马见（2016）加入用户的社交关系计算用户之间的信任值，从而计算用户之间的相似性。

基于项目的协同过滤是利用项目和项目之间的相似性，推荐和用户交互过的相似项目。尹芳等（2019）把自编码器模型应用在基于项目的协同过滤中，把所有用户对项目的评分输入自编码器模型中，根据已知评分，最小化输出值的损失，利用反向传播算法，从而训练模型每层的权重，根据训练的模型预测用户对未评分项目的评分值。

基于模型的协同过滤通过利用机器学习等算法进行推荐，如关联算法（纪文璐等，2020）、聚类算法、矩阵分解、奇异值分解（Maxim et al.，2019）等算法。

随着深度学习的发展，神经网络模型被逐渐应用在推荐模型中，神经模型有一大作用就是学习用户和项目的隐向量，用户和项目向量的乘积为用户对项目喜爱度矩阵。应用在推荐中的模型有：受限的玻尔兹曼机、多层感知机、自编码器、卷积神经网络、循环神经网络以及深度强化学习。Dong 等（2017）提出了深度学习模型 aSDAE，结合 aSDAE 与矩阵分解模型形成混合协同过滤推荐模型。

2.5　表情识别模型和方法

2.5.1　表情识别模型及方法的广泛应用

表情识别是识别静态图片或动态视频序列中分离出的特定的表情状态。表情识别的应用领域有教育、安防、医疗等。表情识别过程为输入图像、人脸检测、特征提取、表情分类、输出结果。

在研究表情识别的过程中，提取特征是表情识别的关键步骤，保留表情图像的原始特征，并且进行特征抽象，降低特征维度，提取的特征信息将直接影响表情识别模型的准确率，因此表情识别研究的重点就是表情图像的特征提取。人脸检测有开源的人脸检测库 OpenCV；特征的提取有传统的特征提取方法、基于符号的方法以及利用神经网络等方法；表情分类使用到 Softmax 函数，支持向量机分类器等技术。

在 20 世纪 70 年代，美国心理学家 Ekman 等（1972）基于跨文化研究定义了六种人类基本情绪，即生气、厌恶、恐惧、开心、伤心和惊讶，表情识别方法可以分为三类：基于传统特征提取的方法、基于符号的方法以及基于神经网络的方法。

基于传统特征提取的方法如局部二值模式（Shan et al. , 2009）、非负矩阵分解（Zhi et al. , 2011）、方向梯度直方图（Dahmane & Meunier, 2011）、Gabor 滤波器（Bartlett et al. , 2006）等特征提取器提取特征。支持向量机是表情分类中常用的分类方法。Liu 等（2011）提出了使用 2 个 Gabor 滤波器进行多特征融合，解决 Gabor 滤波器无法获取到表情局部特征的问题。

随着表情识别研究的发展，基于符号的方法被广泛研究，该方法的典型应用是面部运动编码系统。面部运动编码系统是根据人脸运动部位把人脸分成多个兴趣区域，每个兴趣区域代表人脸运动单元，对每个运动单元进行编码，而不同编码区域的组合代表了不同类的表情（Ekmun & Friesen, 1978；Polli et al. , 2012）。A. Yao 等（2006）使用配对学习策略，寻找不同表情特征的区块，然后从区块中提取动作单元的相关特征，结合支持向量机训练，输出人脸表情类型。Dmytro 和 Federico（2018）提出使用自动局部形状谱分析 3D 面部表情识别的问题，使用图拉普拉斯特征实现全自动操作，自动检测兴趣区域实现表情识别。

深度学习中的卷积神经网络在图片处理领域一枝独秀，因此卷积神经网络被广泛应用在表情识别中。卷积神经网络自 1995 年就诞生了 LeNet5 网络（Le Cun et al. , 1995），此网络结构已经具有了标准化的结构。网络中包含了卷积层、最大池化层和全连接层，此网络被应用在识别手写体中，但是在提取丰富特征，处理更多的分类时还是稍显弱势。2013 年，表情识别比赛 Fer2013（Goodfellow et al. , 2013）从网络上搜集了上万张人脸表情图片，自此从实验室环境下搜集图片到具有挑战性的真实场景下大规模地搜集图片，从而训练样本充足。由于计算机的计算速度和样本数据量的提升，为深度学习的发展提供了条件。AlexNet 网络取得 ImageNet 竞赛冠军后，受到广泛关注，从此网络向着更深层次发展。VGG 网络的提出使卷积神经网络的研究更进一步，提出级联 3×3 的卷积核能够模拟更大卷积核的感受野，缩小卷积核的尺寸，可以减少计算量。

2014 年出现了一种新颖的网络结构 GoogleNet（Szegedy et al. , 2015），提出了 Inception 架构，构建了 1×1、3×3、5×5 的卷积核，随后产生了改进的 Inception V2（Ioffe & Szegedy, 2015）、Inception V3（Szegedy et al. , 2016）和 Inception V4（Szegedy et al. , 2017）网络。Inception V2 提出批处理归一化加快网络的

训练速度。Inception V3 提出了将较大的二维卷积拆成两个较小的一维卷积，从而减少了大量的参数，让训练速度更快。随着网络层数的增加，有时网络会产生退化，此时 He 等（2016）提出了残差网络，在网络中学习恒等映射。Xception（Chollet，2017）架构在基于空间相关性和通道相关性可以解耦的假设下，提出了深度可分离卷积，此网络的提出减少了训练网络的计算量。为了提高卷积神经网络的识别效果，综述了三种提升表情识别性能的改进方法：

（1）改进卷积神经网络模型。本方法主要是通过改进卷积神经网络，能达到在验证集上识别效果最好，主要是使用一个卷积神经网络进行表情识别。李勇等（2018）和黄倩露、王强（2019）分别通过实现 LeNet5 网络和 AlexNet 网络跨连接，融合不同层的特征，保留提取特征的丰富度，从而提高表情识别的准确率。Lu 等（2019）通过设计不同的残差模块构造深度残差网络，进而比较不同结构的卷积神经网络识别表情的性能。

卷积神经网络可以通过训练网络模型提取特征，使用 Softmax 函数进行分类。Lopes 等（2015）使用了卷积神经网络实现表情识别。卷积神经网络需要充足的样本训练模型，并且训练模型的样本直接影响模型的准确性，故而 Jinwoo 等（2016）对原始数据进行数据增强，按照一定尺寸裁剪人脸不同区域进行模型训练。卢官明等（2016）设计了一种卷积神经网络模型，并在全连接层使用了Dropout 随机丢弃部分神经元，将卷积神经网络模型和多层感知机模型识别效果进行比较，验证了卷积神经网络比多层感知机有更高的识别率，介绍了使用 Dropout 层的卷积神经网络识别效果更佳。Arriaga 等（2019）和 Howard 等（2017）利用了深度可分离卷积构建了实时的表情识别系统。另外，基于区域的卷积神经网络也被用于表情识别中（Li et al.，2017）。

（2）多网络集成。研究表明，通过多网络集合可以取得比单个网络进行表情识别在识别准确率上更好的效果（Ciregan et al.，2012）。集成方法主要在两个层级：特征层级和分类层级，前者是串联提取到多样性特征（Bargal et al.，2016；Liu et al.，2016），而后者可以用加权平均值，计算最终的分类效果。Hasani 和 Mahoor（2017）使用三维卷积神经网络和长短时记忆网络集成进行了表情识别。使用特征融合是最常用的方法，使用两种方法提取特征或者同时提取局部特征和全局特征，然后对特征进行融合，给出最后的分类效果（徐琳琳等，2019；李校林和钮海涛，2020）。在 2013 年的表情识别挑战赛中识别效果最好的是用卷积神经网络结合支持向量机的铰链函数进行训练，准确率达到了 71%（Goodfellow et al.，2012）。

（3）多任务网络。Devries 等（2014）与 Pons 和 Masip（2018）分别提出同时进行人脸表情识别任务与其他任务，如面部标记点定位和面部动作单元检测相结合可提高人脸表情识别性能。Ranjan 等（2017）设计了一体化的卷积神经网络模型同时解决人脸识别和微笑检测，预训练模型进行参数初始化，然后使用不同的子网络对识别任务进行优化。Arriaga 等（2017）设计了实时的卷积神经网络来实现多任务识别，同时完成人脸表情和性别的识别。

2.5.2　基于区域划分的面部表情识别方法

对于面部表情识别任务来说，人脸中每个部分并不像在人脸识别任务中那样重要，仅使用重要的局部特征也可以实现面部表情的正确识别。许多研究人员将人脸划分为多个重叠或非重叠的局部区域提取局部特征。划分区域的一种方法是将整个图像分成大小相等的部分。Zhong Lin 等（2012）将图像分割成大小相等的块，并提出了一种多任务稀疏学习技术来学习面片上有助于表情识别的特征。然而这种方法虽然容易获得分割的面片，但是可能会丢失相邻面片之间的边缘信息，造成无法捕获一些关键信息的现象。另一种方法是根据面部标志点来获得区域。很多方法都将研究重点放在面部关键位置如眼睛、嘴巴等。Happy 等（2012）选择了眼睛、鼻子和嘴巴周围的 19 个面片进行面部表情识别，并利用每个面片提取到的特征来训练支持向量机（SVM）。Fan 和 Lam（2018）裁剪出眼睛、鼻子、嘴三个不同的局部面部区域，使用裁剪区域和整个图像训练 MRE-CNN（Multi-Region Ensemble CNN），利用各子网加权预测得分之和提高面部表情识别的精度。Wang Kai 等（2020）提出 RAN（Region Attention Network）模型，其中包含区域划分及特征提取模块、自注意力模块以及关系注意力模块三部分，输入的图像被切分成多个区域，然后和原始图像一起送到特征提取模块，采用区域偏差损失计算面片的重要性，自适应地学习不同区域的权重，选取更为重要的特征，对面部表情识别具有鲁棒性。但该方法直接从输入图像中选择面片并将面片进行展平操作，这一操作既增加检测时间，又导致空间信息丢失，同时存在裁剪重复区域的问题。Liao Haibin 等（2021）提出一种基于深度学习和条件随机森林的表情识别方法，从目标人脸图像中选择整体人脸图像、左眼区域图像、右眼区域图像、双眼区域图像和嘴部上中下区域图像 7 个面部区域提取深层多实例特征，使用属性条件随机森林进行面部表情识别。胡敏等（2023）提出了基于面部运动单元和时序注意力的视频表情识别方法，根据面部肌肉运动单元将面部表情活跃区域划分为 9 个感兴趣区域（Region of Interest，RoI），通过 RoI 特征提取网络从这些区域中提取并整合特征。

2.5.3 基于注意力机制的面部表情识别方法

现阶段，许多研究方法尝试使用注意力机制来提高卷积神经网络在面部表情识别任务中的性能。在面部表情识别任务中，注意力机制有助于网络模型关注人脸及重要的面部区域，并抑制不相关的面部区域和背景。

Li 等（2018）提出 ACNN 网络模型，该网络模型由 pACNN（patch-based ACNN）和 gACNN（global-local-based ACNN）两部分组成。该网络模型将特征图分为 24 个块，pACNN 负责根据人脸关键点从中间特征图张量中提取重要的局部块，使用 PG-Unit（Patch-Gated Unit）单元对每一个局部块赋予权重。gACNN 主要处理整个中间特征图张量，并使用 GG-Unit（Global-Gated Unit）模块对整个中间特征图张量赋予权重。最后该网络模型将局部和全局两个层面的特征传递给分类器，以进行表情识别。刘德志等（2021）在 Inception 模块搭建的卷积神经网络中设计了空间注意力单元，该单元包含了可学习参数，能够帮助模型在提取特征时更加关注表情运动区域。Gan 等（2020）提出了一种多注意力网络模型来模拟人类从粗到细的视觉注意，以提高表情识别性能。将视觉注意分为粗粒度、中粒度和细粒度，虽然在很大程度上关注面部表情重要特征区域，但有很多区域被重复计算，导致网络模型计算复杂度较高。Zhao Zengqun 等（2021）设计了 EfficientFace 网络模型，该网络模型包含局部特征提取器和通道空间注意力机制来感知局部和全局的显著面部特征并实现网络模型参数轻量化。Zhu 等（2022）结合注意力机制和金字塔特征，提出一种基于级联注意力的网络，提取不同尺度和时间分辨率的特征，以捕捉局部和全局信息。不仅充分利用上下文信息来弥补空间特征利用不足的问题，而且进一步提高了注意力机制的性能，并在一定程度上解决了定位不准确的问题。

2.6 面部姿态估计模型与方法

针对面部姿态估计任务，目前主流方法采用基于深度学习的技术。相对传统方法而言，深度学习通常能够实现更好的效果。根据是否包含关键点检测步骤可以将面部姿态估计方法分为两类，分别为基于人脸关键点检测的面部姿态估计方法与基于无须人脸关键点检测的面部姿态估计方法。

2.6.1 基于人脸关键点检测的面部姿态估计方法

基于人脸关键点检测的面部姿态估计方法，是面部姿态估计任务的常用方法之一。具体步骤包括：①利用人脸检测算法检测图像中的人脸位置；②对于每个检测到的人脸，使用关键点检测算法检测出人脸的关键点，如眼睛、鼻子、嘴等；③根据已知的人脸特征和几何约束，构建可以表示人脸形状的 3D 面部模型；④通过计算 2D 关键点到 3D 面部模型的映射关系，推导出面部姿态参数，如面部旋转角度、俯仰角度等；⑤利用推导出的面部姿态参数，估计出面部的具体姿态信息。

人脸检测是关键点检测的前提，需要先进行人脸检测并且保证人脸大小适中才能精确定位所有关键点。深度学习在人脸检测领域的应用越来越广泛。相对于早期采用手工设计特征的方法，深度学习技术在检测物体和人脸方面表现出较高的准确性。根据人脸检测过程中是否需要区域候选网络（Region Proposal Network，RPN），可以将人脸检测方法分为单阶段检测、两阶段检测及多阶段检测方法。其中，单阶段检测方法主要基于 SSD（Single Shot MultiBox Detector）（Liu et al.，2016），侧重于检测小尺寸的人脸。例如，Zhang 等（2017）提出了一种尺度平衡的框架 S^3FD，采用了尺度补偿的锚点策略。Tang 等（2018）引入了一种基于锚点的上下文关联方法 PyramidBox，利用上下文信息提高了检测准确性。两阶段方法主要是基于 Faster R-CNN（Ren et al.，2015）和 R-FCN（Dai et al.，2016）。例如，Zhang 等（2018）提出了基于多尺度和投票集成的 FDNet 网络模型来改进人脸检测，而 Face R-FCN（Wang et al.，2017）在 R-FCN 的基础上进行改进，使用了一种位置敏感的平均池化技术来提高人脸检测的准确性。多阶段检测方法主要是基于 MTCNN（Multi-Task Convolutional Neural Networks）。例如，付齐等（2023）提出了联合遮挡和几何感知模型下的面部姿态估计方法，通过人脸检测以及图像增强技术降低背景与光照变化带来的影响。同时通过几何感知网络与面部遮挡感知网络，在减小部分遮挡影响的基础上加入人脸几何信息，从而获取到包含丰富信息的未遮挡面部特征。

在面部姿态估计中，关键点检测是一个非常重要的步骤。通过检测面部的关键点，可以计算出这些关键点与面部模型之间的映射关系，从而确定面部的姿态参数，如面部的旋转角度、俯仰角度等。Sun 等（2013）提出了一种基于三级卷积网络模型估计面部关键点位置的方法。该网络模型由多个子模型组成，每个子模型的输出都被用作下一个子模型的输入，通过级联多个卷积神经网络同时检测面部的多组关键点，提高检测精度。傅由甲（2021）提出了一种建立关联特定人脸标记点定位器的稀疏通用 3D 人脸模型方法，该方法通过人脸特征点定位器来适应平面内的任意旋转且同时具有遮挡的大姿态角度的面部姿态估计。Zhu 等（2016）提出了一种新的基于 3D 形态模型的人脸对齐方法，该方法将人脸图像映射到 3D 面部模型中，解决了面部姿态估计网络模型难以检测侧脸关键点的问题。此外，该方法还通过预测不可见的关键点解决了在大姿态下标注关键点的困难。上述的人脸对齐方法主要依赖于人脸关键点的准确度，这限制了它们实际应用的范围。Guo 等（2020）提出了一种新的回归框架 3DDFA-V2，通过网络模型预测旋转矩阵来优化估计 3DMM 参数的回归任务，达到速度、准确度和稳定性之间的平衡。虽然基于卷积神经网络改进的网络模型提高了面部关键点检测的准确性，但是不能学习固有的结构依赖关系。

2.6.2　基于无须人脸关键点检测的面部姿态估计方法

基于人脸关键点检测的面部姿态估计通常使用人脸关键点来进行三维人脸对齐，这种方法对于关键点检测的精度要求非常高，优化人脸关键点检测的同时也需要优化人脸检测，增加了计算复杂度。此外，关键点检测需要定位 68 个关键点，对于较小的面部图像，有些关键点可能无法被准确检测，这也会影响面部姿态估计的准确性。一些深度学习方法可以直接回归面部姿态，以裁剪好的面部图像作为输入来估计面部姿态，无须使用关键点检测。Natanie 等（2018）提出了 HopeNet 网络模型，该网络是一种利用多种损失函数的深度卷积神经网络，用于估计面部全局姿态。该网络模型使用 ResNet50（He et al.，2016）作为主干网络，并使用平均绝对误差（Mean Absolute Error，MAE）和交叉熵作为损失函数进行网络模型的训练优化。Zhou 和 Gregson（2005）提出了 WHENet 网络模型，基于卷积神经网络，使用了两个并行的分支来估计面部姿态的旋转角度和位置，将窄范围的面部姿态估计方法 HopeNet 扩展到全范围的偏航角。该网络模型能够在实时性和高精度之间取得平衡，解决了广泛的面部姿态范围问题。Yang 等（2019）提出面部姿态估计 FSA-Net 网络模型，该网络模型利用可学习的空间位置的重要性，从细粒度空间结构中获取聚合特征，从单个图像中得到面部姿态。针对面部姿态估计中的监督学习数据不足的问题，Kuhnke 和 Ostermann（2019）提出了一种半监督学习策略，通过相对姿态一致性使用未标记的数据进行模型训练。Dhingra（2022）采用深度可分离卷积和 Transformer 编码器层，提出了一种适用于无标记数据的姿态估计 LwPosr 网络模型，在保持相对较高的面部姿态估计准确度的同时减少了网络模型参数。虽然上述方法直接回归面部姿态，避免了关键点检测的步骤，但这些方法仍然需要先进行人脸检测步骤。

Albiero 等（2021）提出了 Img2pose 网络模型，该网络模型无须人脸检测和关键点检测，实时地对人脸进行 6DoF 面部姿态估计。Img2pose 网络模型基于改进的 Faster R-CNN 两阶段目标检测方法设计：第一阶段将原始图像输入 RPN 模块，生成高质量的区域建议框，第二阶段则是将包含感兴趣区域池化（RoI pooling）的特征从每个建议区域中提取出来，预测每个检测到的人脸的局部 6DoF。最后 Img2pose 网络模型提供了一种十分有效的姿态转换方法，利用面部边界框和相机内部矩阵的信息将局部 6DoF 转换为全局 6DoF，对每一个建议区域进行裁剪后，将裁剪所得到的图像经过 6DoF 估计后转换焦点，根据焦点的位置差异调整裁剪图像之间的姿态，最终将其映射回原图像，得到相对于原图像本身的 6DoF，保证了姿态估计结果与其真实位置的一致性。

2.7　3D 人脸建模方法与技术

基于视频的三维人脸重建是在图像的基础上实现和完成的，基于图像实现三维建模的研究则是在 20 世纪 70 年代开始的。使用计算机生成人脸参数模型以来，越来越多的研究人员在三维人脸建模这个新兴领域进行了一系列开创性的工作，三维人脸重建技术主要分为三种类型。

2.7.1　传统的三维人脸重建方法

该方法以图像信息作为基础，如图像的灰度与亮度、颜色空间、深度与高度等，根据图像数量的多少分为两种重建方法。

第一种是基于单幅图像的三维人脸建模，这种方法首次被 Horn（1990）提出，因为二维图像包含的数据信息单一，通过从阴影图像中恢复物体表面形状，同时对复杂的、有皱纹的表面进行处理，使用梯度场合亮度函数将物体表面高度和梯度表示出来，所以称为阴暗恢复形状法（Shape from Shading，SFS）。

后来的研究者对此方法做出很大的改进，Castelan 和 Hancock（2004）在此基础上，提出了基于局部形状指示器的算法，并将得到的局部形变模型与 SFS 相结合，使三维人脸信息可以应用在三维人脸重建领域。Yang 和 Tian（2011）提出了一种具有混合反射模型和透视投影的重构算法，通过基于混合反射模型描述透视投影的成像，使用静态方程描述成像方程，并使用快速扫描数值逼近法求解方程，最终结果不仅真实有效，而且可以处理镜面反射率。Afzal 等（2022）提出了一种易于实现且计算效率高的三维人脸重建方法，使用经过特征提取、深度计算处理的 BFM（Basel Face Model）（Paysan et al.，2009）图像来进行三维重建，最终结果不仅在细节恢复和准确性方面效果特别好，而且效率高、鲁棒性强。

　　第二种是基于多幅图像的三维人脸建模，就是凭借同一人物的不同角度的图像来恢复三维数据信息，又可以分为正侧面图像建模和使用不同视角的多幅图像进行建模。而使用人脸的正面照和侧面照重建三维人脸是由 Akimoto 等（1993）在 20 世纪末提出的，这种方法需要在同一张人脸的正面照片以及侧面照片上分别对相应的特征点进行坐标提取，由此可根据这两幅图像对应特征点的空间关系来得到三维空间中的坐标，之后再进行建模，这种方法主要是利用人脸特征点恢复空间坐标相对容易的特点，但最终重建结果的精度不高。

　　后续工作开始使用多幅图像实现人脸重建。Pighin 等（2002）最先使用五张图像来进行三维人脸重建的研究，将预先定义的特征点从不同角度和方向获得五张人脸图像分别进行标定，由于每张图片中标定的点具有对应关系，便可以计算出相应的空间坐标，最后与模型进行一一映射，并不断进行修改和完善，实现三维人脸重建。Liu 等（2010）提出使用摄像机获取视频序列的方法来实现建模，该方法只需要获取人脸的五个特征点，包括两个眼角、一个鼻尖、两个嘴角，通过标定和匹配获取三维坐标，然后将纹理信息映射到模型上并行调整，最后完成重建工作。Dou 和 Kakadiaris（2017）提出了使用 3D 面部形状的子空间来表示由深度卷积神经网络（Deep Convolutional Neural Networks，DCNN）和循环神经网络（Recurrent Neural Network，RNN）组成的深度循环神经网络来解决面部重构问题，并且对于图像质量的变化具有鲁棒性。总的来说，利用多视角图像的方法相对于正侧面图像建模的方法，能够更加精确地恢复空间坐标和面部特征。

2.7.2　基于模型的三维人脸重建

　　得到人脸的通用模型通常有三种方法：第一种方法是使用技术成熟的三维扫描仪，可以自动获取完整精确的人脸数据信息，但是设备价格昂贵，对普罗大众不适用；第二种方法是利用一些商业的建模软件生成人脸通用模型，目前使用较多的著名软件有 Maya、3D Studio Max、TinkerCAD、Inventor 等，这种方法在移动端的适用性不高；第三种方法以计算机图形学为理论基础、以深度学习为辅助，来达到三维人脸重建的目的。而三维形变模型（3D Morphable Model，3DMM）是被学术界广泛使用的一种通用模型。3DMM 是由瑞士科学家 Blanz 等（2002）最先提出的，这种方法建立在三维人脸数据库的基础上，在训练模型时以人的脸型和人脸纹理为约束条件，并且考虑了人脸的姿态以及光照因素的影响，所以生成的三维人脸模型精度较高，但是缺乏对人脸的一些细节刻画，在人脸表情表达上明显不足。所以后来出现了很多对该方法改进的方法和理论。并且随着深度学习理论的成熟和发展，使这一领域又获得了巨大的发展。

Jourabloo 和 Liu（2016）提出使用级联的卷积神经网络去估计 3DMM 的参数，完成了对面部关键点的预测，并且提出姿态不变这一特征来增强人脸对齐效果。Booth 等（2018）提出了一个比以往规模都庞大的人脸模型（LSFM），其训练使用的数据集范围广泛，包含全球大多数人口，能够对不同年龄、不同性别、不同种族群体构建对应的模型，极大地扩大了 3DMM 的规模，这无疑对三维人脸重建的发展具有非常重大的意义。Genova 等（2018）基于编码—解码原理，提出了无监督的学习方法来获得 3DMM 的参数，引入了人脸识别和人脸检测的任务，使用未提前进行标记的图像便可以更好地学习人脸的姿态、光照等特征，而且准确度也比较可观。Tran 和 Liu（2018，2021）提出了 Nonlinear-3DMM，由于之前的 3DMM 采用的数据类型很单一，并且数量较少，除此之外，都是依靠线性思维来解决问题，导致最终的人脸模型传递的信息十分局限。他们的方法则是通过深度神经网络来学习人脸的形状和纹理，不需要进行扫描，可以更好地重建人脸。Ploumpis 等（2020）提出了迄今为止人类头部最完整的 3DMM，利用回归器以及高斯过程框架这两种方法建立了新的头部（LYHM）和脸部组合式模型。这种方法不仅具有了最先进的性能，而且能够参数化颅面的形状、质地以及耳朵的形状、视线和眼睛的颜色。

2.7.3 端到端的三维人脸建模

端到端的三维重建方法，是在卷积神经网络逐渐兴起之后被提出的。这种方法有效地避免了像 3DMM 的人脸模型和参数的获取，结合实际需要和实际情形，选取设计与模型契合的 3D 人脸表示方法，并采取卷积神经网络直接回归，找到最佳的人脸模型参数，实现端到端的重建目标。当前非常经典的模型有 VRNet（Volu-metric Regression Network）（Jackson et al.，2017）和 PRNet（Position Map

Regression Network）（Feng et al.，2018）。

VRNet 是由 Jackson 等在 2017 年首次提出的，他们为了使卷积神经网络直接回归出 Volumetric，大胆创新地提出将人脸看作 200 个横切面，对整个面部进行划分，这样就不用通过预测顶点坐标来实现模型与坐标之间的对应，但是这种方法预测出来的结果容易发生偏移，这是因为对面部进行划分后不固定，需要对模型上的一个点进行固定，然后将其余的点对齐到预测出来的三维人脸。由此可见，这种方法涉及的计算量比较大。

Feng 等（2018）提出 PRNet，这种方法根据网络模型设计出 UV 位置映射图，不仅能够直接预测顶点坐标，而且可以将网格直接表示为固定的 tensor，之所以能够得到三维人脸模型，是因为在每个 UV 坐标构成的多边形上都携带了各自的信息，这样就可以建立从 2D 图像到 UV 映射图的一个对应关系，并且设计损失函数时，将每个区域的顶点误差考虑进去并进行加权，便可以由卷积神经网络回归出 NV 参数。这种方法结构简单，便于实现，也利于进一步的优化。

除了 PRNet 和 VRNet 这两个模型，Sanyal 和 Feng（2019）提出一种新型网络——RingNet，这种技术可以从单个图像中计算出 3D 人脸模型，并且在没有任何 2D 到 3D 监督的情况下训练网络，经过训练后，拍摄的照片经过输出 FLAME 参数便可以轻松地对其进行动画处理，最终的结果无论表情、姿势还是光线，人脸的形状都是恒定不变的。Zhong 等（2020）利用无监督的基于 CycleGAN 的网络来获得深度图像，用于端到端的 3D 人脸估计，在深度图像和表情、姿势编码的 3D 人脸之间建立了一个端到端的回归框架，弥补了传统的基于模板拟合方法计算量大的不足。Chen 等（2020）使用基于 3DMM 的粗略模型和 UV 空间中位移图来表示 3D 人脸，输入单个图像并将其本身作为监督，然后通过输入面部和渲染面部之间的光度损失和面部感知损失来回归 3DMM 的粗略模型，再将输入图像和粗糙模型展开到 UV 空间来预测位移图，最终使用粗糙模型和位移图来渲染精细的人脸，这又可以与原始输入图像进行比较作为光度损失。

2.8　人物交互检测与识别方法

人物交互检测在深层次的以人为中心的场景理解中发挥着重要的作用，近年来备受研究者的关注。本章将现有的研究分为两阶段、单阶段和端到端的人物交互检测。

人物交互检测可以定位人与物体，并识别人与物体之间的相互关系，在高层次的以人为中心的场景理解中发挥着重要的作用。近几年在人物交互检测任务中有大量的研究工作，根据技术方案的不同可分为三类算法：两阶段人物交互检测算法、单阶段人物交互检测算法和端到端的人物交互检测算法。

2.8.1 两阶段人物交互检测算法

两阶段人物交互检测将人物交互检测任务解耦为目标检测任务和交互检测任务，具体来说，现代的两阶段人物交互检测任务由第一阶段目标检测器和第二阶段交互分类器组成。在第一阶段，使用一个微调的目标检测器来获取人与物体的边界框和类别标签。在第二阶段，使用一个多流交互分类器来预测交互对。在多流交互分类器中有三个流，分别是人流、对象流、成对流，人流和对象流分别为人和物体检测框编码视觉特征。

HO-RCNN（Chao et al.，2018）最早将人和物体的视觉特征及空间位置关系结合起来，提出一种基于人体目标区域的卷积神经网络，该网络在交互分类阶段，首先根据人体和物体的边界框对原始特征进行裁剪，然后将其归一化成相同大小的特征，并输入各自的卷积神经网络中，最后通过全连接层将视觉和空间特征融合，得出交互类别的预测得分。

ICAN（Instance-Centric Attention Network）（Gao et al.，2020）在 HO-RCNN 的工作上进行了改进，通过采用共享的特征提取模块 ICAN 来处理第二阶段的交互分类网络中的人流和对象流分支，并利用成对流的双通道二值图像表示来编码空间关系。

在 PMFNet（Pose-aware Multi-level Feature Network）（Wan et al.，2019）中提出了一个来自人类解析的细粒度版本来放大关键线索。除了空间编码关系外，在 DRG（Dual Relation Graph）（Gao et al.，2020）、CHG（Wang et al.，2020）、RPNN（Relation Parsing Neural Network）（Zhou & Chi，2019）、HGNN（Hierarchical Graph Neural Network）（李宝珍等，2022）等工作中的图神经网络（Graph Neural Network，GNN）（Scarselli et al.，2008）也被用于模拟人与物体之间的交互，提高了模型的表示能力。

2.8.2 单阶段人物交互检测算法

单阶段人物交互检测将人物交互检测问题转换为代理交互检测问题，来间接优化人物交互检测器，从而避免两阶段人物交互检测单独进行目标检测。具体来说，首先基于人的先验知识定义交互方案，其次并行检测人、对象和交互建议，最后在处理的过程中，根据预定义的匹配策略，将每个交互结果分配给一个（人、物）对。在 PPDM（Liao et al.，2020）和 IPNet（Wang et al.，2020）中将人物交互检测视为一种点检测问题，同时 PPDM 提出了一种基于点的交互检测方法，利用 CenterNet（Duan et al.，2019）作为基检测器，使用人与对象之间的中心点收集的集成特征来预测交互类，实现了同时进行目标检测和交互检测。在 UnionDet（Kim et al.，2020）中将人物交互检测视为一个联合盒检测问题，在 RetinaNet（Lin et al.，2017）中提出了另一个统一的单阶段人物交互检测模型，在传统的目标检测分支的基础上增加了一个额外的联合盒检测分支。

最近的人物交互检测研究工作中，有引入代理检测来间接优化人物交互检测实现单阶段检测。以避免两阶段人物交互检测算法将人物交互检测任务解耦为目标检测与交互关系推理，两个子问题相互独立，导致的独立优化可能产生次优解，生成的人物体建议与交互分类质量较低的问题。

2.8.3 端到端的人物交互检测算法

端到端的人物交互检测直接从全局图像中推理人与物的交互关系，并预测交互的各个实例，这一方法解决了传统两阶段人物交互检测方法中实例检测与交互推理分离的问题，也克服了传统单阶段人物交互检测方法引入代理交互使模型设计复杂的难题。受 Stewart Russel 等（2016）提出基于 LSTM（Long Short-Term Memory）（Hochreiter & Schmidhuber，1997）的拥挤场景中端到端的人员检测算法的启发，DETR（Carion et al.，2020）通过将 LSTM 替换为 Transformer（Ashish et al.，2017）对其进行了改进，实现了端到端的目标检测，且没有非极大值抑制（Non Maximum Suppression，NMS）后续步骤和 Anchor（Lin et al.，2017）等组件设计。这激发了将 Transformer 应用在人物交互检测的研究上，HOTR（Kim et al.，2021）第一次将 Transformer 架构扩展到人物交互检测任务中，利用 Transformer 对交互之间的关系进行建模，同时实例解码器和交互解码器并行预测同一组对象，并与定位实例框生成最终的人物交互三元组（人、物、交互行为）。在 QPIC（Tamura et al.，2021）网络中还添加了基于查询的检测模块，选择性地聚合图像范围的上下文信息，避免了解码过程中多个实例特征的混合。

随着 Transformer 在计算机视觉领域下的广泛应用，在最近的人物交互检测研究工作中也有多个工作基于 Transformer 构建算法模型。依托于 Transformer 强大的特征学习能力，使基于 Transformer 构建的人物交互检测模型相较于传统的人物交互检测模型：第一，避免了传统的两阶段人物交互检测算法将人物交互检测任务解耦为目标检测和交互分类的独立阶段；第二，避免了传统的单阶段人物交互检测算法引入代理交互导致的复杂流程设计；第三，简化了人物交互检测的推理流程，直接从全局图像中推理人物交互检测关系，没有复杂的手工组件设置，实现了端到端的人物关系推理与训练。

2.9　单目标跟踪方法与技术

近年来，在单目标跟踪研究领域，以孪生网络为基础的一系列单目标跟踪研究，将单目标跟踪问题转换为一种图像的相似度匹配问题，并以孪生网络为基础构建单目标跟踪模型，在取得较高跟踪性能的同时，也能实现跟踪精度与效率的平衡。其中以孪生网络为基础的 SiamFC 和 SiamRPN++是单目标跟踪领域重要的研究工作，本节以 SiamFC 和 SiamRPN++算法为例，对单目标跟踪技术进行介绍。

2.9.1　基于滤波算法的目标跟踪

对于视觉目标跟踪（单目标跟踪）任务而言，在 2017 年以前，多数研究工作基于相关滤波算法进行改进，其中具有代表性的跟踪算法有 KCF（Kerne-lized Correlation Filter）（Henriques et al.，2014）、MOSSE（Minimum Output Sum of Squared Error filter）（Bolme et al.，2010）、CN（Danelljan et al.，2014）等。在深度学习技术的驱动下，跟踪领域的研究工作也逐渐开始涉及深度神经网络，前期研究工作的重心多围绕在对预训练神经网络的使用上。

Tao 等（2016）提出的 SINT（Siamese Instance Search for Tracking）网络是基于孪生网络的开山之作，首次在目标跟踪任务中使用孪生网络，并将目标跟踪问题转化为块的匹配问题。同年 Bertinetto 等提出的 SiamFC（Fully Convolutional Siamese Networks），结合全卷积网络构建了一个高速的、端到端的跟踪模型，开创性地将目标跟踪的过程中逐帧判别的方式转变为基于深度学习技术的模板匹配方式。Valmadre 等（2017）提出的 CFNet 网络采用的思路与 SiamFC 算法的思路基本相同，不同之处在于将相关滤波器整合为一个网络层，并将其嵌入孪生网络框架中。自此以孪生网络为架构的跟踪模型因为相对较高的跟踪精确度和超快的检测速度使大量的研究工作围绕其开展。以下对基于孪生网络的跟踪算法进行总结。

Guo 等（2017）对 SiamFC 算法进行优化，提出了 DSiam（Dynamic Siamese Network）网络，在 SiamFC 的基础上添加了背景抑制变换层和目标外观变换转换层来增强跟踪模型的在线更新能力。Wang 等（2018）提出的 RASNet（Residual Attentional Siamese Network）网络最显著的特点是将 Attention 机制应用在跟踪模型上，该模型使用三种不同的注意力机制，包括通道注意力机制、残差注意力机制和空间注意力机制，以获取视频中的时空信息，并缓解网络训练过程中的过拟合现象，从而提高网络的判断能力。

2.9.2 基于孪生网络检测的目标跟踪

在 SiamFC 网络研究工作基础上，又有许多学者提出新的孪生网络检测算法，不过这些算法在特征提取部分均采用浅层网络 AlexNet，这使模型无法获取深层次的信息。

Li 等（2018）提出了 SiamRPN 网络，将目标检测中的一次性学习（One-shot Learning）方式引入跟踪问题中，该网络利用了检测任务中常用的 anchor 来生成多个高置信度候选区域，从而更加高效地确定目标的位置。Zhu 等（2018）在 SiamRPN 网络的基础上设计了 DaSiamRPN 网络，用以解决长序列跟踪中容易在序列中间发生丢失目标的问题，该网络的跟踪性能超越了长期以来一直保持前列的 ECO（Efficient Convolution Operators for Tracking）（Danelljan et al.，2017），并且在跟踪速度上也达到了 160FPS（Frame Per Second）。

互相关操作是融合模板分支特征信息和搜索分支特征信息的核心操作，SiamFC 使用互相关层获取模板图像和搜索图像的单通道响应图。SiamRPN 使用上行通道互相关层扩展通道数，但上行通道互相关层的参数分布严重不平衡，例如，先通过卷积网络将模板输出的特征 $\mathcal{F}(X)$ 的通道数扩充到 2k 或 4k 倍，并将这些特征作为卷积核，在搜索通道输出的特征 $\mathcal{F}(Z)$ 中进行卷积得到 2k 或 4k 个通道响应，但这样致使 RPN 结构中的参数急剧增加。

Wang 等（2019）提出了 SiamMask 网络，该网络在全卷积孪生网络的离线训练基础上，通过定义二值分割任务损失函数，使网络能够生成目标被语义分割后的覆盖区域和实时旋转的边界框，并且实现了 35FPS 的检测速度。该网络的出现再次刷新了基于深度神经网络的目标跟踪方法的性能表现。Li 等（2019）提出的 SiamRPN++使用多级级联的思路获取鲁棒的特征表示，提升跟踪模型性能。

Xu 等（2020）提出 SiamFC++网络，其整体结构和 SiamRPN 类似，都是首先提取特征，然后互卷积，最后添加卷积层输出回归和类别结果，但增加了 quality assessment 分支，强化回归效果。Yu 等（2020）引入一种新的 Siamese 注意机制来计算可变形的自我注意和交叉注意，提出了可变形 Siamese Attention Networks，称为 SiamAtten，其中自注意力通过空间注意力学习强大的上下文信息，并通过通道注意力选择性地强调相互依赖的通道特征，交叉注意能够聚合目标模板和搜索图像之间丰富的上下文相互依赖关系，提供一种隐式方式来自适应地更新目标模板。

宋鹏等（2021）提出了整体特征通道识别的自适应孪生网络模型，在 SiamFC 网络的基础上将 ResNet22 残差网络进行优化改进，为其增加通道注意力机制，并构建特征转换模块和特征感知模块实现通道特征与整体特征的聚合，以减少光照、旋转、遮挡等情况下跟踪失败的问题。程旭等（2021）提出了一种基于时空注意力机制的目标跟踪模型，不仅使用通道注意力机制与空间注意力机制来增强孪生网络的特征提取能力与抗干扰能力，而且提出了一种高效的模板更新机制，将第一帧图像特征与后续跟踪帧图像中置信度较高的图像特征进行融合，降低网络受目标形变的干扰。尚欣茹等（2021）提出的 Siamese GA-RPN 网络，以通关语义特征来指导孪生网络中锚框的生成，以减少预测过程中冗余锚框的产生。张睿等（2021）与谭建豪等（2021）针对 SiamRPN 中锚框机制对目标形变以及尺度下跟踪效果不理想进行优化，分别提出了各自的无锚框机制的目标跟踪算法，直接预测目标区域的边界值。

第3章　轻客户端表情识别模型
改进方法研究

在线课堂在应用中存在很多不足，例如，在线课堂监督效果差，教师难以选择交互的学生等。在线下课堂中，课堂提问或交流等交互方式是教师了解学生对课堂知识掌握情况的主要手段，教师用几秒钟就可以快速浏览班级所有学生的状态，然后了解学生对课堂知识的掌握程度，从而做出闭环调整，提高课堂的授课质量。而在线课堂不同于在教室上课，空间的隔离使教师不能随时查看学生的状态，无法顾及学生的情绪变化，因而教师无法掌握课堂情况。在线教学过程中，学生在课堂中的连续状态信息对教师来说是信息过载的，导致教师无法有效监督课堂，学生睡觉、玩手机等状态也不可避免，导致教学效率和质量降低。

本章针对在线课堂中学生数量多、识别实时要求高的需求特点，分别从表情识别模型和姿态估计模型两方面对模型提出了改进思路。在表情识别模型的改进方面，从输入流结构、中间流结构、输出流结构三个结构层面对表情识别模型探索改进方法，通过平衡实时性和准确率的模型改进，为教师端快速分析学生的在线听课状态提供数据支持。在面部姿态估计模型的改进方面，基于 Transformer 构建面部姿态估计模型，对全局图像产生的输入序列与包含面部姿态信息的输出序列之间的复杂关系进行建模，利用学习到的全局特征进行面部姿态估计。

3.1　适用于学生端的表情识别模型改进

在表情识别模型的改进方面，针对在线课堂应用中表情识别模型的小型化和高效性需求，提出一种平衡表情识别时间和识别准确率的改进模型，优化模型能够综合考虑识别时间和识别准确率，在保障较高识别准确率的情况下大幅度降低模型的参数量以利于学生端的模型部署，从而实时获取在线教学中的学生上课状态。研究工作主要从四方面改进模型：①在输入流结构中，采用大卷积核与小池化核，减少训练网络的计算量；②在中间流结构中，使用深度可分离卷积充分利用视频中图像的空间相关性和通道相关性；③在中间流结构中，使用深度可分离卷积和残差网络进行融合形成混合模块，减少过拟合、增强模型泛化能力；④在输出流结构中，用全局平均池化层代替全连接层提高表情识别效率。通过详细的实验对比和模型分析，提出的模型改进方案能够在一个理想的范围内，综合考虑训练时间、识别时间和识别准确率占据较好的优势。优化模型能够适用于通过学生端视频数据获取学生表情、分析学生的在线上课状态。

3.1.1　模型改进方案设计

针对在线课堂的应用需求，对表情识别模型进行优化，提高模型识别的效率，并在识别准确率和算法实时性之间取得一个平衡，最终实现一个能保障识别实时性的表情识别模型。本书所提出的表情识别模型图如图 3.1 所示。

模型分为三部分，分别为输入流、中间流和输出流。在输入流中模型使用两个级联的 3×3 卷积替换原有的 5×5 卷积，减少了模型的计算量；在中间流中模型将原有的普通卷积替换为深度可分离卷积，减少了模型的参数量；在输出流中模型将全连接层替换为全局平均池化层，用以平衡识别准确度和模型识别效率。

（1）针对输入流结构的模型改进。对卷积神经网络模型进行实验和分析，发现 LeNet5 网络模型和 VGG 网络模型在表情识别的准确率上表现出良好的效果，因此结合两个模型的优势，重新设计了网络模型的输入流结构。针对 VGG 网络模型，分别研究了其卷积核大小为 3×3、5×5、7×7、11×11 的分类效果。据 VGG 网络介绍，两个 3×3 级联的卷积核相当于一个 5×5 的卷积核。本书发现在提取原始图片特征初期，两个级联的 3×3 的卷积核提取特征的效果稍逊于 5×5 的卷积核。因此，在输入流结构中，以 LeNet5 模型为基础，借用 VGG 网络模型的思想，使用两个级联的 3×3 卷积核提取特征，减少小卷积核计算量。

（2）针对中间流结构的模型改进。针对模型的中间流结构部分，使用深度可分离卷积代替普通的卷积，深度可分离卷积基于图像的空间相关性和通道相关性可以解耦的假设，由深度卷积和点卷积独立的提取特征，从而减少计算量，以提高模型的训练和识别效率。中间流结构把深度可分离卷积和残差网络进行了融合，形成一个混合模块，两者提取的特征拼接后输入下一个模块中，网络结构中

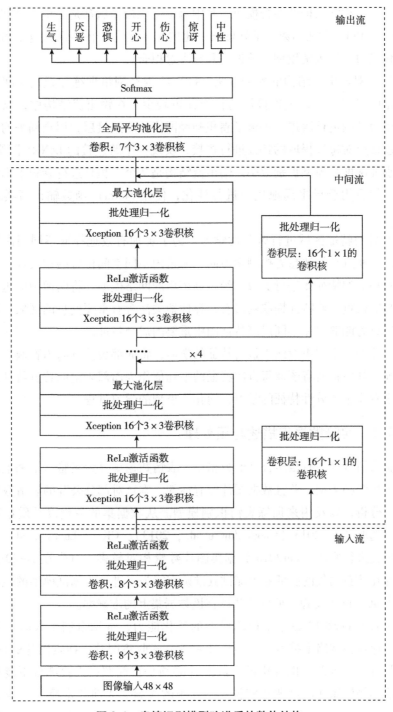

图 3.1　表情识别模型改进后的整体结构

共设计了4层相同结构的混合模块，其中每个卷积操作后都是一个批处理归一化操作和一个 ReLu 激活函数，批处理归一化的加入是为了提高训练速度和增强模型的泛化能力，让表情模型快速训练和减少过拟合。

（3）针对输出流结构的模型改进。LeNet5 神经网络训练和识别时间短的一个原因是网络层数少，全连接层的神经元也较少。在输出流结构中，以 LeNet5 网络模型为基础进行改进，去掉了卷积神经网络的全连接层，用全局平均池化层代替全连接层对每层提取的特征进行拼接，实现一个跨连接的 LeNet5 网络模型，平衡识别准确度和模型识别效率。输出流结构是 7 个卷积核进行卷积中间流输出的特征，然后用全局平局池化层进行池化，使用 Softmax 函数输出每类表情的概率。

（4）针对特征区域进行区分性学习。为了更加有效地提取不同层次的表情特征信息，通过空间注意力机制学习同一通道内不同空间位置的重要性，并根据重要性对相应的特征图进行加权。经过训练后的网络模型，将图像中的重要特征赋予较高的权重，使特征提取网络有选择性地关注含有重要信息的区域，从而保证空间注意力能够关注不同尺度特征图中重要的局部特征。

为了使网络模型更专注于显著特征的学习，将面部表情分离为普遍特征和区分性特征，其中将所有图像每批次特征的平均值作为面部表情的普遍特征，使网络模型更专注于区分性特征的学习，简化了模型的学习过程。

3.1.2 实验数据集描述与预处理

人脸表情数据集有很多公开的数据集，表情数据集分为实验室下采集和自然状态下采集两种类型，并且数据图片标有标签。本章对部分公开的表情数据集进行检测、分析，以及用来训练表情识别模型。从数据集的数量以及质量进行筛选，本章选取了 Fer2013（Goodfellow et al.，2013）、CK+（Lucey et al.，2010）两个数据集进行实验。Fer2013 数据集图片数量相对较多，首先在 Fer2013 数据集训练并在该数据集的验证集上测试其准确率，为了进一步测试模型的性能，使用 CK+数据集再次实验，训练并测试在该数据集上的准确率。

为了验证 Fer2013 数据集训练模型的泛化能力，本章自制了人脸表情数据集，主要通过在网络上搜索人脸表情图片的方式收集图片，搜索图片的标准有：图片中只有一张人脸；图片中的人脸照片必须是正面照；人脸部分不能有遮挡物，不能用物体遮住脸部明显特征；图片中的人脸非表演艺术照（如戏曲照）。根据以上原则收集了一个小型的人脸表情数据集，此数据集用来验证 Fer2013 数据集训练的表情识别模型的泛化能力和表情分类的混淆情况以及评价训练模型的质量。通过分析表情识别模型在不同数据集上的性能，进一步改进模型，直到表情识别模型识别的准确率达到一个良好的效果，最后用最优的表情识别模型识别在线课堂中的学生表情。

在线课堂数据集的收集是在学生上课状态下，让学生打开电脑的前置摄像头录制上课状态的视频。学生在自然状态下，镜头前无遮挡，不戴口罩，视频不中断、不暂停，保证一节课视频的完整性。完成录制的一节课视频在 45 分钟左右，共录制了四节课堂视频。

选择使用的公开数据集中每张人脸表情图片都含有标签，数据集包含了六类人脸的基本表情，不同数据集还分别加入了中性和蔑视的标签。在自制人脸数据集时，根据每类表情的特征对人脸表情图片标注了标签。本章研究使用了四个数据集：Fer2013 数据集、CK+数据集、自制数据集以及拍摄的课堂视频数据集，数据集的简要信息如表 3.1 所示。

表 3.1　表情识别实验数据集简介

数据集	样本数量	获取方式	识别任务
Fer2013 数据集	35887	网络收集	7 类表情
CK+数据集	981	实验室拍摄	7 类表情
自制数据集	396	网络收集	验证模型使用
课堂视频数据集	45 名同学的 163 段视频	课堂拍摄	识别最终表情

（1）Fer2013 数据集。Fer2013 人脸表情数据集由 35887 张人脸表情图片组成，每张图片的像素大小固定为 48×48 的灰度图。数据集在 Ekman 归纳总结的六类基本表情的基础上，添加了一个中性表情，总共划分为了七类表情，分别对应数字标签 0~6。

Fer2013 数据集是以像素数据存储的图片，每条数据有 48×48 个数值，对应一张图片，每个数值代表图片的一个像素点。对每条数据的 48×48 个像素值进行还原，可以生成人脸表情图片。Fer2013 数据集样本数量庞大，用来训练神经网络模型的样本充足。此数据集是通过网络搜索获取的，用来进行表情识别竞赛，但是不能保证所有表情图片标签的正确性。Fer2013 数据集中每类表情图片的数量是不同的，每类表情图片的数据量统计情况如图 3.2 所示。

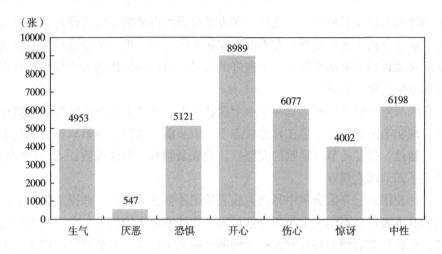

图 3.2　Fer2013 数据集的表情样本量分类统计

（2）CK+数据集。CK+数据集是实验环境下取得的数据集，这个数据集包含123 个实验对象的 593 个片段，每个片段都有表情的标签。本章选取了片段中的981 张含有标签的图片做实验的数据集，此数据集中包含生气、蔑视、厌恶、恐惧、开心、伤心、惊讶七类表情，相比 Fer2013 数据集，CK+数据集没有中性表情，而是在六类表情的基础上添加了蔑视的表情。在 CK+数据集上的每个片段中选取具有最明显特征的图片，每张图片的标签准确性能够保证。CK+数据集上的每类表情数量的详细统计结果如图 3.3 所示。

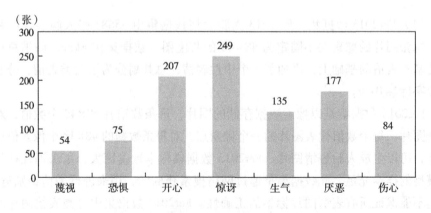

图 3.3　CK+数据集的表情样本量分类统计

（3）自制数据集。Fer2013 数据集和 CK+数据集均是公开数据集，对于每张图片都标注了标签，适用于训练表情识别模型，把表情识别模型应用在具体的使用场景需要采集具体场景下的数据集。本章自制了两个数据集，分别为网络搜索的静态图片和课堂录制的动态视频。在网络上通过输入标签的关键字查找图片并下载，以对图片的质量选取为原则筛选了符合要求的 396 张人脸表情图片，并对静态图片数据集做了像素调整、裁剪尺寸、过滤复杂背景等操作，形成了一个静态数据集。根据人脸表情在不同兴趣区域的特点将人脸表情分为了七类，其中生气 37 张、厌恶 22 张、开心 141 张、恐惧 38 张、伤心 30 张、惊讶 43 张、中性 85 张。

动态视频数据集是录制学生上课视频的数据集，使用学生电脑的前置摄像头，总共录制了 45 名学生的 163 段视频，所有课堂视频的帧率为 10 帧/秒，每段视频大约 45 分钟，视频清晰无中断，一段视频代表完整的一节课，每个学生对应 1~4 段不等的视频。

录制课堂视频含有 45 名同学的 163 段视频，每名同学录制了 1~4 段不等的视频，每段视频都是学生一节课上课的视频，视频长度不等，均在 40~50 分钟。原始视频用了学生姓名和学号进行命名，为了方便后续的研究，对学生进行重新编号，编号为 1~45，每名学生对应各自的视频片段。所有学生的课堂视频都处理成 40 分钟，笔记本前置摄像头录制的课堂视频的帧率是 10 帧/秒。在视频中每秒截取 10 帧图片，保存了课堂视频所有的序列图片，对保存的所有序列图片进行后续处理。分析所有的序列图片，发现每秒截取数帧图片是冗余的，截取图片的时间太过频繁，因而通过最后研究分析确定了每隔 50 帧选取一帧图片，即每隔 5 秒选取一帧图片。在检测图片的过程中发现每隔 50 帧截取一帧图片的处理方法，几乎抓取了学生所有的表情，在保证序列图片完整的基础上，重复率也更低。

3.1.3　模型改进实验结果与分析

关于表情识别的结果，有不同的评价指标评价模型的性能，本章中应用到的评价指标有识别准确率、识别结果的混淆矩阵、识别的实时性。识别结果的准确率是评价表情识别模型最直接的指标，表情识别准确率是表情识别的终极目标。人脸的基本表情分为几类，表情识别的过程就是表情分类的过程，把表情图片划分到正确的类别中就是表情识别的任务，因此每类表情识别的正确率如式（3.1）所示。

$$ACC_i = \frac{R_i}{T_i} \tag{3.1}$$

其中，ACC_i 为第 i 类的正确率，R_i 为第 i 类表情预测准确的图片数量，T_i 为第 i 类表情所有的图片数量。表情识别总准确率如式（3.2）所示。

$$ACC = \frac{\sum\limits_{i=1}^{n} R_i}{\sum\limits_{i=1}^{n} T_i} \qquad (3.2)$$

其中，ACC 为整个表情数据集的准确率，所有表情类别预测准确的图片数量占整个数据集图片数量的比例，即为整体的准确率。

为了更形象地展示每个表情类别的识别情况，在表情识别中加入混淆矩阵这个评价指标。混淆矩阵是以矩阵的方式分别展示所有图片的实际标签以及预测标签，可以直观地从矩阵中看出，每类表情图片识别的错误情况以及不同类表情中的混淆情况。经过对混淆矩阵的分析能够通过不同类表情的混淆情况进一步分析表情识别模型提取的特征。

表情识别的实时性，是评价本章表情识别模型的指标。在评价表情识别模型的实时性时，从两方面考虑：表情识别模型的训练时间以及表情识别时间，表情识别时间包括人脸检测、特征提取和确定识别结果的时间。

（1）模型的参数量对比。将 LeNet5、AlexNet、VGG16 和所提出的最终模型进行参数量和全连接参数占比方面的对比，详细的对比情况如表 3.2 所示。

表 3.2　表情识别模型改进前后的参数量对比

模型	总参数量	全连接参数占比（%）
LeNet5	168971	98
AlexNet	约 4675 万	92
VGG16	约 3360 万	57
Our Model	58432	无全连接层

模型的总参数量是按照输入维度为 48×48 统计的，从模型的参数量上看，全连接层占据了大部分网络的绝大多数参数，同时总参数量与卷积核的个数和大小有关，卷积核的个数越多则参数量也越多，卷积核越大则参数量也越多，模型的深度越深则参数量越大。由于全连接层两两连接的特性，神经元的个数直接决定全连接层的参数级别数。从表 3.2 中可以看出，本书提出的模型在总参数量和全连接参数的占比方面均占据明显的优势，表情识别模型参数量是最小的。

LeNet5 模型的全连接层参数占据了巨大比例，主要因为卷积和池化的层数只有两层，并且卷积核的个数少，所以卷积层只有少量的参数。AlexNet 模型和 VGG16 模型全连接层神经元相同，不同的是 AlexNet 模型使用了大卷积核，所以参数量相对于 VGG16 参数量更多。LeNet5 模型相比于 AlexNet、VGG16 模型，由于前者层数远小于后者，所以参数量比后者少。设计的改进表情识别模型使用全局池化层代替全连接层，所以大大减少了参数量，另外使用的卷积核都是 1×1 或 3×3，所以也在一定程度上减少了参数量。

（2）模型的识别准确率对比。本部分的研究使用了四个数据集：CK+数据集、Fer2013 数据集、DaiSEE 数据集和自制数据集，数据集中每张人脸表情图片都含有标签，数据集包含了六类人脸的基本表情，不同数据集还分别加入了中性和蔑视的标签。

CK+数据集是实验环境下取得的数据集，这个数据集包含 123 个实验对象的 593 个片段，每个片段都有表情的标签，数据集中包含生气、蔑视、厌恶、恐惧、开心、伤心、惊讶七类表情。Fer2013 数据集是以像素数据存储的图片，Fer2013 数据集样本数量庞大，用来训练神经网络模型的样本充足。此数据集通过网络搜索获取，是用来进行表情识别竞赛的，但是不能保证所有表情图片标签的正确性。DaiSEE 是一个多标签视频分类数据集，包括从 112 个用户那里捕获的 9068 个视频片段，用于识别"在野外"的无聊、困惑、参与和沮丧的用户情感状态。该数据集有四个级别的标签，即每种情感状态的非常低、低、高和非常高，这些标签都是群体注释的，并与使用专家心理学家团队创建的金标准注释相关联。自制数据集分别为网络搜索的静态图片和课堂录制的动态视频。在网络上通过输入标签的关键字查找图片并下载，以图片的质量选取为原则筛选了符合要求的 396 张人脸表情图片。数据集的简要信息如表 3.3 所示。

表 3.3　表情识别数据集的简要信息说明

数据集	样本数量	获取方式	识别任务
CK+数据集	981 张图片	实验室拍摄	7 种表情
Fer2013 数据集	35887 张图片	网络收集	7 种表情
DaiSEE 数据集	9068 个视频片段	网络收集	4 种情感状态
自制数据集	396 张图片	网络收集	验证模型使用

提出的改进表情识别模型与 LeNet5、AlexNet、VGG16 等模型进行对比其识别准确率，各表情识别模型在不同数据集上的准确率对比如表 3.4 所示。从整体

上来说，在模型识别准确率性能指标方面，表情识别模型层数越多，计算的结果越准确，但是模型实际的准确率需要使用表情数据集验证，识别的准确率和模型的设计结构有关系。

表 3.4　表情识别模型改进后的识别准确率对比　　　　　　单位:%

模型	CK+数据集	Fer2013 数据集	DaiSEE 数据集	自制数据集
LeNet5	100	56.26	66.5	75.51
AlexNet	98.96	62.09	76.3	78.54
VGG16	96.42	63.18	73.2	79.55
Our Model	96.88	65.54	75.9	80.05

为了验证不同表情识别模型识别的实时性，使用 Fer2013 数据集测试了不同表情识别模型的训练时间和识别时间，各模型具体的训练时间和识别时间如表 3.5 所示。

表 3.5　表情识别模型改进后的训练和识别时间对比

模型	训练时间（迭代一次）（分）	识别时间（秒）
LeNet5	约 2.5	0.03±0.005
AlexNet	约 64	0.1±0.01
VGG16	约 75	0.1±0.02
Our Model	约 8	0.04±0.02

对于 LeNet5、AlexNet、VGG16 以及本书所提出的表情识别模型来说，LeNet5 模型由于总参数量少使训练时间少、识别速度快，而 AlexNet 模型及 VGG16 模型由其大规模的参数量，使其训练时间明显延长，模型训练完成后的识别速度是 LeNet5 模型的 3 倍左右，但其应用于各数据集时的识别准确率明显高于 LeNet5 模型。本书提出的改进表情识别模型通过优化模型结构，降低模型参数量，在保障识别准确率的情况下明显缩短训练时间、提高模型的训练速度，在明显高于 AlexNet 和 VGG16 模型的识别速度（接近于 LeNet5 模型）的情况下，达到与 AlexNet 和 VGG16 模型接近的识别准确率。综合训练参数、训练时间、识别时间和准确率几方面考虑，本书提出的表情识别模型占据较好的优势。

3.2　基于不同区域特征融合的面部表情识别

当前在线课堂学生的面部表情特征提取存在着一些技术难点，具体在于：①不同的面部表情可能存在相似的面部细节外观，面部肌肉的每一处细微变化都可能会影响表情识别的准确性，网络模型需要能够同时提取细微表情变化从而保证识别的准确性；②表情在面部不同区域的表现幅度不同，表情特征也不仅限于面部的一个部位，而是分布在面部的不同区域，因此面部表情识别模型需要同时关注面部不同区域的特征从而识别面部表情。

本章对 CBAM 注意力机制进行改进，设计了 Multi-CBAM 模块，该模块能够将特征分离为普遍特征和区分性特征并重点关注区分性特征。探究了进行多尺度特征融合时 Multi-CBAM 模块添加的具体位置、设计了分区损失函数来构建本章网络模型。该网络模型能够同时提取出分布在不同区域的细微表情变化及重要特征。

本章解决以上问题的思路如下：①设计 Multi-CBAM 注意力机制模块，该模块将表情特征分为普遍特征和区分性特征两类，并关注在不同的感受野下进行卷积运算得到特征图的区分性特征，得到不同尺度的特征信息；②将 Multi-CBAM 模块添加到不同残差结构后，设计分区损失函数，搭建 MCN（Multi-CBAM Network）网络模型，该网络模型能够同时提取到不同区域的表情特征，从而抓取每一处表情的细微变化，其网络结构如图 3.4 所示。

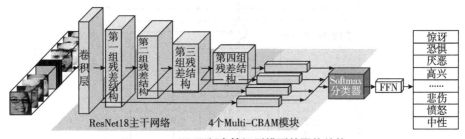

图 3.4　MCN 面部表情识别模型的网络结构

3.2.1　注意力机制的改进

为了更加有效地提取不同层次的表情特征信息，借鉴了 CBAM 模块的设计思想，本章对 CBAM 模块进行改进并将其命名为 Multi-CBAM 模块，该模块由四部分构成，分别是空间注意力部分、下采样部分、表情特征共享部分、通道注意力部分，其结构如图 3.5 所示。

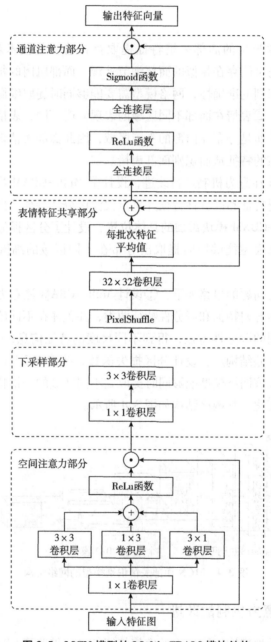

图 3.5 MCN 模型的 Multi-CBAM 模块结构

Multi-CBAM 模块的空间注意力部分通过空间注意力机制学习同一通道内不同空间位置的重要性，并根据重要性对相应的特征图进行加权。经过训练后的网络模型，将图像中的重要特征赋予较高的权重，使特征提取网络有选择性地关注含有重要信息的区域，从而保证空间注意力能够关注不同尺度特征图中重要的局部特征。

该部分由两个分支构成：一个分支输出原特征图 F_{si}，另一个分支经过 1×1 的卷积层后，再分别将经过 3×3 的卷积层、1×3 的卷积层、3×1 的卷积层三个分支处理得到的特征图融合后使用 ReLu 激活函数，与原特征图做积。整个过程如式（3.3）所示。

$$W_1 = C_{1\times1}(F_{si})$$
$$W_2 = ReLu\big[\, C_{3\times3}(W_1) + C_{1\times3}(W_1) + C_{3\times1}(W_1) \,\big]$$
$$W_{out\_1\_i} = W_2 \times F_{si} \tag{3.3}$$

其中，$C_{i\times j}$ 为卷积核为 $i{\times}j$ 的卷积操作，$F_{si} \in F_s$ 为不同分辨率大小的特征图，W_2 为第二个分支输出的结果，$W_{out\_1\_i}$ 为这两个分支做积的结果。

Multi-CBAM 模块的下采样部分接收到空间注意力部分输出的特征图并调整其大小。使用 1×1 的卷积调整特征图的深度。使用 3×3 的空洞卷积和 3×3 的分组卷积调整特征图的高宽，有助于后续不同尺度的特征融合，并减少网络模型的参数量和计算复杂度，扩大该层网络的感受野，加快网络收敛速度，如式（3.4）所示，其中，$W_{out\_1\_i}$ 为空间注意力部分的输出，$W_{out\_2\_i}$ 为下采样层的输出。

$$W_{out\_2\_i} = C_{1\times1}\big[\, C_{3\times3}(W_{out\_1\_i}) \,\big] \tag{3.4}$$

Multi-CBAM 模块的表情特征共享部分接收下采样部分输出的特征图，为了使网络模型更专注于显著特征的学习，将面部表情分离为普遍特征和区分性特征，其中将所有图像每批次特征的平均值作为面部表情的普遍特征，使网络模型更专注于区分性特征的学习，简化了模型的学习过程，并通过去除 Padding 操作造成的白化特征来避免 Padding 对边缘信息的消蚀（Shi et al.，2021），该部分的输出 $W_{out\_3\_i}$ 如式（3.5）所示。

$$W_{out\_3\_i} = W_{up_i} + F_{batch} \tag{3.5}$$

其中，W_{up_i} 为过滤白化特征后的输出，计算方法如式（3.6）所示；F_{batch} 为图像样本每批次的普遍特征，计算方法如式（3.7）所示。

$$W_{up_i} = C_{32\times32}\big[\, PixelShuffle(W_{out_{2_i}}) \,\big] \tag{3.6}$$

其中，$PixelShuffle$ 为调整特征图大小的操作，$C_{32\times32}$ 为 32×32 卷积核。

$$F_{batch} = \frac{\sum\limits_{j=1}^{N} W_{up_{ij}}}{N} \tag{3.7}$$

Multi-CBAM 模块的通道注意力部分接收表情特征共享部分传递的特征图，能够处理每个通道的信息，通过网络学习获得其特征重要程度，根据重要程度赋予每个通道特征不同的权重，保证包含有用信息的特征更容易被提取。该部分由两个分支构成：一个分支对特征图进行展平处理，另一个分支串联两个全连接网络和激活函数，然后将这两个分支的输出结果做积，如式（3.8）所示。

$$W_{out\_4\_i} = W_{out\_3\_i} \times Sigmoid(FN(ReLu(FN(W_{out\_3\_i})))) \tag{3.8}$$

其中，FN 为全连接网络，$W_{out\_3\_i}$ 为表情特征共享部分的输出，$W_{out\_4\_i}$ 为通道注意力输出的结果。

3.2.2 基于注意力机制的多尺度特征融合方法

在众多深度学习的研究中，充分利用不同尺度的特征可以很大程度地提高网络模型性能。浅层特征图主要表现为目标的局部细节信息，越靠近浅层，特征图分辨率越高，也就越能展现图像丰富的细节特征，但是仅进行了较少的卷积计算，因此浅层特征图包含的语义信息较少。与之相反，由于特征图在不断地层层传递，深层特征图进行了较多的卷积计算，包含的语义信息较为丰富，但是存在细节特征容易丢失的问题，因此可将浅层特征与深层特征融合，使网络保留更多的有效特征，以便提高特征提取能力（徐金东等，2023）。

本章选用不包含最后全连接层的 ResNet18 作为网络模型的主干网络来提取特征。ResNet18 网络采用的残差结构在每一个单元之间均加入了跨层捷径连接，其结构如图 3.6 所示。

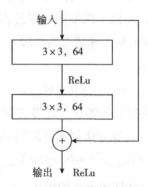

图 3.6 ResNet18 网络中的第一组残差块结构

与直接对原始特征进行学习相比，采用这种结构的卷积神经网络进行残差学习，有效地解决了网络层数过深时导致的梯度消失和网络性能下降的问题。同时，ResNet18 的浅层网络能够提取更多的细粒度信息，学习到的特征图具有较强的几何特征，能够捕捉面部表情的局部微小变化。深层网络则能够提取更多的粗粒度信息，学习到的特征图具有较强的高级语义特征，能够捕捉面部表情的较大变化和面部的轮廓、颜色等整体信息。基于以上诸多因素，使用移除最后全连接层的 ResNet18 作为主干网络输出经每组残差结构处理后的特征图提取不同分辨率大小的表情特征，从而防止在层层传递特征时丢失浅层的细粒度信息。其中将第一组残差结构处理特征图称为第 1 阶段，共 4 个阶段。主干网络的第 1、2、3、4 阶段输出的特征为 F_1、F_2、F_3、F_4，4 种特征图的尺寸分别为 $64×56×56$、$128×28×28$、$256×14×14$、$512×7×7$，包含 4 种不同尺度的面部表情特征，其网络结构如表 3.6 所示。

表 3.6　ResNet18 网络结构的主要信息

层级	卷积大小	步长	输出特征图大小
Conv$_1$	77, 64	2	$32×112×112$
Conv$_{2\_x}$	33 max pool	2	$64×56×56$
	$\begin{bmatrix}3×3, & 64 \\ 3×3, & 64\end{bmatrix}×2$	1	
Conv$_{3\_x}$	$\begin{bmatrix}3×3, & 128 \\ 3×3, & 128\end{bmatrix}×2$	2	$128×28×28$
Conv$_{4\_x}$	$\begin{bmatrix}3×3, & 256 \\ 3×3, & 256\end{bmatrix}×2$	2	$256×14×14$
Conv$_{5\_x}$	$\begin{bmatrix}3×3, & 512 \\ 3×3, & 512\end{bmatrix}×2$	2	$512×7×7$

　　为了能够充分使用各层级信息，将 Multi-CBAM 模块应用于主干网络输出的 4 种不同层次的特征图上。其中第一组残差结构输出浅层特征图 F_1，通过使用 Multi-CBAM 模块对其包含的细粒度信息进行学习，推断注意力权重，将注意力权重与 F_1 相乘，增强图像中的微小表现幅度的面部表情特征，得到 F_1'；第二组残差结构输出特征图 F_2，通过使用 Multi-CBAM 模块对其包含的几何特征进行学习，推断注意力权重，将注意力权重与 F_2 相乘，提高网络模型对较小表现幅度的面部表情特征关注度，得到 F_2'；第三组残差结构输出特征图 F_3，通过使用

Multi-CBAM 模块对其包含的边缘轮廓等信息进行学习，推断注意力权重，将注意力权重与 F_3 相乘，提高网络模型对较大表现幅度的面部局部特征的关注度，得到 F_3'；第四组残差结构输出特征图 F_4，通过使用 Multi-CBAM 模块对其边缘轮廓进行处理，推断注意力权重，将注意力权重与 F_4 相乘，提高网络模型对面部的高级语义特征的关注度，得到 F_4'。经过上述步骤，得到四种包含不同尺度的加权特征向量 F_1'、F_2'、F_3'、F_4'，其大小均为 1×289。Multi-CBAM 模块的 4 个阶段的特征处理大小如表 3.7 所示。

表 3.7　Multi-CBAM 模块的 4 个阶段的特征处理大小

阶段	输入特征图大小	空间注意力部分	下采样部分	表情特征共享部分	通道注意力部分
第 1 阶段	64×56×56	64×56×56	512×7×7	1×17×17	1×289
第 2 阶段	128×28×28	128×28×28	512×7×7	1×17×17	1×289
第 3 阶段	256×14×14	256×14×14	512×7×7	1×17×17	1×289
第 4 阶段	512×7×7	512×7×7	512×7×7	1×17×17	1×289

其中，在四组残差结构后添加的 Multi-CBAM 模块的下采样部分卷积核参数设置如表 3.8 所示。

表 3.8　各阶段下采样部分的卷积设置

阶段	输入特征图大小	卷积核尺寸	步长	扩张	调整后特征图大小
第 1 阶段	64×56×56	3×3	8	2	512×7×7
第 2 阶段	128×28×28	3×3	4	2	512×7×7
第 3 阶段	256×14×14	3×3	2	2	512×7×7
第 4 阶段	512×7×7	3×3	1	2	512×7×7

MCN 网络模型将四种不同尺度的加权向量 F_1'、F_2'、F_3'、F_4' 进行特征融合。本章采用非线性加权特征融合的方式，首先对四个特征向量在第 0 维上拼接得到大小为 4×289 多尺度特征向量 F_{1234}，然后使用 $log\_Softmax(\ )$ 函数对多尺度特征向量 F_{1234} 在第 0 维上归一化，得到权重 w_{1234}，最后将权重 w_{1234} 与多尺度特征向量 F_{1234} 相乘得到 F_{all} 向量，突出更加重要区域的权重，并对 F_{all} 向量在第 0 维上求和，得到大小为 1×289 的包含多尺度特征的特征融合向量 F，帮助网络模型更有效地提取特征图的重要特征。

3.2.3　损失函数设计

考虑到不同残差结构后的 Multi-CBAM 模块可能关注在同一面部区域，造成特征信息的冗余。为了指导四个模块分别在 F_1、F_2、F_3、F_4 关注不同的区域，在特征融合部分采用了分区损失函数 $\mathcal{L}_{aaf}$，如式（3.9）所示，其中 C 为特征向量的维度，N 为加权特征向量的个数，k 为调节因子默认为 1，σ_{ij}^2 为加权特征向量的权重。

$$\mathcal{L}_{aaf} = \frac{1}{N \times C} \sum_{i=1}^{N} \sum_{j=1}^{C} \log\left(1 + \frac{k}{\sigma_{ij}^2}\right) \tag{3.9}$$

其中，$\mathcal{L}_{aaf}$ 为分区损失，$\mathcal{L}_{cls}$ 为交叉熵损失，两者一起构成多任务损失函数，如式（3.10）所示。

$$L = \mathcal{L}_{aaf} + \mathcal{L}_{cls} \tag{3.10}$$

当 Multi-CBAM 模块关注面部不同的区域时，不同阶段的 Multi-CBAM 模块之间学习的特征差异性变大，$\mathcal{L}_{aaf}$ 损失函数减小，而不同区域的特征信息有助于另一个分支中的面部表情分类任务，使交叉熵损失 $\mathcal{L}_{cls}$ 变小。这两个分支通过损失函数的协作，使网络模型能从不同的面部区域提取区分性特征，提高网络模型分类的准确性。

3.2.4　实验设置与数据集介绍

MCN 网络模型采用 Python 编程语言编写，并借助 PyTorch 深度学习框架实现。在网络模型的调试和训练过程中，使用 Anaconda 3 来管理所需的开源包和环境。实验软硬件环境配置如表 3.9 所示。

表 3.9　实验软硬件环境配置

软/硬件项目	环境条件
中央处理器（CPU）	Intel Xeon CPU E5-2609 v3
图形处理器（GPU）	NVIDIA Titan RTX 24GB
操作系统	Windows 10（64-bit）
内存	32GB
显存	24GB
深度学习框架	PyTorch 1.4.1
语言	Python 3.7
开发环境	Anaconda 3.0.1

在对 MCN 网络模型进行训练之前，将在 ImageNet 数据集上预先训练好的 ResNet18 模型参数输入 MCN 网络模型中，使网络模型更快地拟合，并设置超参对网络模型进行训练。使用 RAF-DB 数据集、SFEW 数据集进行训练时，选择 Adam 优化算法，以 0.001 的学习率和 0.9 的学习率衰减训练网络模型，每个 batch 的大小为 256，训练 40 个 epoch。在 AffectNet-7 数据集上训练网络模型时优化算法、学习率、学习率衰减、batch 与在其他数据集上训练的模型参数相同，epoch 设置为 50。

本章选取了三个面部表情数据集验证和评估所提出的 MCN 网络模型在面部表情识别任务中的性能。数据集应包含足够的有标注的表情图像，为此，选取的三个数据集分别为 RAF-DB 数据集（Li et al.，2017）、SFEW 数据集（Dhall et al.，2011）、AffectNet-7 数据集（Mollahosseini et al.，2017）。采用 RAF-DB 数据集、SFEW 数据集中的训练集图像以及从 AffectNet-7 数据集中每种类别的训练数据中随机抽取的 5000 张图像分别训练 MCN 网络模型。采用 RAF-DB 数据集、SFEW 数据集、AffectNet-7 数据集中的测试集图像来分别验证 MCN 网络模型的效果。

RAF-DB 数据集中包含超过 29672 张从互联网下载的面部图像，每幅图像都由 40 名标记者单独标记，为数据集提供了 7 个基本情感标签和 11 个复合情感标签。实验中仅使用了 7 个基本情感标签，分别是惊讶、恐惧、厌恶、高兴、悲伤、愤怒和中性。将对应 7 个基本情感标签图像中的 12271 张图像作为训练数据，3068 张图像作为测试数据。

SFEW 数据集是来自视频数据集 AFEW，该数据集是将人脸的关键点作为依据，通过聚类的方式采集 AFEW 视频中的表情峰值帧。数据集共有训练数据集、验证数据集和测试数据集三部分，样本数分别为 958 个、436 个和 372 个。数据集共有 7 种表情标签，分别为惊讶、恐惧、厌恶、高兴、悲伤、愤怒和中性。

AffectNet 是一个大型的野外表情数据库，大约包含 45 万张图像，其图像从互联网下载并通过手动或机器进行注释，共包含 10 个表情类别，其中有 8 个基本表情。实验中使用含有 7 个基本表情类别的 AffectNet 子集进行网络模型的训练，称为 AffectNet-7，该子集共有 283901 个图像作为训练数据，3500 个图像作为测试数据。

3.2.5　实验结果定性与定量分析

为了展现 MCN 网络模型在引入 Multi-CBAM 模块以及分区损失函数后的面

部表情识别效果，本实验采用自己录制的在线课堂视频，并从中提取学生关键帧图像，用于测试该网络模型，并利用本 FPTR 网络模型推理出的面部边界框将学生面部框选出，测试结果如图 3.7 所示（出于隐私原因，已经对学生面部区域进行了遮挡处理）。

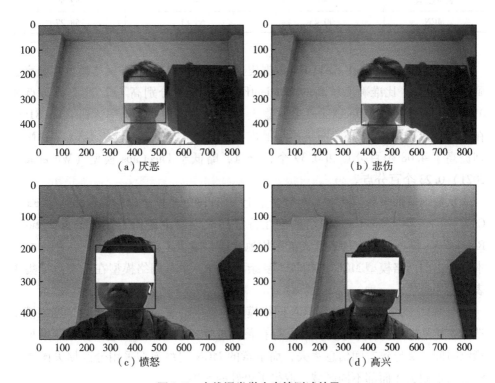

图 3.7　在线课堂学生表情测试效果

从图 3.7 中可以看出，采用 MCN 网络模型能够对在线课堂的学生面部表情准确识别，说明该网络模型适用于在线课堂场景。

在 RAF-DB、SFEW、AffectNet-7 等公共表情数据集上将先进的方法与本章方法进行比较，分析网络模型的有效性，结果如表 3.10 所示。与其他方法的论文中实验数据一样，本章实验结果也保留两位小数。

表 3.10　基于 RAF-DB 数据集各网络模型的准确率比较　　　　单位:%

网络模型	RAF-DB 数据集	AffectNet-7 数据集	SFEW 数据集
RAN	86.90	59.50	54.19

网络模型	RAF-DB 数据集	AffectNet-7 数据集	SFEW 数据集
EfficientFace	88.36	63.70	——
DAN	89.70	65.69	57.88
FaceCaps	——	——	58.50
MCN	90.45	65.81	58.27

从表 3.10 可知，在 RAF-DB 数据集上，本章提出的 MCN 网络模型准确率达到了 90.45%，比准确度较高的 EfficientFace 和 DAN 分别高了 2.09 个百分点和 0.75 个百分点；在 AffectNet-7 数据集上，MCN 网络模型准确率达到了 65.81%；在 SFEW 数据集上，MCN 网络模型的准确率为 58.27%，相较于 RAN、DAN 分别提高了 4.08 个百分点和 0.39 个百分点，略低于 FaceCaps 模型（Wu et al.，2021）0.23 个百分点。

从数据层面来看，在 SFEW 数据集上 MCN 网络模型准确率仅仅略低于 Face-Caps 网络模型，FaceCaps 网络模型在特征提取模块中使用了改进的 Inception-ResNet-V1 模型，没有加入最大或平均池化层，减少了空间信息丢失，相比之下本章提出的网络模型 MCN 结构较为复杂。此外，本章网络模型在三个数据集中表现均为最优。

与 RAN 网络模型相比，MCN 网络模型准确率略高。这是由于 RAN 网络模型选择直接从输入图像中裁剪面片，存在裁剪重复区域的问题，这一操作既增加了检测时间，又导致空间信息丢失，而本章的 MCN 网络模型采用分区损失函数使注意力机制关注面部不同区域，取得了更好的效果。

与 DAN 网络模型相比，MCN 网络模型准确率略高。DAN 网络模型采用并行连接的多个 CBAM 模块来关注特征聚合网络输出的最终特征图上显著的特征，本章采用改进的 CBAM 模块来关注不同层级的特征图上显著特征。

综上所述，可以看出本章提出的 MCN 网络模型面部表情识别准确率较高，证明了网络模型的有效性。

3.2.6　消融实验分析

消融实验有两个目的：一个是确定 Multi-CBAM 模块所设计的位置是否为特征融合的最佳位置，另一个是验证 CBAM 模块的改进是否有效。消融实验使用 RAF-DB 数据集进行定量对比。为了方便论述，将没有添加 Multi-CBAM 的网络模型称为 Baseline，将添加 Multi-CBAM 的网络模型称为 Baseline_MC。

（1）探究 Multi-CBAM 模块添加的最佳位置。本组实验用来确定 Multi-CBAM 模块添加的位置是否为特征融合的最佳位置。因为经不同位置 Multi-CBAM 模块处理的特征图均可与第4阶段处理后的特征图进行融合，所以共设置 8 组实验，每组实验将特征图在不同位置分别进行融合，其在 RAF-DB 数据集上的实验结果如表 3.11 所示。其中的实验组 Baseline-MC-1-2-3 代表着将第 1、2、3 阶段分别经 Multi-CBAM 模块输出的特征图都与第 4 阶段经 Multi-CBAM 模块的特征融合。

表 3.11　Multi-CBAM 模块添加到不同位置进行特征融合的效果　　单位:%

实验组	准确率
Baseline	86.25
Baseline-MC-1	87.32
Baseline-MC-2	87.46
Baseline-MC-3	87.91
Baseline-MC-1-2	88.85
Baseline-MC-1-3	88.92
Baseline-MC-2-3	89.14
Baseline-MC-1-2-3	90.45

从表 3.11 可知，无论在什么位置进行特征融合，其表情识别的准确率均高于未进行特征融合的准确率。这表明在卷积的过程中，每进入下一层卷积层后，有助于表情识别的局部特征会被舍弃，但当经过中间各个过程获得的特征图与最后一层特征图进行融合之后，有利于表情识别的特征又再次被网络模型获取，提高网络模型的特征提取能力，继而提升识别准确性。

根据表 3.11 的实验结果可知，Baseline-MC-1-2-3 的准确率最高为 90.45%，因此在进行多尺度特征融合的过程中，选用四个阶段的特征进行融合效果最好。

（2）验证 Multi-CBAM 模块的有效性。本实验用来验证对 CBAM 模块改进的有效性，用 CBAM 模块替换掉网络模型中 Multi-CBAM 模块，并将该网络模型命名为 Baseline_C。在 RAF-DB 数据集上训练网络模型，记录 Baseline_C 网络模型和 MCN 网络模型在训练时准确率随 epoch 的变化并进行可视化，网络模型的准确率变化如图 3.8 所示。

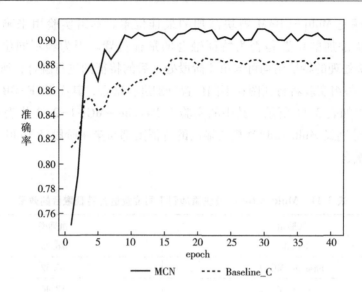

图 3.8　MCN 网络模型的准确率变化

　　实线代表 MCN 网络模型的准确率，虚线则代表 Baseline_C 网络模型的准确率，从图 3.8 可知，MCN 模型在更短的 epoch 内准确率更高。MCN 网络模型的准确率为 90.45%，Baseline_C 模型的准确率为 88.72%，如表 3.12 所示，分析得出，Multi-CBAM 模块将表情分离为普遍特征和区分性特征，增强了网络模型特征学习能力，使网络模型更加专注于区分性特征的学习，从而简化了网络模型的学习过程，充分证明对 CBAM 模块的改进是有效的。

表 3.12　是否采用 Multi-CBAM 模块的准确率对比　　　　单位:%

模型	准确率
Baseline_C	88.72
MCN	90.45

　　（3）验证分区损失函数的有效性。本实验用来确定分区损失函数是否能够保证四个 Multi-CBAM 模块同时关注面部的不同区域。将 MCN 网络模型中的分区损失函数 $\mathcal{L}_{aaf}$ 舍弃，将该网络模型命名为 MCN_W，并在 RAF-DB 数据集上训练与测试，其实验结果如表 3.13 所示，MCN_W 网络模型准确率低于 MCN 网络模型的准确率。

表 3.13　是否加入损失函数的准确率对比　　　　单位:%

模型	准确率
MCN_W	88.22
MCN	90.45

在该实验中通过热度图可视化分析的方式，将 MCN_W 和 MCN 网络模型应用的 Multi-CBAM 模块在不同阶段特征图上关注的区域反馈在原始的输入图像上，以此验证分区损失函数是否能够指导 Multi-CBAM 关注不同的面部区域。图 3.9（a）为 MCN_W 网络模型实验结果图（人物图像为公开数据集内的图片），图 3.9（b）为 MCN 网络模型实验结果图（人物图像为公开数据集内的图片）。

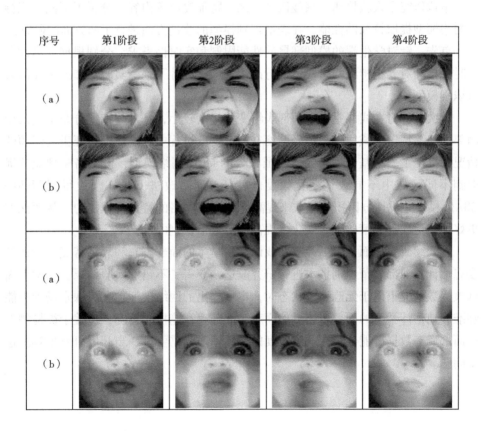

图 3.9　在不同阶段应用 Multi-CBAM 模块输入图像可视化结果

从图 3.9 中清晰看出，颜色的深浅代表注意力的权重，当未加入分区损失函

数 $\mathcal{L}_{aaf}$ 时如图 3.9（a）所示，经四个阶段 Multi-CBAM 模块处理后，网络模型提取到的特征主要集中在同一位置，忽略了其他的关键部位。加入了分区损失函数 $\mathcal{L}_{aaf}$ 后如图 3.9（b）所示，四个阶段 Multi-CBAM 模块提取到的特征便会更多地分布在不同的重要区域，如上扬的嘴角以及眼睛等。说明分区损失函数 $\mathcal{L}_{aaf}$ 有效地使 Multi-CBAM 模块关注不同的区域。

3.3　本章小结

本章研究了人脸检测、兴趣区域检测、特征提取等内容，分析了不同卷积神经网络模型提取特征的性能，在表情识别模型的改进方面进行了两方面的研究：

首先，针对学生端的模型部署的性能限制和实时性需求，分别根据准确性和实时性指标对卷积神经网络模型进行改进，最终设计了平衡实时性和准确性的表情识别模型。

其次，针对在线课堂学生面部表情变化幅度较小，且显著特征分布不仅限于面部的某一特定区域，卷积神经网络在特征提取过程中容易出现特征丢失问题的情况，提出了一种基于不同区域特征融合的 MCN 网络模型，该网络模型能够提取到不同区域中不同表情变化幅度的特征，通过改进 CBAM 模块得到 Multi-CBAM 模块并设计分区损失函数来提高深度神经网络的特征提取能力，从而能够更好地捕捉面部表情的细微变化，提高面部表情识别的准确率。

在后续研究方面，本书针对在线课堂中学生的面部姿态和表情特点，对面部姿态估计和面部表情识别技术进行研究改进，获得了不错的实验结果。当学生面部大多数情况下属于无遮挡的状态时，本章提出的网络模型在在线课堂场景中能够准确地估计学生的面部姿态。然而对于面部存在遮挡的情况，覆盖于被检测者的面部姿态数据可能会存在一定程度的偏移情况，需要进一步开展研究来解决这个问题。

第4章 单目视频中面部姿态估计模型改进研究

基于外观模板的面部姿态估计方法将检测的人脸图像与标准模板库中的图像进行逐一比较，找出相似度最高的模板图像，将其对应的面部姿态作为该检测图像的估计姿态。这种方法将人脸图像之间的相似性等同于面部姿态的相似性，但不同个体在同一姿态下的面部外观差异可能高于同一人在不同姿态下的外观差异，容易受到个体面部身份的影响。

为了降低上述干扰，一种基于人脸关键点的面部姿态估计方法被提出，该方法更注重面部轮廓与姿态之间的关系，减弱与个体身份相关的面部纹理信息，有效地降低了基于外观模板方法的面部姿态估计误差。该方法通过建立二维人脸关键点与三维面部模型之间的对应关系来计算面部姿态。人脸关键点检测作为面部姿态估计的前置任务，面部姿态估计的性能高度依赖于人脸关键点检测的准确性。若将面部姿态估计视为回归问题，就可采用端到端的方式来训练面部姿态估计回归器，而不需要进行人脸关键点检测。这种方法设计直观，直接估计输入人脸图像的面部姿态，避免了因中间步骤过多而造成的误差，简化整个预测过程。本章提出的网络模型基于 Transformer 模型构建，设计了无须关键点检测的面部姿态估计网络模型，端到端地对面部姿态进行估计，不需要分步骤执行，直接输出给定输入图像的面部姿态的欧拉角，提高了面部姿态估计的准确性。

4.1 面部姿态估计模型改进

经典的面部姿态估计方法进行在线课堂学生的人脸检测以及关键点定位时，

存在人脸检测偏移及关键点定位不准的情况，以及两阶段目标检测网络产生的局部面部姿态推理和后续烦琐的局部到全局姿态调整过程导致面部姿态估计误差大的问题。

Img2pose 网络模型能够直接从图像中推理出面部 6DoF，并且不需要进行人脸关键点检测的前置任务。但是 Img2pose 网络模型是基于 Faster R-CNN 网络模型改进的，使用从建议区域框中提取到的特征进行面部姿态估计，然而该特征为局部特征，因此估计的是局部 6DoF，还需要进行局部 6DoF 到全局 6DoF 的转换。将局部 6DoF 转换为全局 6DoF 的过程中忽视了透视形变的影响，这会导致预测的 6DoF 产生误差。

4.1.1 网络模型改进方案

本章对 Img2pose 网络模型中的上述问题进行改进，提出了一种直接预测面部全局 6DoF 的端到端的 FPTR（Face Pose Transformer）网络模型，该模型基于Transformer 构建网络模型，直接利用学习的全局特征端到端地估计面部姿态并生成面部边界框，无须人脸及关键点检测前置任务。这种方法避免了 Img2pose 网络模型中局部 6DoF 推理和后续烦琐的局部 6DoF 到全局 6DoF 调整过程。其结构如图 4.1 所示。

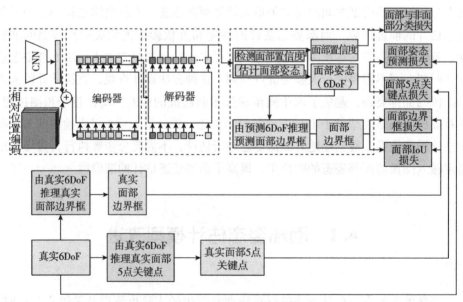

图 4.1　FPTR 网络模型结构

4.1.2 基于 FPTR 网络模型的面部姿态估计

面部姿态估计网络模型基于 Transformer 构建，对全局图像产生的输入序列与包含面部姿态信息的输出序列之间的复杂关系进行建模，利用学习到的全局特征直接进行面部姿态估计，编码器与解码器结构如图 4.2 所示。

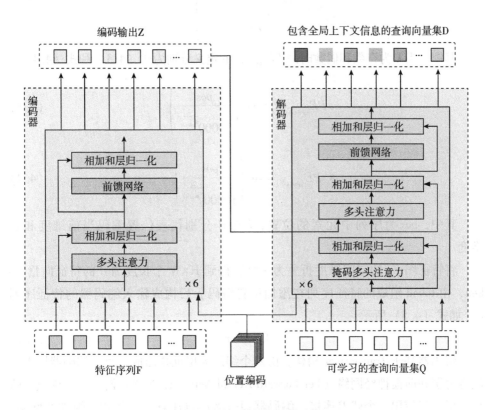

图 4.2　编码器与解码器结构

具体来说，使用 ResNet50 作为主干网络对图像进行特征提取工作，编码器与解码器接收到主干网络产生的特征图，使用的卷积操作将特征图的通道数由 2048 调整为 256，得到新的特征图。由于 Transformer 不引入递归和卷积，网络模型完全由注意力机制组成，所以即使自注意力能够提取像素之间的潜在联系，也无法获取位置信息，需额外加入绝对或者相对位置编码，对位置信息进行建模，因此需要在输入编码器与解码器之前加入位置编码。使用三角函数计算位置信息得到相对位置编码，如式（4.1）所示。

$$p = PE(z_0) = [P_1, P_2, \cdots, P_{pos}, \cdots, P_{d_{i_n}}] \tag{4.1}$$

其中，p_{pos} 的定义如式（4.2）所示，

$$p_{pos} = \begin{bmatrix} PE_{(pos,1)} \\ PE_{(pos,2)} \\ \vdots \\ PE_{(pos,d_{model})} \end{bmatrix} \tag{4.2}$$

其中，当 k 为奇数和偶数时的 $PE_{(pos,k)}$ 的定义分别为式（4.3）和式（4.4）。

$$PE_{(pos,2i+1)} = \cos\left(\frac{pos}{10000^{\frac{2i}{d_{model}}}}\right) \tag{4.3}$$

$$PE_{(pos,2i)} = \sin\left(\frac{pos}{10000^{\frac{2i}{d_{model}}}}\right) \tag{4.4}$$

其中，pos 为序列中元素的位置，i 与 d 分别代表位置编码当前维度和总维度。

将特征图 Z_0 的空间维度折叠为一维，得到 H×W 个长度为 d 的特征向量 token，由 token 组成的特征序列在添加位置编码 p 后构成输入编码器的特征序列 F，如式（4.5）所示。

$$F = F' + p \tag{4.5}$$

编码器基于 Transformer 构建，由六个编码器层堆叠而成，每个编码器层由自注意力层和前馈神经网络（Feedforward Neural Network，FFN）两个子层构成，两个子层之间使用一个残差连接。编码器通过多层自注意力机制和前馈神经网络，将特征序列 F 压缩为编码输出 Z。

解码器与编码器的结构基本一致，同样基于 Transformer 构建，由六个解码器层堆叠而成，但不同的是解码器中每个解码器层均采用带遮挡的注意力机制（Masker Multi-Head Attention）。解码器接收编码器的编码输出 Z、位置编码 p 以及一组可学习的查询向量集 Q。查询向量集 Q 中共包含 100 个可学习的查询向量 q，解码器将查询向量集与编码输出 Z 通过 Transformer 强大的注意力机制整合，嵌入位置编码 p，得到一组包含全局上下文信息的查询向量集 D。查询向量集 D 中同样包含 100 个查询向量 d，代表图像中一种潜在面部信息，其个数远大于图

像中可能存在的面部个数。查询向量 d_i 被送到面部姿态检测部分，进行后续的面部姿态估计。

面部姿态检测部分由 256×6 的全连接网络构成回归模型，面部姿态部分预测每个查询向量 d_i 的面部 6DoF 姿态信息 $h_i \in R^6$，如式（4.6）所示。

$$h_i = (r_x,\ r_y,\ r_z,\ t_x,\ t_y,\ t_z) \tag{4.6}$$

其中，r_x、r_y、r_z 分别为欧拉角 pitch、yaw、roll，t_x，t_y，t_z 分别为面部沿 x、y、z 轴的平移。

面部置信检测部分是由一层 256×2 的全连接网络构成的分类模型，对每个查询向量 d_i 包含和不包含面部的两种结果进行分类，用于判断查询向量中是否包含面部。

4.1.3　基于坐标转换的面部边界框估计

在计算机视觉中，物体的姿态是指物体相对于相机的方位与位置。为了计算 3D 面部各点在图像对应区域的 2D 投影位置，通常需要使用一个已知的 3D 面部模型。将三维点从世界坐标系变换到相机坐标系中，并使用相机内参数矩阵将其投影到图像平面上，得到在图像上的二维坐标。再使用旋转矩阵和平移矩阵，得到面部在像素坐标系的位置。该映射过程涉及世界坐标系、相机坐标系、像素坐标系、图像坐标系四个坐标系的转换。

本章使用 3D 面部模型的不同 3D 面部点云，其中由 68 点构成的 3D 面部点云如图 4.3 所示，由 5 点构成 3D 面部点云如 4.4 所示。

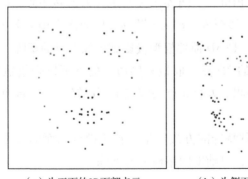

（a）为正面的3D面部点云　　　　（b）为侧面的3D面部点云

图 4.3　由 68 点构成的 3D 面部点云

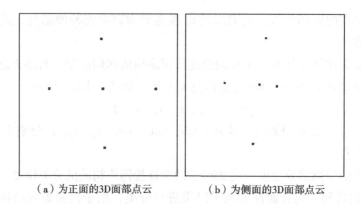

（a）为正面的3D面部点云　　　（b）为侧面的3D面部点云

图 4.4　由 5 点构成的 3D 面部点云

确定从 3D 面部模型到 2D 图像中面部的仿射变换矩阵，用于将 3D 面部模型映射到 2D 平面。具体来说，假设 3D 面部模型表示为三角形网格，使用标准针孔模型，将 3D 面部模型表面上的点映射到图像上。整个过程如式（4.7）所示。

$$[Q', 1]^T \sim K'[R', t'][P', 1]^T$$

$$K' = \begin{bmatrix} w+h & 0 & w/2 \\ 0 & w+h & h/2 \\ 0 & 0 & 1 \end{bmatrix}$$

$$R' = euler\_to\_rot([r_x, r_y, r_z]) \tag{4.7}$$

其中，w、h 分别为图像的宽度与高度；K' 为相机的内参数矩阵；R' 为由欧拉角，转换得到面部相对于相机的空间姿态关系矩阵即旋转矩阵；t' 为面部相对于相机的空间位置关系即平移矩阵；$P' \in R^{3 \times n}$ 为 3D 面部上由点云构成的矩阵。最终转换为 $[Q', 1]^T \in R^{2 \times n}$ 是 3D 面部模型投影到图像上点的矩阵。

将 6DoF 转换为图像上的 2D 点，取最外侧边界的点可以轻松地得到面部边界框，不必单独进行人脸检测。人脸 5 点关键点也可以轻松通过转换得到，不必进行人脸关键点检测。

FPTR 网络模型通过这种特殊的方式产生人脸关键点和面部边界框，从而计算关键点损失和边界框损失，以辅助网络模型的训练。

4.1.4　损失函数设计

为了使 FPTR 网络模型能有效地进行训练，本章重新设计了网络模型的损失，该损失为多任务损失，如式（4.8）所示。

$$\mathcal{L} = \eta_{cls}L_{cls} + \eta_{bbox}L_{bbox} + \eta_{IoU}L_{IoU} + \eta_{pose}L_{pose} + \eta_{calib}L_{calib} \tag{4.8}$$

其中，各损失函数前的 η 为该损失在整个多任务损失函数中所占的权重，通过调节损失函数前的权重来影响网络模型的训练。

（1） L_{cls} 为面部与非面部分类损失，用来判断图像中是否包含面部，是二分类损失，如式（4.9）所示。

$$L_{cls} = -\frac{1}{m}\sum_{i=1}^{m}\left[y_i^{face}\log(p_i) + (1 - y_i^{face})\log(1 - p_i)\right] \tag{4.9}$$

其中， p_i 为网络模型产生的预测结果，表示该图像含有面部的概率； $y_i^{face} \in (0, 1)$ ，取值为 1 表示图像中含有面部，取值为 0 表示图像中没有面部。

（2） L_{bbox} 为面部边界框的匹配损失，如式（4.10）所示。

$$L_{bbox} = \lambda_{L1}\|b_i - \hat{b}_{\sigma(i)}\|_1 \tag{4.10}$$

（3） L_{IoU} 为面部边界框的 IoU 损失，如式（4.11）所示。

$$L_{IoU} = 1 - IoU = 1 - \frac{b_i \cap \hat{b}_{\sigma(i)}}{b_i \cup \hat{b}_{\sigma(i)}} \tag{4.11}$$

其中， b_i 为真实的面部边界框， $\hat{b}_{\sigma(i)}$ 为面部姿态投影得到的边界框， λ_{L1} 为设置的损失权重。

（4） L_{pose} 为姿态估计损失，如式（4.12）所示。

$$L_{pose}(h_i^{prop}, h_i^{prop*}) = \|h_i^{prop} - h_i^{prop*}\|_2^2 \tag{4.12}$$

其中， h_i^{prop} 为真实的面部姿态， h_i^{prop*} 为网络模型检测的面部姿态信息。

（5） L_{calib} 为面部的 5 点关键点损失，如式（4.13）所示。

$$L_{calib} = \|Q_i^c - Q_i^{c*}\|_1 \tag{4.13}$$

其中， Q_i^c 为真实的面部 5 点关键点， Q_i^{c*} 为网络模型预测的面部 5 点关键点。

损失函数的计算过程主要包括两个阶段：第一阶段是对产生的估计结果对集与真实结果对集进行二分匹配，根据匹配成本得到预测结果对集与真实结果对集的最优匹配。第二阶段是根据预测结果对集与真实结果对集的匹配结果，进行网络模型损失计算。

产生的估计结果对集中每个估计结果对包括面部的边界框、面部的类别、面部姿态的 6DoF、面部的 5 点关键点。真实结果对集中每个真实结果对包括真实的面部边界框、真实的面部类别、真实的面部姿态 6DoF、真实的面部 5 点关键点，真实的面部边界框与真实的面部 5 点关键点同样按式（4.7）的方式得到。但与估计结果对集不同的是在真实结果对集中添加了无物体（∅）的结果对，以保证真实结果对集与估计结果对集中结果对数量一致。

在对真实结果对与估计结果对进行二分匹配时，依照匹配成本，使用匈牙利匹配算法对真实结果对集与估计结果对集进行二分匹配，如式（4.14）所示。

$$H = \gamma_{cls} H_{cls} + \gamma_{bbox} H_{bbox} + \gamma_{pose} H_{pose} + \gamma_{calib} H_{calib} + \gamma_{IoU} H_{IoU} \qquad (4.14)$$

匹配成本分别包括 H_{cls} 估计结果对与真实结果对的分类损失、H_{bbox} 估计结果对与真实结果对中面部边界框的 $L1$ 损失、H_{pose} 估计结果对与真实结果对中面部 6DoF 的 $L1$ 损失、H_{calib} 估计结果对与真实结果对的 5 点损失、H_{IoU} 估计结果对与真实结果对的 IoU 损失。

4.2 面部姿态识别实验结果与分析

4.2.1 模型训练参数设置

FPTR 网络模型采用 Python 编程语言编写，并借助 PyTorch 深度学习框架实现。在网络模型的调试和训练过程中，使用 Anaconda 3 来管理所需的开源包和环境。具体的软件与硬件环境配置如表 4.1 所示。

表 4.1　FPTR 网络模型实验环境配置

软/硬件项目	环境条件
中央处理器（CPU）	Intel Xeon CPU E5-2609 v3
图形处理器（GPU）	NVIDIA Titan RTX 24GB
操作系统	Windows 10（64-bit）
内存	32GB
显存	24GB
深度学习框架	PyTorch 1.4.1
语言	Python 3.7
开发环境	Anaconda 3.0.1

首先，在训练网络模型时使用 Img2pose 中提供的脚本代码，基于 WIDER FACE 数据集创建 LMDB 格式的训练集。考虑到数据集中部分图像可能不存在面部姿态，在加载数据时，将不存在面部姿态的区域设置为 0。同时由于 FPTR 基

于 Transformer 构建，网络模型的计算复杂度很大程度上受输入图像的影响，因此剔除掉 WIDER FACE 中高宽都超大的面部图像从而防止在训练时发生显存爆炸。

其次，网络模型在训练时需要计算面部的 5 点关键点损失以及与面部预测边界框相关的边界框的 $L1$ 损失、IoU 损失。预测面部 5 点关键点和面部边界框是通过估计的面部 6DoF 分别去旋转由 5 点和 68 点构成 3D 面部模型的不同 3D 面部点云得到的。FPTR 网络模型在训练时使用了 Img2pose 中提供的两个分别由 5 点和 68 点构成的 3D 面部点云文件。

最后，使用 DETR 中提供的预训练模型作为 FPTR 网络模型的初始权重代入模型，保证 FPTR 网络模型在训练时能够更快地收敛。选择 Adam 优化算法，FPTR 网络模型的学习率为 0.00001，其主干网络的学习率为 0.0001，权值衰减率为 0.0001，每个 batch 的大小为 4，网络模型共训练 200 个 epoch。其训练过程如图 4.5 所示。

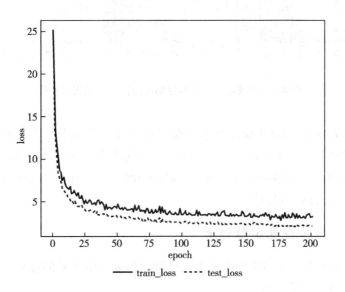

图 4.5　FPTR 网络模型训练过程中的损失变化

4.2.2　模型有效性定性分析

为了更好地说明 FPTR 网络模型在估计面部姿态的优势，直观地观察 FPTR 网络模型估计面部姿态的效果。网络模型进行面部姿态估计是对面部的 6DoF 进行估计，为了使面部姿态信息更加直观，使用 Sim3DR 中提供的方法对 6DoF 面部姿态进行可视化，生成一种覆盖于检测者的 3D 水银面。从在线课堂场景中，挑选了三张不同学生不同面部姿态的图像来检测模型效果，如图 4.6 所示（出于隐私原因，已经对学生面部区域进行了遮挡处理）。

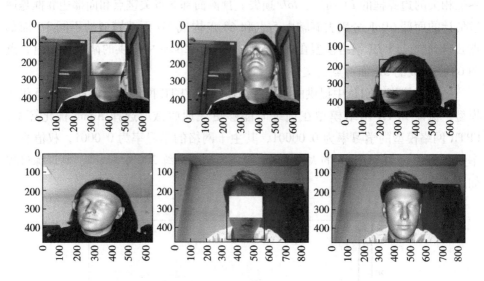

图 4.6　在线课堂中的学生面部姿态识别结果可视化

从图 4.6 可知，3D 水银面基本与在线课堂场景中学生的面部姿态保持一致并且较好地贴合于学生面部，推理出的面部边界框能够准确地框选出学生面部，不存在面部边界框偏移的情况，说明所提出的网络模型可以对在线课堂场景中学生的面部姿态进行有效估计。

4.2.3　模型性能定量分析

为了更好地体现 FPTR 网络模型在进行面部姿态估计时的优势，设置了多组对比实验进行定量的分析。

在面部姿态识别方面，2021 年由 Facebook 公司（现 Meta 公司）提出的 Img2pose 算法在计算能力和计算准确度方面是最优算法。本部分将本书提出的网络模型与 3DDFA、FAN、HPE、TriNet 等三维度预测模型，以及 Dlib、RetinaFace、Img2pose 等六维度预测模型这些先进的面部姿态估计网络模型进行比较。

（1）AFLW2000-3D 数据集是选取 AFLW 数据集中前 2000 张图像组成的，其中每个二维人脸图像都有与之对应的 Ground-truth（标签）和 68 个人脸关键点的位置。这 2000 张样本中 0~30°的姿态样本有 1306 个，30°~60°的姿态样本有 462 个，60°~90°的姿态样本有 232 个。

FPTR 网络模型进行面部姿态估计是对面部的 6DoF 进行估计。将 FPTR 网络模型与同样估计面部 6DoF 的经典网络模型 Dlib（Kazemi & Sullivan，2014）、RetinaFace（Deng et al.，2020）、img2pose 在 AFLW2000-3D 数据集上比较各维度的 MAE。各模型在 AFLW2000-3D 数据集上的识别结果的 MAE 对比如表 4.2 所示。从表 4.2 可知，在 yaw、pitch、roll 这些代表欧拉角的维度上，以及 x、y、z 这些代表空间中平移的维度上，本书提出的网络模型在 AFLW2000-3D 数据集各维度上均具有最小的 MAE，进一步说明本书提出的网络模型在准确率方面是具有优势的。

表 4.2　不同模型在 AFLW2000-3D 数据集上的识别结果 MAE 对比

网络模型	yaw	pitch	roll	平均值	x	y	z	平均值
Dlib	18.914	7.664	5.657	10.745	0.126	0.103	1.082	0.437
RetinaFace	4.839	6.709	3.001	4.850	0.039	0.050	0.253	0.114
img2pose	3.986	5.305	2.544	3.945	0.028	0.045	0.228	0.100
FRTR	3.877	5.287	2.503	3.889	0.026	0.039	0.221	0.095

（2）BIWI 数据集通过 Kinect 传感器收集数据建立而成，其中包含了 6 名女性和 14 名男性共 20 人的面部姿态数据。该数据集包含图像 15678 张，其中针对评价面部姿态的 yaw、pitch 和 roll，其面部偏转范围分别达到了 ±75°、±60° 以及 ±50°。

在 BIWI 数据集上将本书提出的网络模型与 3DDFA、FAN、RetinaFace（Deng et al.，2020）、HPE（Huang et al.，2020）、TriNet（Cao et al.，2021）、img2pose 这些先进的面部姿态估计网络模型进行比较，各网络模型在 BIWI 数据集上的识别结果与在 yaw、pitch、roll 维度上的 MAE 对比如表 4.3 所示。

表 4.3　不同模型在 BIWI 数据集上的识别结果 MAE 对比

网络模型	yaw	pitch	roll	平均值
3DDFA	36.175	12.252	8.776	19.068
FAN	8.532	7.483	7.631	7.882
RetinaFace	4.388	6.471	2.875	4.578

网络模型	yaw	pitch	roll	平均值
HPE	4.570	5.180	3.120	4.290
TriNet	3.046	4.758	4.112	3.972
img2pose	3.970	5.267	2.460	3.899
FRTR	3.045	4.678	2.471	3.398

从表 4.3 可知，在 yaw 和 pitch 维度上，FPTR 网络模型在 BIWI 数据集上取得了最低的 MAE，在 roll 维度上 FPTR 网络模型的 MAE 仅略高于 img2pose 网络模型，低于其他几种网络模型。通过计算每个面部姿态估计方法在欧拉角上的 MAE 平均值对比可得，本书提出的网络模型 MAE 平均值最低，证明该网络模型能更准确地估计面部姿态。

4.2.4　消融实验分析

本章设计了多任务损失来训练网络模型使其更快地收敛并具有更小的估计误差，其中，L_{Cls} 包括面部分类损失、L_{Bbox} 面部边界框损失、L_{IoU} 面部边界框的 IoU 损失、L_{Pose} 姿态估计损失、L_{Calib} 面部的 5 点关键点损失。在估计出 6DoF 后推理得到 L_{Calib}、L_{Bbox}、L_{IoU} 损失，作为辅助损失帮助网络模型进行训练。为了验证损失函数设计的有效性，第一，将 L_{Calib}、L_{Bbox}、L_{IoU} 这三个损失的权重置 0，相当于舍弃掉这三种损失；第二，逐步添加原有损失；第三，对网络模型进行训练并在 BIWI 数据集上测试网络模型的效果。使用不同损失函数的模型在 BIWI 数据集各维度的 MAE 对比如表 4.4 所示。

表 4.4　不同损失函数在 BIWI 数据集上的识别 MAE 对比

网络模型	yaw	pitch	roll	平均值
FPTR（不含 L_{Calib}、L_{Bbox}、L_{IoU}）	3.901	5.323	2.572	3.932
FPTR（不含 L_{Bbox}、L_{IoU}）	3.887	5.314	2.525	3.909
FPTR（不含 L_{IoU}）	3.879	5.291	2.504	3.891
FPTR	3.877	5.289	2.503	3.890

从表 4.4 可知，随着损失函数的舍弃，估计的面部姿态在欧拉角上的 MAE 逐渐增大，而 FPTR 网络模型采用完整的损失函数，其估计的面部姿态在欧拉角

上的 MAE 最小，证明了本章损失函数设计的有效性。

4.3　本章小结

本章首先介绍了基于外观模板和基于人脸关键点的面部姿态估计方法的不足，以及目前端到端的基于无须人脸关键点的面部姿态估计方法存在的问题，包括经典的面部姿态估计方法进行在线课堂学生的人脸检测以及关键点定位时，存在人脸检测偏移及关键点定位不准的情况，以及两阶段目标检测网络产生的局部面部姿态推理和后续烦琐的局部到全局姿态调整过程导致面部姿态估计误差大的问题，明确了网络模型的改进思路。

针对上述问题，本章提出了基于 Transformer 构建的无须人脸关键点检测的面部姿态估计 FPTR 网络模型，直接利用学习的全局特征端到端估计面部姿态 6DoF 信息，生成面部边界框。并设置了多组对比分析实验、消融分析实验来验证 FPTR 网络模型的有效性，实现对在线课堂中学生的面部姿态估计。

第5章 基于单目视频的学生 3D 人脸建模

三维人脸相对于二维人脸则可以蕴含和传达更多的信息，并且应用的范围更加广阔，包括人机交互、影视广告、医学治疗、游戏娱乐等。但是由于三维人脸信息的采集所需要的设备昂贵，抑或需要具备一定的技巧，并不可以推广使用。近年来，随着计算机软硬件的不断迭代更新，三维重建技术有了很大的发展。

本章提出的方法以单目人脸视频为研究对象，结合深度学习的手段，分三个步骤——人脸检测、视频关键帧的提取和三维人脸重建，进行研究和实验，来生成三维人脸模型。

（1）基于 MTCNN 的人脸检测和跟踪。采用 MTCNN 模型来实现人脸检测和跟踪，将通过对模型调整因子和 Minsize 参数进行改进，并且引入 Focal Loss 改写损失函数来提高模型的准确率，将视频中的人脸区域框选出来，最终通过实验的结果对比表明了改进后的模型优于原模型。

（2）基于帧间相似性的关键帧提取。通过对人脸视频数据的特点进行分析，提出了一种基于视觉内容和镜头边界融合改进的算法，并与基于视觉内容的方法进行对比，以"宁错勿少"为原则，实验结果表明融合改进后的方法能够比较完整地传达出视频的内容。

（3）基于图像几何自动编码器的人脸重建。采取基于图像几何自动编码器的模型来实现三维人脸重建，在基于假设的前提下，通过模型预测生成各个特征因子，来重构出规范视角下的标准图像，然后使用神经网格渲染器对其进行重建来生成三维人脸模型。在此基础上，通过设计自动编码器网络结构来进行对称性建模，并多次实验调整 Batch Size 取值，进一步对模型的运行效率和精度进行提升。

5.1　端到端的人脸建模原理

通过端到端的方式实现三维人脸重建是近几年随着深度学习的发展兴起的，本书的模型与 VRNet 和赵鹤林（2019）的方法相似，下面将对这两种模型方法展开详细的描述。

VRNet 网络这篇文献的网络结构如图 5.1 所示，网络结构由两个沙漏堆叠在一起，没有中间监督，采用直接回归的方法，而不是预测空间顶点的 x、y、z 坐标，具有编码—解码器结构，同时模型使用的卷积层是残差学习模块，有效地解决了深度学习层次较深时出现反向传播中梯度消失的问题。在此基础上，论文中引入了人脸特征点的检测，进一步提高了 VRNet 模型对三维人脸重建的精度，不仅如此，在这篇论文中，提出了将每个三维面部的扫描转换成三维体素，也就是说，三维体素是由三维网格生成的，文献中设计了 192×192×200 大小的人脸体素图，可以理解为人脸是由耳后平面到鼻尖平面的 200 个横切面组成的，每个横切面的大小为 192×192，并且横切面是等高的。

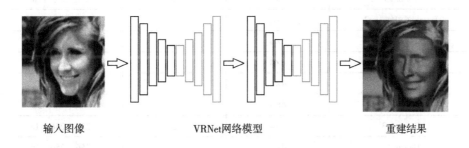

输入图像　　　　　　　VRNet网络模型　　　　　　　重建结果

图 5.1　端到端的人脸建模 VRNet 网络结构

赵鹤林（2019）采用了编码—解码器的网络模型，使用残差网络来改进卷积神经网络的结构，将多层网络结合起来构建编码器，编码器则将输入的图像进行下采样操作得到 16 个 256×256 的特征图，接着由 10 个结构相同残差块输出得到 256 个特征向量，每个图像的大小均为 8×8，卷积之后激活函数使用 ReLu 函数。编码器的网络结构如表 5.1 所示。

表 5.1 端到端的人脸建模模型编码器网络结构

层级	卷积核大小	步长	输出
Shortcut1	1×1	L	256, 256, N
Conv1	1×1	1	256, 256, N/2
Conv2	4×4	L	256, 256, N/2
Conv3	1×1	1	256, 256, N

解码器的结构则由 17 个反卷积层组合而成，最终输出的图像大小为 256×256，与输入的图像大小一致，激活函数选取的是 tanh 函数。然后将其输入一个由 8 个残差块组成的 ResNet 网络结构，二者结合可以分析出人脸顶点数据，最终依据 UV 人脸索引生成三维人脸图像。解码器的网络结构如表 5.2 所示。

表 5.2 端到端的人脸建模模型解码器网络结构

层级	卷积核大小	步长	输出
Deconv1	4×4	1	8, 8, 512
Deconv2	4×4	2	16, 16, 256
Deconv3－Deconv4	4×4	1	16, 16, 256
Deconv5	4×4	2	32, 32, 128
Deconv6－Deconv7	4×4	1	32, 32, 128
Deconv8	4×4	2	64, 64, 64
Deconv9－Deconv10	4×4	1	64, 64, 64
Deconv11	4×4	2	128, 12, 32
Deconv12	4×4	1	128, 12, 32
Deconv13	4×4	2	256, 256, 16
Deconv14	4×4	1	256, 256, 16
Deconv15－Deconv17	4×4	1	256, 256, 3

5.2 基于 MTCNN 的人脸检测

本章主要以获得三维人脸模型为实验的最终目的，以深度学习为手段。首先使用基于 MTCNN 的网络模型对单目人脸视频的人脸区域进行检测和跟踪，并把网络检测到的区域框选出来，之后把所框选的含有人脸的区域裁剪出来；其次通过对人脸视频进行关键帧挑选，得到帧图像序列；再次通过设计出的一个图像几何自动编码器，能够将得到的图像分解为四个特征因子，以此对帧图像进行重构，可以得到重构出的二维人脸图像；最后使用神经网格渲染器对重构图像进行三维渲染，得到重建后的三维人脸模型。

在进行单目视频的三维人脸重建之前，需要对人脸视频中含有人脸的区域进行检测和跟踪，并将检测到的人脸区域进行框选的操作，最后输出含有人脸框的视频，以这个为研究目的，采取基于 MTCNN 的网络模型来实现这一研究内容。

本节基于 MTCNN 网络模型的人脸检测，介绍了模型的网络结构，通过对模型的耗时分析采取调整因子和参数 Minsize 的改进，并引入 Focal Loss 来对交叉熵损失函数进行改写，对此进行实验并对实验结果进行分析，通过实验表明，我们做出的改进无论是在耗时上还是准确度上，都优于原 MTCNN 模型的性能。

5.2.1　MTCNN 检测模型网络结构

MTCNN 是一种端到端的深度学习模型，是一种由粗到精的检测模型，不仅可以解决人脸检测问题，还可以实现人脸关键点定位。除此之外，与其他人脸检测算法模型相比，这种模型由于整个框架比较小，有着计算量小、耗时较少的优点。

基于 MTCNN （Zhang et al.，2016）人脸检测模型的主要任务阶段分为四个阶段，分别包括构建图片金字塔、PNet 网络（Proposal Network）、RNet 网络（Refine Network）、ONet 网络（Output Network），其基本框架如图 5.2 所示（出于隐私原因，已经对学生面部区域进行了遮挡）。

具体流程大致为：从输入人脸视频的初始帧开始，为了适应视频中不同大小的人脸进行检测，需要构建图像金字塔，得到许多层次大小的帧图像；接着PNet 网络通过一个简单的卷积神经网络对于生成的图像金字塔进行分析，并进行初步的特征提取和生成许多人脸候选框，然后对候选框进行 NMS 计算，过滤和删除其中不符合条件的人脸候选框；RNet 网络则是将由 PNet 网络生成的人脸候选框进行更精确的回归和置信度筛选，对得到的预测框做 NMS 计算，获得一些相对正确的人脸检测框；接着把这些候选框传入 ONet 网络当中，再次进行NMS 计算，对候选框进行矫正，最后输出正确的人脸检测框。

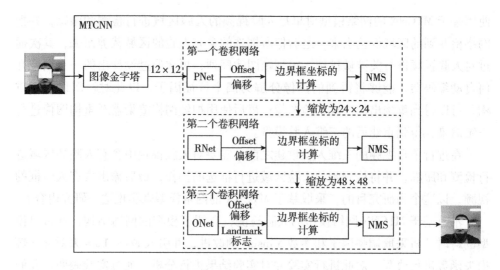

图 5.2　MTCNN 模型的基本框架结构

　　PNet 网络是一个 4 层全卷积网络结构，如图 5.3 所示（出于隐私原因，已经对学生面部区域进行了遮挡），在图像金字塔基础上，以 12×12 的滑动窗口进行逐个扫描，其主要的作用是生成候选人脸框。在此过程中对预测框做 NMS 计算，去除高度重叠和重复的候选框，并在原图的相应位置上裁剪。

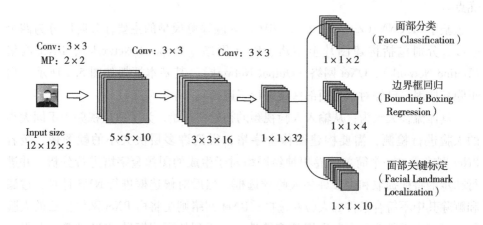

图 5.3　MTCNN 模型的 PNet 网络结构

　　RNet 网络是一个 5 层网络结构，比 PNet 网络增加了一个全连接层，如图 5.4 所示（出于隐私原因，已经对学生面部区域进行了遮挡），对于 PNet 结果缩放为 24×24 大小作为 RNet 网络的输入，其主要作用是对 PNet 网络的结果做更精确的筛选。

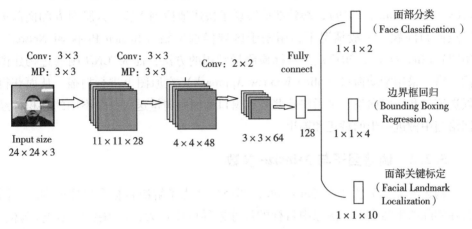

图 5.4　MTCNN 模型的 RNet 网络结构

ONet 网络是一个 6 层网络结构，比 RNet 网络增加了一个卷积层，如图 5.5 所示（出于隐私原因，已经对学生面部区域进行了遮挡），对于 RNet 结果缩放为 48×48 大小作为 ONet 网络的输入，其主要作用是校验和筛选剩余候选窗口，并将其进行输出。

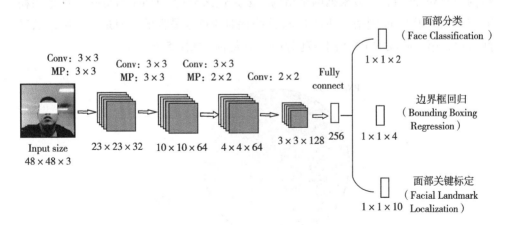

图 5.5　MTCNN 模型的 ONet 网络结构

总体而言，PNet、RNet、ONet 三个网络的深度逐渐增加，PNet 凭借简单的网络结构来处理规模较大的人脸候选模块，ONet 则因为网络结构较为复杂来解决最后的精度筛选，合理利用了三个网络各自的特点。

MTCNN 实现了卷积神经网络和级联结构有效结合，这种思想借鉴了 Cascade CNN（Kim et al.，2019），端到端地实现了快速地检测人脸、人脸对齐和面部关键点回归问题。一般情况下，用基于区域候选网络（Region Proposal Network，RPN）（Ren et al.，2017）是目标检测最常用的方法，而 MTCNN 则通过构建图像金塔，采用滑动窗口（Slide Window Approach）在原图上进行扫描，从而获得候选窗口和回归向量。之后将这些候选窗口和回归向量送入三个不同的卷积神经网络当中做进一步的矫正和输出。

5.2.2　调整因子与 Minsize 参数

构建图像金字塔（Ranjan et al.，2015）是为了解决目标多尺度的问题，因为在实际的生活当中，图像中目标的尺寸差异可能较大，以拍摄人脸图像为例，如果镜头拍摄人脸特写，那么图像中的人脸尺寸就会很大，如果拍摄距离比较远，那么图像中的人脸尺寸又会太小。对视频具体的实施方式为将视频的每一帧图像按照一定的比例缩放，得到不同尺寸的图像，之后根据网络模型的输入来选择合适尺寸大小的图像输入各个阶段的网络模型当中。

MTCNN 的三个网络结构，本身结构非常简单，计算参数量也非常少，三个网络的结构和复杂性也是由小到大，最小的网络结构为 PNet 网络，最大的网络结构为 ONet 网络，所以根据网络结构的复杂性来分析，ONet 网络的计算量和耗时应该远大于 PNet 网络，并且 PNet 网络耗时应该是最少的。但是三个网络的时间占比，第一阶段的 PNet 网络耗时却是最大的，如图 5.6 所示。

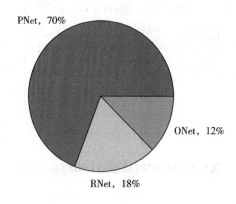

图 5.6　MTCNN 的三个子网络的时间耗费占比

在构成图像金字塔的过程中有两个非常重要的参数：一个是调整因子（Factor），也就是每次进行缩放的比例，经过缩放操作之后，会得到原图、原图×调整因子、原图×调整因子的二次方……因此调整因子对于图像金字塔的构建十分重要，但是如果调整因子选取的值偏大，就会导致缩放的循环次数变多；如果调整因子的值比较小，则容易遗漏掉一些中小型的人脸图像，降低模型的准确度，所以需要根据输入的人脸的图像大小来进行调整因子的选择。另一个是 Minsize 参数，也就是图像中人脸检测出来需要的最小尺寸，第一阶段的循环次数受输入图像尺寸影响，而 Minsize 同样和调整因子的作用相似，如果 Minsize 参数值选取较大，容易遗漏掉一些中小型的人脸图像，如果 Minsize 的值比较小，会导致第一阶段循环次数变多，所以需要根据图像大小采取动态修改 Minsize 的值。

5.2.3　模型损失函数

在人脸检测的过程中，往往会存在图像的背景与人物不平衡的问题（G. P. Lin et al.，2017），生成的候选框大多数包含的内容为背景区域，并非我们所要检测的人脸区域，这就将检测目标分为了易检测样本与难检测样本，而倘若背景区域作为易检测样本的话，容易导致训练期间损失的不断累积，这样便会影响损失函数，最终导致模型效率降低，性能退化。这个问题在学生课堂视频数据集表现明显，数据集中学生的背景往往比人脸所占的区域大，显然并不是一个好的情况，为了解决这个问题，我们引入 Focal Loss。

人脸的二分类问题通常使用交叉熵函数作为损失函数，其表达式见式（5.1）。

$$CE(p,\ y)=\begin{cases}-\log(p)\ if(y=1)\\-\log(1-p)\ otherwise\end{cases} \quad (5.1)$$

其中，参数 p 表示样本的预测结果，y 表示样本标签。通过式（5.1）可以看出，当样本标签为 1 的时候，预测结果越接近 1，那么损失越小；样本标签为 0 的时候，预测结果越接近 0，此时损失也越小。

进一步地，与人脸的二分类问题结合起来，交叉熵损失函数可以表示为式（5.2）。

$$CE(p_i)=-\log(p_i) \quad (5.2)$$

其中，p_i 为样本为人脸的概率。

RetinaNet 等提出的 Focal Loss 则是以标准的交叉熵函数为基础进行改进的，在式（5.2）的前面增加了两个系数，可以与人脸的二分类问题很好地结合，如式（5.3）所示。

$$Focal = -\alpha_i(1-p_i)^r \log(p_i) \tag{5.3}$$

其中，p_i 为样本为人脸的概率；α_i 为平衡因子，并且 $\alpha_i \in (0, 1)$，作为是否为人脸的权重；r 为 Focusing 参数，用来降低易检测样本的损失累计，将注意力放在难检测样本上，以此调节二者之间的不均衡。图 5.7 为不同 Focusing 参数下的 Focal Loss 曲线，Liu 等（2017）同样证实了该方法可以解决人脸—背景之间不均匀的问题。

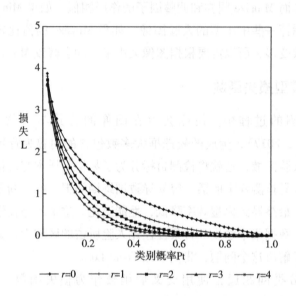

图 5.7　不同 Focusing 参数下的 Focal Loss 曲线

MTCNN 需要三个 loss 函数来完成网络的训练，相对应于各个网络的输出结果：面部与非面部分类问题（Face Classification）、边界框回归问题（Bounding Box Regression）和面部关键点标定问题（Facial Landmark Localization）。

（1）面部与非面部分类问题是判断图像中是不是含有人脸，属于二分类问题。对于一个样本 y_i，可以使用交叉熵损失函数提高其分类的准确性，计算方法如式（5.4）所示。

$$L_{face} = -\frac{1}{m} \sum_{i=1}^{m} \left[y_i^{face} \log(p_i) + (1 - y_i^{face}) \log(1 - p_i) \right] \tag{5.4}$$

其中，p_i 是由网络预测产生的，为该图像是人脸的概率；$y_i^{face} \in \{0, 1\}$，为对应的 Ground-truth，取值为 0 表示该样本为非人脸，为 1 表示该样本中含有人脸；m 为样本的个数。

对式（5.4）进行改进，令：

$$p_i = \begin{cases} p_i, & y_i^{face} = 1 \\ 1 - p_i, & y_i^{face} = 0 \end{cases} \tag{5.5}$$

其中，p_i 为样本中正确预测的概率。

将式（5.5）代入式（5.4）中，可以得到交叉熵损失函数，见式（5.6）。

$$L_{face} = -\frac{1}{m} \sum_{i=1}^{m} \log(p_i) \tag{5.6}$$

结合 Focal Loss 对样本中的人脸—背景进行平衡，所以最终通过 Focal Loss 确定了 MTCNN 关于面部与非面部的分类交叉熵损失函数为式（5.7）。

$$L_{face} = -\frac{1}{m} \sum_{i=1}^{m} \lambda_i (1 - p_i)^r \log(p_i) \tag{5.7}$$

其中，参数 λ_i 为平衡因子，r 为 Focusing 参数，其余参数与式（5.4）的参数意义相同。

（2）边界框回归问题针对每一个网络产生的人脸预测框，通过比较预测的人脸框和中心距离最近的 Ground-truth 之间的偏移（预测框的左顶点的 x、y 坐标值，宽度以及高度）来提高回归的准确性，这是一个回归问题，可以使用欧式距离作为损失函数，计算方法如式（5.8）所示。

$$L_{box} = \frac{1}{m} \sum_{i=1}^{m} \| \hat{y}_i^{box} - y_i^{box} \|_2^2 \tag{5.8}$$

其中，$\hat{y}_i^{box}$ 为从卷积神经网络中获得的第 i 个回归目标；y_i^{box} 为第 i 个回归目标对应的预测框信息，每个预测框的信息包括该边界的左上角 x、y 坐标值，高度以及宽度；所以 $y_i^{box} \in R^4$；m 为样本个数。

（3）面部关键点回归问题和边界框回归类似，目的是最小化网络预测的位置与 Ground-truth 之间的距离，也是一个回归问题，使用欧式距离作为损失函数，使两者之间的差值取得最小，计算方法如式（5.9）所示。

$$L_{landmark} = \frac{1}{m} \sum_{i=1}^{m} \| \hat{y}_i^{landmark} - y_i^{landmark} \|_2^2 \tag{5.9}$$

其中，$\hat{y}_i^{landmark}$ 为从网络中预测的人脸面部关键点的坐标；$y_i^{landmark}$ 为第 i 个样本对应的真实人脸关键点的坐标，该人脸面部关键点的坐标包括左眼、右眼、鼻子、左嘴角以及右嘴角的坐标，因此 $y_i^{landmark} \in R^{10}$；$m$ 为样本个数。

（4）损失函数组合：对于 MTCNN 模型来说，PNet 网络、RNet 网络和 ONet 网络三个阶段，每个阶段损失函数的任务不同，对应的损失函数组合也不一样，权重也不一样，比如当样本中不含有人脸的时候，只需计算人脸分类损失函数 L_{face} 即可，其余两个损失函数的计算没有意义，设置为 0。因此设计一个损失函数组合来合理提高各个网络的效率，计算方法如式（5.10）所示。

$$L_{ALL} = \frac{1}{m} \sum_{i=1}^{m} \sum_{j \in (face,\ box,\ landmark)} \alpha_j \beta_i^j L_i^j \tag{5.10}$$

将引入 Focal Loss 的损失函数代入式（5.10），可以得到最终的损失函数，见式（5.11）。

$$L_{ALL} = \frac{1}{m} \sum_{i=1}^{m} \sum_{j \in (face,\ box,\ landmark)} \alpha_j \beta_i^j \left[- \lambda_i (1 - p_i)^r \log(p_i) \right] +$$
$$\| \hat{y_i}^{box} - y_i^{box} \|_2^2 + \| \hat{y_i}^{landmark} - y_i^{landmark} \|_2^2 \tag{5.11}$$

其中，α_j 为不同网络损失函数的权重，代表任务的重要性，具体如表 5.3 所述；$\beta_i^j \in (0,\ 1)$ 表示是否含有人脸，$\beta_i^j = 0$ 表示不含有人脸，$\beta_i^j = 1$ 表示含有人脸。

表 5.3 MTCNN 模型的三个子网络的损失函数权重值

子网络	α_{face}	α_{box}	$\alpha_{landmark}$
PNet 网络	0.60	0.20	0.20
RNet 网络	0.50	0.25	0.25
ONet 网络	0.30	0.30	0.40

根据表 5.3 可知，PNet、RNet 网络的主要任务是面部分类，其次是提供人脸候选框，所以在 MTCNN 模型中赋予 α_{face} 较大的值；而 ONet 网络主要任务是面部关键点标定和最终检测框的输出，因此赋予 $\alpha_{lanmark}$ 更大的权重。

5.3 基于帧间相似度的关键帧提取

对于人脸视频序列，一个短短几分钟的视频中便包含了成千上万的帧图像，如果将视频中的所有图像均用来三维重建，那将会非常耗费时间。所以本章将从经过 MTCNN 人脸检测后的视频进行关键帧的挑选确认的步骤，为之后进行三维人脸重建做进一步的铺垫。

视频层包括了多组场景，场景的基本元素包括声音、文本和图像，也就构成了视频；场景由多组镜头组成，每个场景包含多组相同的镜头；镜头则是由一帧一帧的图像组成，同一个镜头的帧图像具有相同的特征，人脸视频中更是变化微小。人脸视频中由于包含的帧图像太多，具有大量冗杂的信息，所以将人脸视频的所有图像用于三维重建，其实是非常复杂和耗时的，而选择视频关键帧进行三维重建是一个很好的方法，是因为关键帧图像序列能够作为视频内容的代表。

本书提出了一种基于镜头边界和视觉内容融合和改进的方法，并给出了算法的部分关键代码，最后在两组数据集中通过对比实验获取的关键帧数和压缩率进行对比，可以得出融合改进后的算法对关键帧的提取可以满足实际的要求。

5.3.1　常用的关键帧提取方法

进行三维重建之前，对视频进关键帧的提取和确认是十分重要的。提取视频中的关键帧，不仅要保证视频帧精简和信息丰富，而且要去除冗杂多余的信息。现有常用的关键帧提取的方法主要有以下几种：

（1）基于视觉内容的方法（Yin et al.，2019）。这种方法首先需要设置一个阈值，主要用来比较视频帧图像之间的像素距离，同时设置视频的第一帧图像为关键帧，大致流程可以描述为：首先计算第一帧图像与相邻帧图像之间的像素距离，将该像素距离和设置的阈值进行比较，如果该距离大于设置的阈值，则相邻帧就被选择为关键帧；相反地，如果该距离小于设置的阈值，意味着这个相邻帧图像蕴含的信息与第一帧相似性很高，将其作为冗余的帧图像舍去，按照这个规律对所有视频帧进行遍历。这种方法最终得到的关键帧冗余度小，但是操作过程比较复杂，计算量较大。

（2）基于运动分析的方法（Chelotti et al.，2018）。这种方法考虑了物体运动的特征，通过分析各个图像帧中像素的光流信息，选取其中光流运动次数少的图像帧作为关键帧。这种方法的优点在于可以捕捉全局动态特征，保证了连续性，但是也容易受到局部信息影响。

（3）基于 k-means 聚类算法（杨瑞琴和吕进来，2018）。这种方法借鉴了机器学习的方法，初始化一个聚类中心作为中心帧，然后通过计算当前帧图像与中心帧之间的距离，作为评价帧图像是否相似的标准，再利用聚类算法对相似帧进行分类，并选择距离中心帧最近的帧图像作为关键帧。这种方法的重点在于对聚类中心和聚类数目的确定。

（4）基于镜头边界的方法（杨瑞琴，2018）。这种方法是一种非常通用的方法，将视频内容的第一帧和最后一帧作为关键帧。这种方法最大的优点就是计算量少，并且操作简便，但是这种方法仅限于场景固定或者变化单一的视频，对于那些场景变化频繁的情况，最终结果并不能表达视频的内容。

考虑到实验的数据集均为人脸视频，并且视频内容的场景单一而且变化不大，对于这种情况，任选其中的一帧图像作为关键帧都是可以的。但是有时也会因为人物的一些表情变化、头部动作等原因打破这种局面，会使在内容的传达上有所差别，这时就不能任选一帧图像作为关键帧。考虑到这些因素，我们提出了一种新的算法，在基于视觉内容和基于边界的两种算法的基础上进行融合改进。

5.3.2　镜头边界的判断

基于阈值的方法是判断镜头边界最常用的方法，主要原理是设置阈值来比较图像帧之间的差异，若帧间的差值大于阈值，那么认为镜头发生了转变。阈值的计算可以分为以下三类：

（1）基于全局阈值的方法，通过设置某个固定的阈值 T，通过与帧间差 d 进行比较来找到镜头边界。如果 $d>T$，则表明镜头发生了转换。这种方法实现起来比较简单，但是准确度容易受到影响，是因为其阈值是根据经验得到的，具有一定的随机性。

（2）基于局部自适应阈值的方法，这种方法的关键在于使用一个滑动窗口，通过计算滑动窗口内的帧间相似性，来设置阈值的大小。滑动窗口内帧间的相似性小于确定的阈值，则认为发生了镜头转变。这种方法的准确率比基于全局阈值的方法要好一些，但是其局限性在于找到合适大小的窗口。

（3）局部自适应阈值与全局阈值相结合的方法，这种方法需要计算全局阈值和局部自适应阈值，通过分配各自的权重系数，最后加权求和得出新的阈值。这种方法很好地弥补了上面两种方法存在的缺陷。

5.3.3　帧间相似性的计算

（1）像素比较法。当镜头发生转变的时候，相邻帧图像之间的像素值也会随之发生变化，镜头转变可分为渐变和突变。镜头渐变的，相邻帧之间像素值的变化差异较小；镜头突变的，相邻帧之间的像素值的变化差异较大。两帧图像之间的像素差值可以定义为式（5.12）。

$$D(k,\ k+1) = \frac{1}{MN} \sum_{i-0}^{M-1} \sum_{j=0}^{N-1} |P_{k+1}(i,\ j) - P_k(i,\ j)| \qquad (5.12)$$

其中，参数 k 和 $k+1$ 分别为连续的两帧图像，M 和 N 分别为图像的宽度和高度，$P_{k+1}(i, j)$ 和 $P_k(i, j)$ 分别为视频的第 $k+1$ 帧和第 k 帧图像在像素点 (i, j) 的像素值。当 $D(k, k+1)$ 的值大于阈值时，则表明镜头发生了变化。

（2）边缘比较法。视频的图像帧内容发生变化时，也会伴随着图像帧边缘的改变。边缘比较法（杨瑞琴，2018）与像素比较法相似，不过是利用同一位置上的旧边缘和新边缘的产生，通过对比来实现对镜头的边界变化的检测。

假设 p_k 为所给的 k 帧中，与其他帧最近的边缘距离大于给定阈值的边缘像素数目所占的百分比，同样地，p_{k+1} 为 $k+1$ 帧与其他帧最近边缘距离大于给定阈值的边缘像素数目所占的百分比，由此可以得到帧差的计算方法，见式（5.13）。

$$D(k, k+1) = \max(p_k, p_{k+1}) \tag{5.13}$$

边缘比较法针对镜头边界检测有着很高的效率，但是存在的缺点就是每次都需要和其他作对比，计算的数据量较大，同时当镜头边缘不明显时，检测率就比较低。

5.3.4　融合与改进后的算法

对于基于镜头边界和基于视觉内容的关键帧提取方法的融合与改进，算法的流程如图 5.8 所示。

具体方法描述如下：

（1）运用基于镜头边界的方法，选取第一帧（记作 f_1）、最后一帧（记作 f_n）作为候选关键帧。

（2）通过计算 N 帧图像中灰度直方图的平均值 $\overline{A}$，在这些计算结果当中选择与 $\overline{A}$ 最接近的帧作为候选关键帧（记作 f'），这样就产生了三个候选关键帧。

（3）在进行关键帧的提取时，使用基于视觉内容的方法，分别计算上述候选关键帧 $D(f_1, f_n)$、$D(f', f_n)$、$D(f_1, f')$ 之间的距离相似性，并且与预先设置阈值 T 进行比较，按照以下规则来确定是否为关键帧：①如果距离 D 均小于阈值 T，则说明三个图像帧的内容相似，此时选取 f' 为关键帧；②如果距离 D 均大于阈值 T，则说明三个图像帧之间的内容差异较大，此时三帧均为关键帧；③其他情况，选择绝对值最大的两帧为关键帧。

（4）计算其余图像帧与关键帧之间的距离相似性，选取大于阈值的图像帧作为关键帧。

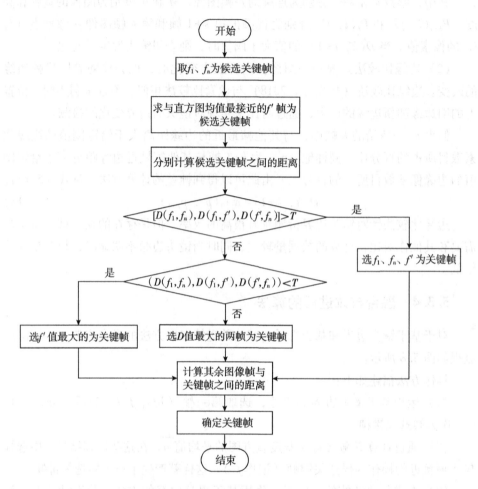

图 5.8 基于镜头边界和视觉内容融合的关键帧提取流程

依据算法流程图，我们给出实验过程涉及的部分关键代码，如表 5.4 所示。

表 5.4 关键帧提取算法部分代码

算法：关键帧提取算法
参数：阈值，取值为 0.6
输入：图像的像素矩阵
输出：图像信息熵，关键帧位置

```
#计算各灰度值下出现的概率
for i in range (img. shape [0]):
    for j in range (img. shape [1]):
        ind=img [i] [j]
        prob [ind] +=1
prob=prob/ (img. shape [0] * img. shape [1])
#计算信息熵
res=0
for i in range (prob. shape [0]):
    if prob [i]! =0:
        res -=prob [i] * math. log2 (prob [i])
return res
#根据阈值筛选
if use_thresh:
    for i in range (1, len (frames)):
        if rel_change (np. float (frames [i-1]. diff), np. float (frames [i]. diff)) >=thresh:
            keyframe_id_set. add (frames [i]. id)
```

5.4 基于图像几何自动编码器的人脸重建

经过关键帧挑选之后，将得到的帧图像序列进行三维重建。首先以这些图像序列作为输入，基于图像几何自动编码器的方法进行二维图像的重构，得到规范视角下的标准图像，然后基于神经网格渲染器（Neural Mesh Renderer，NMR）的方法对重构图像进行渲染，得到三维人脸图像。

本章在假设对称的前提下，采取基于图像几何自动编码器的方法来进行三维重建，首先对图像进行重构，得到一个规范视角下的标准图像；再利用神经网格渲染器得到三维图像；在此基础上，为了增进实验的精确性，利用对称建模引入了一个置信度因子来预测图像本身的对称概率，同时将置信度因子加入损失函数当中；不仅如此，还通过不断调整 Batch Size 参数值，帮助模型发现最佳的运行效率，有利于模型更加精确快速地进行三维重建。

5.4.1 图像几何编码器

在人脸重建的算法中，经常会用到渲染管线（Yan et al.，2016），渲染管线其实就是将三维人脸通过投影生成一张二维人脸图像，这个过程包含几何阶段和光栅阶段。几何阶段也被称为"光照和变换"阶段：光照是几何阶段的一个主要部分，需要确定物体表面所在的法向量；变换则指的是坐标系的转换。光栅阶段可以认为是将连续的数据转化为离散的数据，在人脸重建过程中则指的是将图像转为像素点的过程。式（5.14）展示了一个典型的渲染过程。

$$g(\alpha,\ m)=f\times Pr\times R\times S+T=M(m)\times\begin{bmatrix}S\\1\end{bmatrix} \qquad (5.14)$$

其中，f 为 x、y、z 轴的缩放向量；Pr 为三维投影操作，可以是正交投影，也可以是透视投影；R 为一个旋转矩阵，T 为一个平移向量，S 为源模型 shape；投影操作 Pr、旋转矩阵 R、平移向量 T 以及源模型 S 四个过程可以表示为一个四维矩阵，目的是通过调整模型的角度，获得相对应的姿势角度。

3D 建模的表示方法通常有体素、点云和多边形网格。使用体素时，需要在三维空间有规律地进行采样（Qi et al.，2016），并且记忆效率比较低，所以难以生成高质量的体素（Riegler et al.，2017）。而点云虽然很常用，但是在纹理和照明方面很难突破（Zhang et al.，2019）。多边形网格由一系列顶点和表面组成，所以具有可伸缩的特性，使用多边形网格表示有两个好处：一是表示三维模型时所需要的参数少，模型和数据集也相应比较小；二是适合几何变换，即对象的旋转、平移以及坐标轴的缩放，都可以由顶点的简单操作表示（Kalogerakis et al.，2017）。

5.4.2 图像几何编码器网络架构

图像几何自动编码器（Photo-geometric Autoencoding）（Wu et al.，2020）是在以图像对称（Sinha et al.，2012）的前提下，对于输入的图像，将其内在地分解为视点（view）、深度（depth）、光照（light）以及反照率（albedo）四个特征因子，而对于那些本身可能对称但不对称的图像，则对其分解后的深度和反照率采取水平翻转的操作，这样就会得到翻转之后的深度和反照率，然后利用深度、反照率（包括翻转之后的深度和反照率）以及光照，在视点变化为 0 的情况下，通过一个光照函数来重构出一个规范视角（Novotny et al.，2019）下的标准二维图像，最后对重构出的图像采取基于神经网格渲染器的方法实现三维人脸重建，得到三维人脸图像。其模型框架如图 5.9 所示：

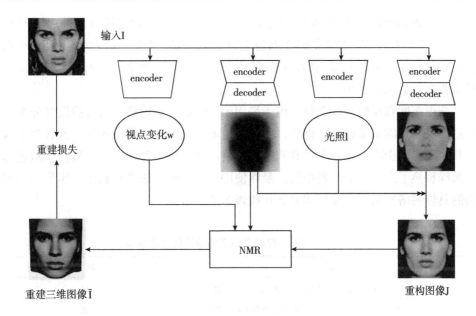

图 5.9　图像几何自动编码器的模型框架

获得视点和光照两个特征因子只使用了编码器网络，对人脸图像使用下采样操作，经过 6 层卷积，每层卷积的详细网络参数如表 5.5 所示。

表 5.5　预测视点和光照的编码器网络架构

编码器	图像大小
Conv2d(3, 32, 4, 2, 1)+ReLu	32
Conv2d(32, 64, 3, 2, 1)+ReLu	16
Conv2d(64, 128, 4, 2, 1)+ReLu	8
Conv2d(123, 256, 4, 2, 1)+ReLu	4
Conv2d(256, 256, 4, 1, 0)+ReLu	1
Conv2d(256, c_{out}, 1, 1, 0)+tanh→output	1

Conv2d（c_{in}, c_{out}, kernel_size, stride, padding）卷积中的每个参数对应数值都有具体的含义：参数 c_{in} 表示输入的通道数；参数 c_{out} 表示输出的通道数；参数 kernel_size 表示卷积核的大小；参数 stride 表示卷积核滑动的步长；参数 padding 表示补 0 策略，取值为 1 时对输入进行补 0 操作，这样在移动步长为 1 的时候保证输出大小和输入大小相同，取值为 0 时不进行补 0 操作。并且对于视点因

子，最终的输出通道大小为 6，分别对应于 x、y、z 轴的旋转角度 $w_{1:3}$ 和平移 $w_{4:6}$，对于光照因子，最终的输出通道大小为 4，分别对应于 ks 和 kd（环境项和扩散项加权标量系数）、lx 和 ly（用来对光的方向进行建模），output size 表示每层卷积之后的图像大小。

获得深度和反照率两个特征因子采用编码—解码器网络，对人脸图像先采取经过 5 层卷积的下采样编码操作，然后对编码结果进行反卷积操作，并且为了减少其他因素的影响，在每个反卷积操作之后添加了一个卷积层，而且使用最近邻上采样替换了最后一个反卷积层，最终使用三个卷积层来进行输出。编码—解码器的具体网络架构以及参数如表 5.6 和表 5.7 所示。

表 5.6　预测深度和反照率的编码器网络架构

编码器	图像大小
Conv2d(3, 64,, 4, 2, 1)+GN(16)+LReLu(0.2)	32
Conv2d(64, 128, 4, 2, 1)+GN(32)+LReLu(0.2)	16
Conv2d(128, 256, 4, 2, 1)+GN(64)+LReLu(0.2)	8
Conv2d(256, 512, 4, 2, 1)+LReLu(0.2)	4
Conv2d(512, 256, 4, 1, 0)+ReLu	1

表 5.7　预测深度和反照率的解码器网络架构

解码器	图像大小
ConvTran2d(256, 512, 4, 1, 0)+ReLu	4
Conv2d(512, 512, 3, 1, 1)+ReLu	4
ConvTran2d(512, 256, 4, 2, 1)+GN(64)+ReLu	8
Conv2d(256, 256, 3, 1, 1)+GN(64)+ReLu	8
ConvTran2d(256, 128, 4, 2, 1)+GN(32)+ReLu	16
Conv2d(128, 128, 3, 1, 1)+GN(32)+ReLu	16
ConvTran2d(128, 64, 4, 2, 1)+GN(16)+ReLu	32
Conv2d(64, 64, 3, 1,)+GN(16)+ReLu	32
Upsample(2)	64
Conv2d(64, 64, 3, 1, 1)+GN(16)+ReLu	64
Conv2d(64, 64, 5, 1, 2)+GN(16)+ReLu	64
Conv2d(64, c_{out}, 5, 1, 2)+Tanh→output	64

在编码—解码器网络架构中，卷积层中 Conv2d（c_{in}，c_{out}，kernel_ size，stride，padding）中的参数意义在和预测视点与光照的编码器中参数意义相同。反卷积层 ConvTran2d（c_{in}，c_{out}，kernel_size，stride，padding）中参数 c_{in} 代表输入的通道数；参数 c_{out} 代表输出的通道数；参数 kernel_ size 代表卷积核的大小；参数 stride 代表卷积核滑动的步长；参数 padding 代表补 0 策略，取值为 0 时不进行补 0 操作，取值不为 0 时进行补 0 操作。并且对于深度因子，最后的输出通道大小为 1，对于反照率因子，最后的输出通道大小为 3，output size 表示每层反卷积之后的图像大小。

构建好网络架构之后，将数据输入图像几何自动编码器中进行训练，并且在训练过程不断进行网络参数的优化。由于网络模型采取的是无监督学习方式，因此，衡量网络损失可以直接由源图像和重建后的图像直接进行对比。均方误差（Mean Square Error，MSE）是反映图像输入与输出之间差异程度的一种衡量方法，也是作为图像之间的对比问题经常使用的损失函数。因此损失函数可以定义为式（5.15）。

$$L = \frac{1}{n} \sum_{i=1}^{n} \left[\frac{1}{wh} \sum_{u=1}^{w} \sum_{v=1}^{h} \| \bar{I}(u, v) - I(u, v) \|^2 \right] \tag{5.15}$$

其中，参数 n 为每个训练批次的 Batch Size，参数 w、h 分别为图像的宽和高，$\bar{I}$ 为重建后的图像，I 为输入图像，(u, v) 为图像的像素坐标。

5.4.3　图像几何编码器的改进方法

改进后的模型框架将置信度作为重建损失考虑的重要参数之一，是因为在训练的过程中，不仅能够推断出图像对称的概率，达到平衡训练的目的，也可以帮助我们更好地生成规范图像。所以需要将其作为一个参数考虑到损失函数当中，图 5.10 为引入置信度改进的模型框架。

（1）图像对称性建模。利用对称性的假设为三维建模提供了一个很大的便利，但是在实际生活中对于人脸这种对象实例，它本身并不存在完全意义上的对称。举个例子，在现实生活中，用摄像机为某个人进行拍照时，由于拍摄角度或者光照的原因，或者人物本身发型、肢体动作等地方导致图像不对称，这样也会导致最终的成像结果不是对称的，如图 5.11 展示的是一种不对称的情况（出于隐私原因，已经对学生面部区域进行了遮挡处理）。

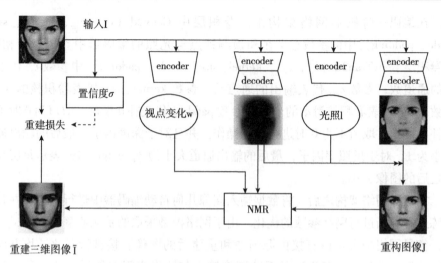

图 5.10　引入置信度改进的图像几何编码器模型框架

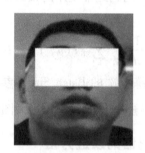

图 5.11　拍摄角度导致的人脸不对称

由于存在图像中人脸是否对称的问题，Kendall 和 Gal（2017）提出了类似人脸对称的问题，将这类问题统称为认知的不确定性，同时作者针对这类问题设计了新的损失函数，一般选择使用高斯分布来对其进行拟合，使不确定的因素对于模型具有更高的鲁棒性。

因此，为了加强和提高模型的精度，我们在原始模型的基础上利用图像本身潜在的对称性作为恢复三维图像的重要因素的同时，对图像本身进行对称性建模，进而加入图像几何编码器中进行端到端的学习。原始的输入图像通过新设计的自动编码器网络，来预测生成每个像素的置信度图，以此来估计输入图像中每个像素具有对称结构的概率，并且对生成的置信度图也采取水平翻转的操作，这样做不仅可以更加容易地推断出对称的概率，也可以达到平衡训练的目的，还可以帮助我们更好地生成标准图像。同时，需要在训练过程中最小化置信度因子作为损失函数参数的重建损失。

预测生成置信度图的自动编码器先采取经过 5 层卷积的下采样编码操作,然后对编码结果进行反卷积,预测生成置信度图的自动编码器的网络结构如表 5.8 所示,预测生成置信度图的自动解码器的网络结构如表 5.9 所示。

表 5.8　预测生成置信度图的自动编码器的网络结构

编码器	图像大小
Conv(3, 64, 4, 2, 1)+GN(16)+LReLu(0.2)	32
Conv(64, 128, 4, 2, 1)+GN(32)+LReLu(0.2)	16
Conv(128, 256, 4, 2, 1)+GN(64)+LReLu(0.2)	8
Conv(256, 512, 4, 2, 1))+LReLu(0.2)	4
Conv(512, 128, 4, 1, 0)+ReLu	1

表 5.9　预测生成置信度图的自动解码器的网络结构

解码器	图像大小
Deconv(128, 512, 4, 1, 0)+ReLu	4
Deconv(512, 256, 4, 2, 1)+GN(64)+ReLu	8
Deconv(256, 128, 4, 2, 1)+GN(32)+ReLu	16
Conv(128, 2, 3, 1, 1)+Softplus→output	16
Deconv(128, 64, 4, 2, 1)+GN(16)+ReLu	32
Deconv(64, 4, 4, 2, 1)+GN(16)+ReLu	64
Conv(64, 2, 5, 1, 2)+Softplus→output	64

在这个编码—解码器网络架构当中,卷积层中 Conv2d (c_{in}^2, c_{out}, kernel_size, stride, padding) 和反卷积层 ConvTran2d (c_{in}^2, c_{out}, kernel_size, stride, padding) 中的参数意义与上述自动编码器预测生成四个特征因子的各个参数意义相同。同时在反卷积网络当中使用了 Softplus 损失函数,这个函数是 Sigmod 函数的原函数,其表达式为 $Softplus(x)=\log(1+e^x)$,函数表达式中加 1 的目的是保证非负性;并且这个函数可以看作 ReLu 的平滑,与 ReLu 激活频率函数特别相似,能够保证更加接近脑神经元的激活模型,output size 表示每层卷积和反卷积之后的图像大小。

(2) 损失函数。通过对图像本身的对称性进行概率推理,所以考虑满足 $\bar{I}\approx$

I 和 $\bar{I}'\approx I$ 的重建损失，这样不仅可以达到共同训练的目的，也使整个网络容易平衡。Liu 等（2016）将此损失函数定义为拉普拉斯分布的负对数似然函数，可使用式（5.16）表示。

$$\mathcal{L}(\bar{I},\ I,\ \sigma)=-\frac{1}{\Omega}\sum_{u,\ v\in\Omega}\ln\frac{1}{\sqrt{2}\sigma_{uv}}\exp-\frac{\sqrt{2}l_{1,\ uv}}{\sigma_{uv}} \qquad (5.16)$$

在上述表达式中，$\ell_{1,uv}=\bar{I}_{uv}-I_{uv}$ 表示输入图像和重构图像的像素点 uv 之间的 $L1$ 距离，$\sigma\in R_+^{W\times H}$，是由改进后的网络中产生的一个置信度图，表示每个像素点对称的概率，用来评估模型对称的不确定性。结合拉普拉斯曲线分布的图像，具体对应到模型中表现为其值越小，则表明该点为不对称点的概率越大，则相应地说明该处的误差更加重要。

不仅如此，对于重建图像 $\bar{I}'$，使用第二个置信度图 σ'，采用相同的重建损失函数，即 $\mathcal{L}(\bar{I}',\ I,\ \sigma')$，这个函数可以帮助模型发现输入图像哪些部分可能是不对称的，以人脸为例，通常会因为发型的原因，使整个面部表现为不对称，那么置信度图就会给头发分配更大的不确定系数。将两个损失函数按照系数加权求和，可以得到最终的学习目标，可以用式（5.17）表示。

$$\varphi(\theta,\ I)=\mathcal{L}(\bar{I},\ I,\ \sigma)+\lambda_\omega\mathcal{L}(\bar{I}',\ I,\ \sigma') \qquad (5.17)$$

其中，参数 $\lambda_\omega=0.5$，是一个加权系数，θ 是由网络输出的，且 $\theta(I)=(d,\ a,\ w,\ l,\ \sigma,\ \sigma')$，$\mathcal{L}(\bar{I},\ I,\ \sigma)$ 和 $\mathcal{L}(\bar{I}',\ I,\ \sigma')$ 可由式（5.16）得到。

5.4.4 改进模型的实现方法

首先将图像 I 定义为 $\Omega\rightarrow R^3$ 的张量，且 $\Omega=\{0,\ 1,\ \cdots,\ W-1\}\times\{0,\ 1,\ \cdots,\ H-1\}$，其中 W 为图像 I 的宽度，H 为图像 I 的高度。其次通过图像几何自动编码器学习出一个函数 φ。对于对称的图像，可以将输入的图像 I 内在地分解为视点、深度、光照和反照率四个特征因子。在视点变化为 0 的情况下，使用一个光照函数来进行建模，重构出一个规范视角下的标准图像。这个过程可以用式（5.18）进行描述：

$$\begin{cases}J=\wedge(a,\ d,\ l)\\ w=0\end{cases} \qquad (5.18)$$

其中，$\wedge$ 为这个光照函数，参数 a 为反照率，且 $a:\ \Omega\rightarrow R^3$；参数 d 为深度，且 $d:\ \Omega\rightarrow R_+$；参数 l 为光照，且 $l\in S^2$；参数 w 为规范视点与实际输入图像 I 视点之间的变化，且 $w\in R^6$；同时，深度 $depth$ 和反照率 $albedo$ 在一个标准坐标系

中重建，是关于一个固定的垂直面对称的；J 为重构之后的规范视角下的二维图像。

对于可能对称但不对称的图像，在深度与反照率所在的坐标系中定义一个沿着深度和反照率构成的坐标系水平进行水平翻转的操作：$[flip\ a]_{c,u,v}=a_{c,W-1-u,v}$，目的是帮助模型发现规范视图，这个操作可用式（5.19）来定义。

$$\begin{cases} d \approx flip\ d' \\ a \approx flip\ a' \end{cases} \tag{5.19}$$

其中，d' 为翻转之后的深度，a' 为翻转之后的反照率，对称的约束通过翻转这一操作也被隐式地实现了。

然后利用光照、翻转之后的深度以及反照率同样在视点变化为 0 的情况下，利用光照函数，重构得到规范视角下的二维图像。这个过程可以用式（5.20）来表示。

$$\begin{cases} J = \wedge (a',\ d',\ l) \\ w = 0 \end{cases} \tag{5.20}$$

将重构得到的图像，以及经过图像几何自动编码器得到的深度因子，使用"神经网格渲染器"对深度进行扭曲，再将得到的扭曲应用到重构的图像当中，通过欧氏空间变换模拟规范图像的视点到实际图像的视点的变化，获得最后的三维图像。其具体成像的操作过程如下：

首先将实际世界的 3D 点 $P(P_x,\ P_y,\ P_z)$，以相机坐标系为参考坐标系，通过式（5.21）以透视投影方式映射到像素点 $p(u,\ v,\ 1)$：

$$P \propto KP,\ K = \begin{bmatrix} f & 0 & c_u \\ 0 & f & c_v \\ 0 & 0 & 1 \end{bmatrix} \tag{5.21}$$

其中，K 为相机的内参数矩阵，相机的视场角如式（5.22）所示。

$$\begin{cases} c_u = \dfrac{W-1}{2} \\ c_v = \dfrac{H-1}{2} \\ f = \dfrac{W-1}{2\tan\dfrac{\theta_{FOV}}{2}} \end{cases},\ \theta_{FOV} = 10° \tag{5.22}$$

将深度因子的深度值 d_{uv}，与规范视图中的每个像素 $(u,\ v)$ 用式（5.23）关联起来，通过相机模型的逆运算，使三维点与像素点对应起来。

$$P = d_{uv} \times K^{-1} p \tag{5.23}$$

其次使用"神经网格渲染器"对深度因子进行扭曲，获得从输入视点所观察到的深度图（Moniz et al.，2018），通过扭曲函数 $\eta_{d,w}$：$(u, v) \rightarrow (u', v')$，即用式（5.24）找到重构图像到实际图像的扭曲场，将重构图像的像素 (u, v) 映射到实际图像的像素 (u', v')，再通过欧式空间变化模拟视点的变化，将重构图像变换到实际图像。

$$P' \propto K(d_{uv} \times RK^{-1}p + T) \tag{5.24}$$

其中，$P' = (u', v', 1)$，(u', v') 即实际图像像素坐标，K 为内参数矩阵，d_{uv} 为深度图像素坐标，$p = (u, v, 1)$ 为图像映射投影的像素点，(R, T) 为视点 w 的欧式空间变换，R 为旋转矩阵，T 为位移矩阵。

最后通过一个重投影函数，将得到的扭曲应用到规范视角下的重构图像，并进行双重线性采样（Bhavatula et al.，2017），获得最终的三维图像。重投影函数可以用式（5.25）表示。

$$\bar{I} = \pi(J, d, w) \tag{5.25}$$

其中，π 为重投影函数，参数 J 为规范视角下的重构图像，参数 d 为深度图，参数 w 则用来模拟重构图像的规范视点与实际图像视点之间的变化，同样地，对于可能对称的图像，只需将相应的参数替换代入即可。

综合上述描述，图像 I 的重建需要经过两个步骤：光照函数 $\wedge$ 和重投影函数 π，可通过式（5.26）来描述这两个过程。

$$\begin{cases} \bar{I} = \pi[\wedge(a, d, l), d, w] \\ \bar{I}' = \pi[\wedge(a', d', l), d', w], \; a = flip \; a', \; d = flip \; d' \end{cases} \tag{5.26}$$

整体过程可以描述为输入图像 I，经过光照函数 $\wedge$，从规范视点 $w = 0$ 所观察到的深度图 d、光照 l 和反照率 a 来生成规范视点的重构图像，然后使用重投影函数 π 通过模拟视点的变化，结合深度图以及规范视点的重构图像，来生成三维图像 $\bar{I}$。

本节的实验基于 Pytorch 框架实现，经过多次反复的实验验证，最终的参数设置如表5.10所示。

表5.10 图像几何自动编码器的训练参数设置

参数设置	取值/范围
Number of epochs	30
Batch size	64

续表

参数设置	取值/范围
Loss weight λ_ω	0.5
Input image size	64×64
Output image size	64×64
Depth map	(0.9, 1.1)
Albedo	(0, 1)
Viewpoint rotation $w_{1:3}$	(−60°, 60°)
Viewpoint rotation $w_{4:6}$	(−0.1, 0.1)
Field of view（FOV）	10

5.5　实验结果与分析

基于单目视频的 3D 人脸重建主要由三个关键步骤组成，涉及了计算机领域的多种算法和模型，如人脸检测、视频关键帧提取、图像重构、图像渲染及三维重建。

第一个步骤的实验得到的人脸检测框不受环境因素的影响，也不被视频中人脸的头部仰起的角度影响，并且改进两个关键参数以及引入 Focal Loss 之后，不仅都能够很好地进行人脸检测并将人脸框选出来，而且在时间和准确度上均有了一定的提升，所以稳健性很强。

第二个步骤的实验得到的关键帧，可以看到无论是眼睛的睁开还是闭合、嘴的张开还是闭合、头部的抬起还是低下，甚至嘴角和表情一些微小的变化都是可以捕捉到的，虽然获得关键帧的数量比较多，但是确保了最终得到的关键帧可以较为完整地表达出视频的内容，可以作为视频的代表。

第三个步骤的实验得到的三维人脸模型，在学生视频的测试中结果不是很理想，这是因为得到的学生视频是在上课的时候拍摄的，大部分为抬头的情况，并且拍摄的环境多受光照和灯光的影响，都很大程度不能满足对称的条件，在进行对称性建模之后，相较于建模前的精度有了一定的提升。

5.5.1 实验结果定性分析

包括人脸检测后的人脸检测框截图、关键帧挑选结果图，以及最终的三维人脸模型，每个人脸模型分别展示正面、左侧面以及右侧面三个不同视角的截图结果，如图 5.12 所示（出于隐私原因，已经对学生面部区域进行了遮挡处理）。

（a）人脸检测框

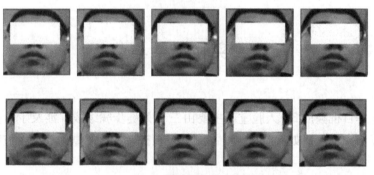

（b）关键帧挑选结果

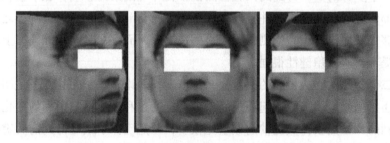

（c）三维图像的三个视角图

图 5.12　3D 人脸重建的三个关键步骤的结果展示

5.5.2 人脸检测模型改进效果分析

在实验过程中，主要进行两部分的实验改进：第一部分为通过对调整因子和

Minsize 参数进行改进，来改变模型在第一阶段 PNet 网络的循环次数，从而提高模型的运行速率；第二部分是通过引入 Focal Loss 来解决人脸—背景不平衡的问题，进而对面部的分类问题所涉及的交叉熵损失函数进行改写，以此来提高模型对于人脸预测框的准确性。

（1）调整因子和 Minsize 的影响分析。调整因子的选取是为了尽可能生成多的图像尺寸，保证图像中的每块区域都有可能被框选出来。在实验过程中，我们通过不断地调整 Factor，得到了关于 Factor 和第一阶段循环次数的关系，如图 5.13 所示。根据图 5.13 不难发现，如果调整因子选取的值偏大，会导致第一阶段在图像上对人脸框选的循环次数变多，如果调整因子的值比较小，虽然循环次数有了明显的降低，获得符合尺寸要求的图像的时间相应地也会变短，但是这样很容易遗漏掉一些中小型的人脸图像，降低模型的准确度。并且调整因子在 0.7 附近的时候，循环次数达到最佳的效果，如果小于 0.7 的时候，Factor 对于第一阶段的循环次数影响就会变得特别小了。

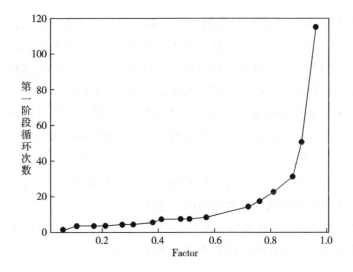

图 5.13　不同 Factor 对第一阶段循环次数的影响

Minsize 参数是构建图像金字塔的图像的最小尺寸，但是在实验过程中发现，由于考虑到图像本身的大小，并不是所有图像需要检测的最小人脸都是 12×12。所以考虑采取动态修改 Minsize 值的大小，构建图像金字塔之前先获取图像本身的大小，让 Minsize 随图像大小而改变，采取大图用大的 Minsize、小图用小的 Minsize 的策略，直接减少其循环的次数，得到了如图 5.14 的关系。

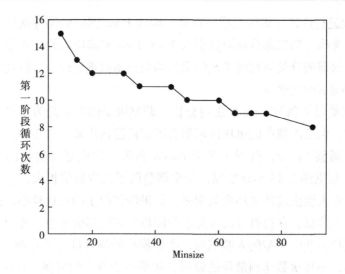

图 5.14   不同 Minsize 对于第一阶段循环次数的影响

由图 5.14 可知，Minsize 的取值与第一阶段的循环次数呈逆增长的关系，但是这并不代表我们可以选取一个特别大的值作为 Minsize 的取值，这样会出现人脸预测框遗漏的现象。同时在进行缩放的时候直接在上一次缩放的基础上进行，而不是对全图进行缩放，这样也可以实现减少耗时的目的。

（2）人脸预测框的准确性分析。在 Focal Loss 的原文献（Lin et al.，2017）中，作者通过实验给出的最佳平衡因子和 Focusing 参数的取值分别为 $\lambda_i = 0.25$ 和 $r = 2$。在本章实验的过程中，我们直接使用了文献中的平衡因子和 Focusing 参数的取值大小，并且为了简化实验的流程和模型的复杂程度，在 MTCNN 模型的基础上，对三个阶段的网络均设置相同的 λ_i 值和 r。

我们通过原 MTCNN 模型和引入 Focal Loss 损失函数后的 MTCNN 模型在测试集上进行实验对比，经过统计计算得出了表 5.11 的结果。

表 5.11   引入 Focal Loss 实验结果对比   单位：%

指标	准确率	误检率
原 MTCNN 模型	92.33	7.67
引入 Focal Loss 后	94.54	5.46

由表 5.11 可以发现，引入 Focal Loss 后，准确率提升了 2.21 个百分点，误

检率也就有了明显的降低。所以我们可以得到引入 Focal Loss 后的 MTCNN 模型是十分有效的结论，并且实验结果的准确性要优于原始的 MTCNN。

5.5.3　关键帧提取改进效果分析

本章使用关键帧的比例和压缩率作为算法的评价指标（王翠英，2004），计算方法分别为式（5.27）和式（5.28）。

$$关键帧的比例(KF\%) = \frac{提取关键帧的数量(Key)}{视频总的帧数量(Frames)} \tag{5.27}$$

$$压缩率 = 1 - KF\% \tag{5.28}$$

在实验的过程中，我们分别在 VoxClebe2 和自建的学生课堂视频两个数据集上各自选取了 6 段视频进行实验。同时为了评价融合改进后的关键帧提取算法，同时采取了基于视觉内容的关键帧提取方法进行实验，并且对于实验中的阈值统一设置为 0.6。通过对 6 段视频进行统一实验和计算，得出两种方法各自的平均关键帧数以及对应的压缩率，VoxClebe2 数据集上的算法改进的结果对比如表5.12 所示，自建的学生课堂视频数据集上的算法改进的结果对比如表 5.13 所示。

表 5.12　VoxClebe2 数据集上的算法改进的结果对比

指标	基于视觉内容的算法	融合改进后的算法
总帧数	1800	1800
平均关键帧数	48	55
压缩率（%）	84	81.67

表 5.13　自建数据集上的算法改进的结果对比

指标	基于视觉内容的算法	融合改进后的算法
总帧数	1500	1500
平均关键帧数	9	11
压缩率（%）	96.4	95.6

通过对比可以看出，改进融合后的算法比基于视觉内容的算法获得的帧数多，虽然压缩率较低，但改进后的算法所挑选的关键帧图像之间的内容不同，最后得到的关键帧可以作为视频内容的代表，对视频有着很好的概括。总之，本章的算法对于关键帧的提取还是有着不错的效果的。

5.5.4 自动编码器的改进效果分析

我们在保证了模型参数都一样的前提下，通过使用图像集合自动编码器和对称性建模的自动编码器对数据中的人脸进行三维人脸重建的实验，得到如图5.15所展示的预测的置信度图，以及对称性建模前和对称性建模后的三维人脸。通过图5.15我们不难发现，进行对称性建模之后相较于对称性建模之前，无论是在脸型、眼睛还是其他一些特征的刻画上都有着较好的表现，很大程度地消除了拍摄角度造成的影响，但是两者之间都还存在一些缺点和不足，例如，在三维人脸图像头部附近的影响较大，导致图像的视觉效果存在一定的误差。

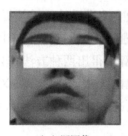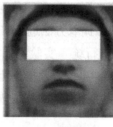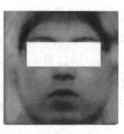

（a）源图像　　　　　　（b）对称建模前　　　　　　（c）对称建模后

图5.15　对称性建模前和对称性建模后的三维人脸图像对比

5.5.5 Batch Size 对训练效率的影响

在模型训练过程中进行了批处理，由于 Batch Size 值的设置容易影响训练的时间（保留两位小数，单位：秒），所以分别研究了取值为128、64、32、16的批处理实验结果，对于每一个 Batch Size 的取值进行了3次实验，取平均值，结果如表5.14所示。

表5.14　不同 Batch Size 取值的训练时间对比

Batch Size	epoch	测试时间（秒）
128	30	7439.90
64	30	7414.89
32	30	10502.89
16	30	18018.02

在 epoch＝30 的情况下，我们经过多次实验，通过表 5.4 可以看出，当 Batch Size 取值为 64 时，模型的运行时间最短，为 7414.89s，当 Batch Size 的取值大于 64 时，运行时间稍微大于最短时间，而当 Batch Size 取值越来越小时，运行时间变得越来越长，且时间增长率也越来越高。因此，最后确定最佳的 Batch Size 取值为 64。

5.6　本章小结

本章以单目人脸视频为研究对象，分三个步骤来实现三维人脸重建，包括人脸检测、视频关键帧的提取以及基于图像几何自动编码器的三维重建，并对各个步骤所涉及的算法和模型做了一些改进。

（1）使用 MTCNN 的网络模型来实现视频中人脸区域的检测，并将人脸区域框选出来，同时在实验的过程中提出了两部分的改进，一是优化图像金字塔的构建时间，通过动态调整 Minsize 大小的策略，来提高模型的运行效率；二是引入了 Focal Loss，并且对损失函数进行改进，通过实验表明了我们所提出的改进方法是基于原 MTCNN 模型的。

（2）结合人脸视频数据集的场景固定不变的特点，提出了一种基于视觉内容和镜头边界融合与改进的方法，通过实验对比，虽然这种方法最终得到的关键帧比基于视觉内容的方法提取的关键帧多，但最终的关键帧能够捕捉到人脸的一些微小细节的变化。因此，最终提取的关键帧可以有效地代表视频的内容。

（3）基于假设的前提下，通过图像几何自动编码器对图像进行三维重建，首先将图像分解为四个特征因子得到规范视角下的重构图像，然后将重构图像基于神经网格渲染器进而得到三维图像。并且在实验过程为了进一步改进模型的精确度，提出了预测图像本身对称的概率，通过对称性建模引入了一个置信度因子，通过自动编码器网络结构来预测置信度图，以此来给图像中人脸非对称的部分分配更大的权重系数，并且将这个因素也加入损失函数当中，保证了模型更加精准，经过实验也证实了在一定程度上可以解决模型的精度问题，同时也通过不断地调整 Batch Size 值，帮助提高模型的运行效率。

第6章　单目视频中交互检测与识别研究

　　人物交互检测是定位场景图像中人与物体的位置并对交互关系进行推理，是一种对场景图像中存在的深层语义关系的理解。不论是在简单场景下还是在复杂场景下，单个实例与多个实例之间通常存在着某种关系，这些实例之间的关系包括"人与人""物与物""人与物"。通过深度学习技术推理出场景中实例之间的关系，有助于提高计算机视觉领域下计算机对场景的理解能力。

　　针对传统单阶段和两阶段人物交互检测算法的不足，以及目前采用 Transformer 构建端到端的人物交互检测算法存在对较小的交互物体检测不佳、在高分辨率图像上计算复杂度高的问题，本章提出了一个基于 Transformer 构建端到端的人物交互检测模型 SHOTR（Swift Human Object Interaction Transformer），首先通过融合多种分辨率的特征信息来得到高分辨率的特征图，避免小目标特征的丢失。其次通过"信息性得分"对特征进行筛选，并对特征集合进行压缩以解决 Transformer 模型在高分辨率图像上计算复杂度高的问题。最后基于 Transformer 进行人物交互关系推理，简化了推理流程，以克服传统人物交互检测算法的不足。

　　本章在机房实验室这种公共场景下进行人物交互检测研究工作，通过人物交互检测确定目标对象的行为特征，并针对公共场景中人物交互检测和单目标跟踪研究工作存在的不足，进行模型的设计和算法的改进。

6.1　人物交互行为检测模型框架对比

6.1.1　两阶段人物交互检测模型框架

两阶段人物交互检测算法将人物交互检测任务解耦为第一阶段目标检测和第二阶段交互分类。具体来讲，在第一阶段，使用一个经过微调的对象检测器来获取人和物体的边框以及类别。在第二阶段，使用多流架构来预测每个人与物体的交互。例如，经典的人物交互检测模型 ICAN（Gao et al.，2018），是一种采用多分支融合的以实例为中心的人物交互检测算法，模型的结构如图 6.1 所示。

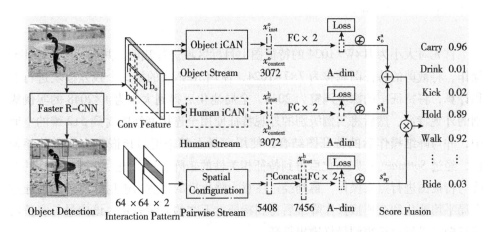

图 6.1　两阶段人物交互检测 ICAN 模型网络结构
资料来源：Gao 等（2018）。

ICAN 网络在第一阶段基于 Faster R-CNN（Ren et al.，2015）检测出场景中实例的信息，即人和物体的边界框以及分类结果。在第二阶段的交互关系分类中，将对人和物体的目标区域使用 RoI Pooling 操作提取到的特征，与基于传统 Interaction Pattern 特征构建的方式构建人和物的联合特征，分别送入三分支网络中的以人为中心的分支、以物为中心的分支和空间联合分支中，在三个分支上分别进行交互行为预测，最终通过融合策略综合各分支的输出置信度，计算得到交互类别。

ICAN 在人分支和物分支中引入了以实例为中心的注意力模块，允许网络动态地显示用于提高人物交互检测的突出信息区域。其中 ICAN 以实例为中心的注意力模块如图 6.2 所示。

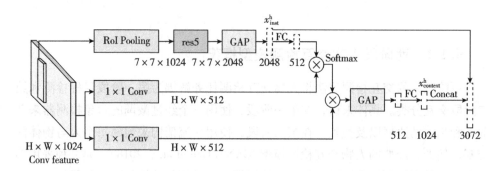

图 6.2   ICAN 模型中的以实例为中心的注意力模块

资料来源：Gao 等（2018）。

首先对大小为 H×W×1024 的特征图上目标区域进行裁剪，并进行 RoI Pooling 操作，将裁剪的特征图调整为 7×7×1024，使用 ResNet 的第 5 个残差模块进行卷积计算，将特征图的深度调整为 2048，全局池化后得到大小为 1×2048 的实例级别的外观特征。然后将实例级别的外观特征使用全连接网络映射到 512 维的空间中，并与降维操作后的特征图结合，使用向量点积来度量该嵌入空间中的相似性，经过 Softmax（ ）归一化后得到特征相关性的矩阵表示。最后特征相关性的矩阵与特征图进行点乘操作，得到经过注意力强化后的注意力映射，将该映射通过全局平均池化和全连接操作降维后得到特征上下文的向量表示，该向量与实例的特征向量进行拼接得到最终输出特征。

6.1.2   单阶段人物交互检测模型框架

PPDM 网络中设计了两路分支，并行地进行点检测和匹配，具体来说，网络应用了一个关键点热图预测网络 Hourglass-104（Newell et al.，2016）从图像中提取外观特征，并将外观特征分别输入点检测分支和点匹配分支。在点检测分支中利用三个卷积模块来预测交互点、人点和物体点的热图。在点匹配分支中分别预测交互点到人的中心距离和交互点到物的中心距离，来自相同交互点的人点和物体点被认为是匹配的。其模型结构如图 6.3 所示。

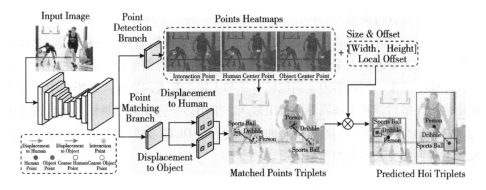

图 6.3 单阶段人物交互检测 PPDM 模型网络结构

资料来源：Liao 等（2020）。

6.1.3 端到端的人物交互检测模块框架

HoiTransformer（Zou et al.，2021）人物交互检测算法，模型的结构如图 6.4 所示。

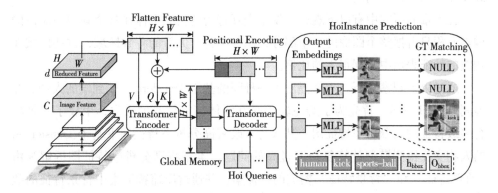

图 6.4 端到端的人物交互检测 HoiTransformer 模型网络结构

资料来源：Zou 等（2021）。

与 DETR 算法将目标检测问题视为真实结果集合与预测结果集合的预测与匹配的思想相同，在 HoiTransformer 人物交互检测算法中将这种集合预测体系结构扩展到人物交互检测任务中，将人物交互检测任务视为一组预测的（人、交互对象、交互关系）集合与一组真实的（人、交互对象、交互关系）集合的预测与匹配问题。这种集合级别的直接预测与匹配省去了手工后续处理的阶段，使模型以端到端方式进行训练。

具体来说，首先，利用 CNN 构成的主干网络提取图像中的特征信息。其次，将特征与位置编码输入编码器中生成全局记忆特征，对图像特征之间的关系进行显式建模。再次，编码器的全局记忆特征和人物交互查询被输入解码器中以生成输出嵌入。最后，基于解码器的输出嵌入，采用多层感知来预测每个输出嵌入中包含的人物交互实例。同时，模型的训练过程与 DETR 类似，采用多任务损失匹配来监督人物交互实例的预测学习。

6.2 基于 Transformer 的人物交互检测框架改进

传统的单阶段、两阶段人物交互检测模型的下游任务，通常使用手工设计的基于 CNN 的组件或引入代理交互来推理特征中潜在的人物交互关系。这些人物交互检测的下游任务过程烦琐，且受特征提取能力的影响，存在特征混淆和长距离交互检测不佳等问题。

在本章的研究中有以下观察：发生交互行为的关联个体在整个画面中所占的像素面积只占据整个图像的一小部分，图像中包含大量的背景区域，这些区域在相应的特征表示中占据很大的比例。

通过以上观察分析，本章提出了一种新的基于 Transformer 端到端的人物交互检测模型 SHOTR。首先为了避免较小交互物体特征信息的丢失，生成了一种融合多级特征的高分辨率特征图。其次为了改善高分辨率特征图下基于 Transformer 的人物交互检测模型计算复杂度过高的问题，本章将高分辨率特征图拆解为由"前景特征"和"背景特征"构成的特征集，并通过压缩特征集中背景特征的数量来降低 Token 的数量，以降低该类模型的计算量。最后为了简化人物交互关系的推理，接收特征集后采用基于 Transformer 的编码器与解码器，通过单个查询直接推理出人物交互对。

6.2.1 人物交互检测模型 SHOTR 模型

随着 Transformer 在计算视觉领域下的广泛应用，基于 Transformer 端到端的人物交互检测模型从全局图像上下文中直接推理人与物体的交互关系，有效地缓解了传统人物交互检测方法中手工设置兴趣区域时长距离交互不佳和特征混淆等问题。但这类基于 Transformer 端到端的人物交互检测模型，都是基于 DETR 模型的思想进行设计的，模型对上游主干网络产生的特征进行处理时均采用相同的方式，如图 6.5 所示。

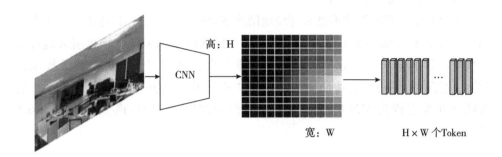

图 6.5　对上游主干网络产生的特征处理方式

具体来说进行以下三个步骤：首先得到上游主干网络最后一层输出的特征图；其次通常依照特征图的大小以三角函数的方式产生位置编码；最后将特征图和位置编码按像素进行展平操作得到特征集，其中特征集中 Token 的数量与像素数一致。

下游任务的编码器和解码器通过自注意力机制学习特征集时，产生的计算成本非常高。特征集中 Token 的数量直接影响模型性能，数量越多计算成本越高。在计算机视觉中，提高特征图分辨率是提高模型对小目标检测能力的有效方法之一。

当今公共场景视频图像的画质较高，通过收集整理资料得到不同分辨率图像的像素大小如表 6.1 所示，但是，Transformer 在高分辨率特征图上的高计算成本限制了该类检测模型对小目标的检测性能。

表 6.1　不同分辨率图像所含像素大小对比

图像类型	像素大小	像素数
DV	480×720	345600
720P	720×1280	921600
1080P	1080×1920	2073600
2K	1152×2048	2359296
4K	2160×4096	8847360

由表6.1可知，高画质的图像包含的像素点更多。使基于 Transformer 端到端的人物交互检测模型在该类场景下进行人物交互检测任务时，输入编码器与解码器中 Token 数量急剧增多，进而导致模型计算复杂度和计算成本增高，限制了该类模型在公共场景下的应用。

通过介绍本章的算法模型来详细地阐述本章提出的方法，具体来说，本章提出了一种基于 Transformer 端到端的人物交互检测模型 SHOTR，该模型共包含三个模块，分别是基于多分辨率特征的信息融合实现的"多分辨率特征提取模块"、基于信息性得分的特征筛选实现的"特征采样模块"、基于 Transformer 的人物交互关系推理实现的"人物交互检测模块"。SHOTR 模型结构如图6.6所示。

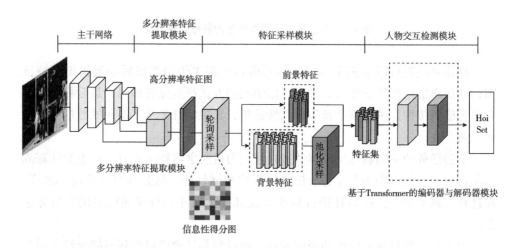

图6.6 改进后的人物交互检测 SHOTR 模型结构

6.2.2 基于多分辨率特征的信息融合

人物交互过程中的小目标（较小交互物体）体积小、分辨率低，导致其包含的特征信息较少。在深层网络产生的具有富含语义信息的低分辨率特征图中小目标的特征常常较少或被忽略，在浅层网络产生的富含几何信息的高分辨率特征图中小目标的特征大量存在。本章为了有效地利用这些不同分辨率的特征，避免小目标特征信息的丢失并方便下游任务对特征进行处理，提出一种特殊的 FPN（Feature Pyramid Networks）（Guo et al.，2020）结构多分辨率特征提取模块，该模块能产生融合不同分辨率特征信息的高分辨率特征图，降低模型对小目标特征的损耗，其结构如图 6.7 所示。

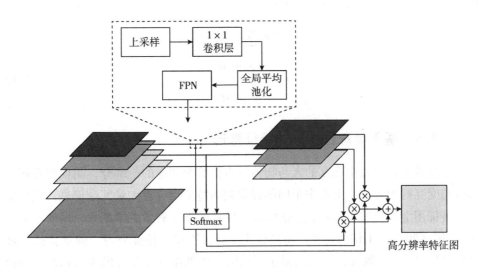

图 6.7　SHOTR 模型中的多分辨率特征提取模块

本章采用 ResNet50 作为算法模型的主干网络，ResNet50 主干网络的 4 组残差结构能够产生 4 种不同分辨率的特征图，本章将第 1、2、3、4 组残差结构输出的特征图分别表示为 C_1、C_2、C_3、C_4。多分辨率特征提取模块使用 ResNet50 主干网络第 2、3、4 组残差结构输出的特征图 C_2、C_3、C_4。

首先，将第 2、4 组残差结构输出的特征图 C_2、C_4 分别进行下采样和上采样操作，使其形状与第 3 组残差结构输出的特征图 C_3 形状一致。采用卷积直接进行采样时容易造成特征图的空间信息混乱，不利于下游的人物交互检测任务，因此在进行上、下采样操作时，本章采用了双线性插值法的采样方案，避免采样操作时造成的空间信息混乱。

其次，由于 3 组残差结构输出的特征图 C_2、C_3、C_4 通道的深度不相同，其中 C_2 通道的深度为 512、C_3 通道的深度为 1024、C_4 通道的深度为 2048，因此对采样后的特征图 C_2、C_4 使用 1×1 的卷积调节特征图通道的深度，使特征图通道的深度与第 3 组残差结构输出的特征图 C_3 一致。

最后，类似通道注意力机制，本章使用一个由 FFN 构成的小型评分网络，来得到每个特征图 C_2、C_3、C_4 中各通道的权重 W_2、W_3、W_4。并将小型评分网络得到的各通道权重 W_2、W_3、W_4 视为一个整体再使用 $Softmax()$ 函数进行标准化处理，以此避免特征图在融合时特征之间的简单线性融合。将处理好的不同分辨率的特征图进行加权求和，得到融合不同分辨率特征信息的高分辨率特征图 F 供下游任务使用，如式（6.1）所示。

$$F = \sum_{i=2}^{4} a^i \times C_i$$

$$a^i = \frac{\exp(W_i)}{\sum_{k=2}^{4} \exp(W_k)} \qquad (6.1)$$

6.2.3 基于信息性得分的特征筛选

在公共场景中发生交互的人与物体仅占据整个图像的一部分，图像中有相当部分与交互行为无关，上游主干网络提取到的特征会存在大量冗余信息，且高分辨率特征图上产生的 Token 数急剧增多，导致模型计算量急剧增大。因此本章受 Wang 等（2021）工作的启发，将高分辨率特征图中的特征分为"前景特征"和"背景特征"。"前景特征"指的是主干网络从图像中发生交互的人与物体区域提取到的特征信息，"背景特征"指的是大量与交互行为无关的背景区域提取到的特征。通过构建特征采样模块对多分辨率特征提取模块产生的高分辨率特征图 F 进行"信息性得分"计算，并依据"信息性得分"对高分辨率特征图 F 进行筛选采样操作，筛选出"前景特征"和"背景特征"，并压缩"背景特征"的数量，以此降低输入编码器中 Token 的数量，减少编码器和解码器的计算复杂度。

特征采样模块由"轮询采样"和"池化采样"两部分构成。轮询采样通过一个小型评分网络为特征图上的每个像素特征生成信息性得分，依据每个像素特征的信息性得分筛选出精细的"前景特征"，其余的归为粗糙的"背景特征"。池化采样通过加权池化的方式将"背景特征"压缩为固定数量的特征集。为了使"轮询采样"中的小型评分网络是可学习的，模型将小型评分网络生成的信息性得分进行归一化处理，然后将信息性得分添加到特征图上，类似于注意力机制将筛选的学习过程隐藏于模型的训练与学习过程中。

具体来说，特征采样模块接收多分辨率特征提取模块产生的形状为 $W \times H$ 高分辨率特征图 F 和特征图的位置编码 P，通过由空间注意力机制构成的小型评分网络，为每个像素点 F_{ij} 生成一个与上下文关系和像素点携带信息量相关的信息性得分 S_{ij}，信息性得分 S_{ij} 组成信息性得分图 S，$S_{ij} \in S$，如式（6.2）所示。

$$S_{ij} = ScoringNet(F_{ij}) \qquad (6.2)$$

信息性得分图 S 与高分辨率特征图 F、位置编码 P 始终保持着一一对应的位置映射，并将 S、F、P 分别展平为 s、f、p，展平后长度为 $L = W \times H$。对所有的信

息性得分 s 进行排序，如式（6.3）所示。

$$N = Sort(s_{ij}), \quad s_{ij} \in s \tag{6.3}$$

根据信息性得分 s，筛选前 30% 为前景特征集 $\mathbb{F}_f$，其余为背景特征集 $\mathbb{F}_r$，前景特征集与背景特征集分别如式（6.4）、式（6.5）所示。

$$\mathbb{F}_f = [LayerNorm(f_l) \times s_l], \quad l \in [1, 2, 3, \cdots, N] \tag{6.4}$$

$$\mathbb{F}_r = [LayerNorm(f_r) \times s_r], \quad r \in [1, 2, 3, \cdots, L-N] \tag{6.5}$$

为了降低背景特征集 $\mathbb{F}_r$ 中特征的数量，本章在池化采样部分，使用可学习的权重向量 $W^a \in \mathbb{R}^{C \times M}$，将 $\mathbb{F}_r$ 压缩为一个包含上下文信息的小特征集 $\mathbb{F}_b$，其过程可用式（6.6）表示。

$$\mathbb{F}_b = \{f_m \mid r = 1, \cdots, M\}$$

$$f_m = \sum_{r=1}^{L-N} \mathbb{F}_r \times W^a \tag{6.6}$$

特征集 $\mathbb{F} \in [\mathbb{F}_f, \mathbb{F}_b]$ 由前景特征和背景特征组成，该特征集中特征的数量远小于高分辨率特征图中特征的数量，实现通过降低输入编码器中 Token 的数量来降低模型计算复杂度的目标。

6.2.4　基于 Transformer 的人物交互关系推理

基于 Transformer 的编码器与解码器，通过自注意力机制能够产生具有丰富图像上下文信息的特征。同时受 HoiTransformer（Zou et al.，2021）工作的启发，本章使用基于 Transformer 的编码器与解码器来直接推理出图像中的人物交互关系并构建人物交互检测模块，其结构如图 6.8 所示。

本模块中基于 Transformer 的编码器接收特征筛选模块输出的特征集 $\mathbb{F} \in [\mathbb{F}_f, \mathbb{F}_b]$ 和位置编码集 p，在自注意机制的基础上产生另一个具有更丰富上下文信息的特征映射 $z_e = f_{enc}(\mathbb{F}, p)$。基于 Transformer 的解码器将一组可学习的查询向量 $Q = \{q_i \mid q_i \in \mathbb{R}^c\}_{i=1}^{N_q}$ 转换为一组嵌入向量 $D = \{d_i \mid d_i \in \mathbb{R}^c\}_{i=1}^{N_q}$，并使用位置编码 p 来合并位置信息 $D = f_{dec}(z_e, p, Q)$。这一组嵌入向量 D 中的每一个向量 d_i 包含一种用于人物交互检测的图像上下文信息，并且每一个向量 d_i 只包含一种人物交互关系，称为人物交互关系向量。N_q 为交互关系向量的个数，与可学习的查询向量的个数相同，并且其个数远大于图像中可能存在的交互数。

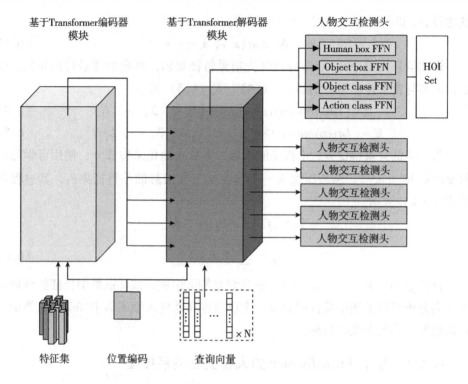

图 6.8　基于 Transformer 的人物交互检测模块

人物交互关系向量 d_i 由人物交互检测头来推理出该向量中包含的人物交互关系对，人物交互检测头由四个 FFN 构成：人体边界框回归网络 f_h、交互物体边界框回归网络 f_o、交互物体类别分类网络 f_c、交互类别分类网络 f_a，分别输出人体边界框 $b^{(h)} \in [0, 1]^4$、交互物体边界框 $b^{(o)} \in [0, 1]^4$、交互物体的类别 $c \in \{0, 1\}^{N_{obj}}$、交互的类别 $a \in \{0, 1\}^{N_{act}}$。交互物体的类别通过独热标签表示，而交互的类别并不是独热标签，因为相同的交互动作可能用多种交互行为表示。这四个输出构成了一组人物交互对 $(b^{(h)}, b^{(o)}, c, a)$，与之前传统的交互方法相比，这种交互检测头的设计非常直观和简单，且不必依赖非常复杂的设计来生成预测。

6.2.5　损失函数

本章算法模型在训练时采用多任务损失，模型损失的计算包括两个阶段：第一阶段预测结果集与真实结果集中的人物交互对进行二分匹配；第二阶段依据二分匹配产生的真实人物交互对与预测人物交互对的配对结果进行损失计算。

对于第一阶段预测结果集与真实结果集中的人物交互对的二分匹配，本章遵循 DETR 的训练过程中的数据处理方式并使用匈牙利匹配算法。具体来说，由于预测结果集的人物交互对远多于图像中真实存在的人物交互对，本章使用 ϕ（空值）来填充真实结果集，使真实结果集与预测结果集中人物交互对数目保持一致。并使用匈牙利匹配算法，依据匹配成本，确定预测结果集与真实结果集的最优匹配，匹配成本如式（6.7）所示。

$$\mathcal{H}_{ij} = \mathbb{I}_{i \notin \phi} \left[\eta_b \mathcal{H}_{i,j}^{(b)} + \eta_u \mathcal{H}_{i,j}^{(u)} + \eta_c \mathcal{H}_{i,j}^{(c)} + \eta_a \mathcal{H}_{i,j}^{(a)} \right]$$

$$\mathcal{H}_{i,j}^{(b)} = \max \| b_i^{(h)} - b_j^{(h)} \|_1 , \| b_i^{(o)} - b_j^{(o)} \|_1$$

$$\mathcal{H}_{i,j}^{(u)} = \max -GIoU(b_i^{(h)}, b_j^{(h)}), -GIoU(b_i^{(o)}, b_j^{(o)})$$

$$\mathcal{H}_{i,j}^{(c)} = -C_i(C_j)$$

$$\mathcal{H}_{i,j}^{(a)} = -A_i(A_j) \tag{6.7}$$

匹配成本共包含四项，分别为边界框的 $L1$ 匹配成本 $\mathcal{H}_{i,j}^{(b)}$、IoU 匹配成本 $\mathcal{H}_{i,j}^{(u)}$、交互物体分类匹配 $\mathcal{H}_{i,j}^{(c)}$、交互类别分类匹配 $\mathcal{H}_{i,j}^{(a)}$。其中 $b_i^{(h)}$ 为真实的人体边界框、$b_j^{(h)}$ 为预测的人体边界框、$b_i^{(o)}$ 为真实的交互物体边界框、$b_j^{(o)}$ 为预测的物体边界框、C_i 为真实的物体类别、C_j 为预测的物体类别、A_i 为真实的交互类别、A_j 为预测交互类别。

在第二阶段，用匈牙利匹配算法依据匹配成本确定真实结果集与预测结果集中人物交互对最优的匹配结果后，依照匹配结果计算模型的多任务损失，模型的损失如式（6.8）所示。

$$\mathcal{L} = \lambda_b \mathcal{L}_b + \lambda_u \mathcal{L}_u + \lambda_c \mathcal{L}_c + \lambda_a \mathcal{L}_a \tag{6.8}$$

损失函数共包含四项，分别为边界框损失 $\mathcal{L}_b$、IoU 损失 $\mathcal{L}_u$、交互物体分类损失 $\mathcal{L}_c$、交互类别分类损失 $\mathcal{L}_a$。其中 λ_b、λ_u、λ_c、λ_a 分别为训练时各损失函数的权重，以调节不同损失对模型训练的影响。

6.3　实验分析

6.3.1　数据集及评价指标

（1）数据集。使用 HICO-DET（Chao et al., 2015）人物交互检测数据集来训练本章提出的算法模型，HICO-DET 数据集共包含 47776 张图像，其中训练集包括 38118 张图像、测试集包括 9658 张图像，总计包含 117 类行为、80 类物体、600 类动名词组合。

本章对 HICO-DET 数据集中训练集上目标 BBox（Bounding Box，边界框）的大小进行统计，分析各种大小交互目标的数量，如表 6.2 所示，由表 6.2 可以看出数据集中也存在着大量的较小的交互目标，且在进行统计时是计算的 BBox 与图像的相对大小，由于遮挡和形状的问题导致 bbox 中的目标像素可能会更小，人物交互检测模型对较小的交互物体的检测效果，也是影响人物交互检测模型性能的因素之一。

表 6.2　训练集中 BBox 与图片不同比例的情况统计

BBox 与图像的比例	图片的数量	图片的占比（%）	bbox 的数量	BBox 的占比（%）
总数量	38118	100	152785	100
≤0.1	3021	8.02	6645	4.34
0.1<and≤0.2	7193	19.1	15302	10.0
0.2<and≤0.3	10754	28.5	21508	14.0

（2）评价指标。人物交互检测与多标签分类任务的评价方式类似，采用平均精度均值（mean Average Precision，mAP）来评估算法模型的性能，将所有类别的 AP（Average Precision，平均精度）值进行平均，即得到 mAP 值。mAP 衡量的是所有类别上模型判断结果的好坏，其值越高模型性能越好，如式（6.9）所示。

$$mAP = \frac{AP}{C} \tag{6.9}$$

其中，C 为 HOI 类的总数；AP 为对模型在该类别上的表现进行评价的一种常用指标，评价的是在单个类别上模型判断结果的好坏。

6.3.2　训练过程与结果可视化

本章提出的算法采用 Python 编程，由 PyTorch 深度学习框架实现，算法的调试与训练过程中涉及的开源包与环境使用 Anaconda 3 管理，具体的软件与硬件环境配置如表 6.3 所示。

表 6.3　软件与硬件环境配置表

环境配置	详细信息
CPU	Intel Xeon CPU E5-2609 v3

续表

环境配置	详细信息
GPU	NVIDIA RTX 3090 24GB
操作系统	Windows 10 （64-bit）
Python	3.7.1
Anaconda	Anaconda 3 （64位）
PyTorch	1.7.1

算法模型在进行训练时采用 Fine-tune 的方式训练，使用 HICO-DET 数据集，总计训练 100 个 epoch，算法模型在训练时具体的超参数设置如表 6.4 所示。

表 6.4 算法模型的超参数设置

超参名	超参设置
epoch	100
Batch	2
学习率	0.001
学习率衰减率	0.0001
学习率衰减	20 个 Epoch
Dropout	0.1
优化算法	AdamW

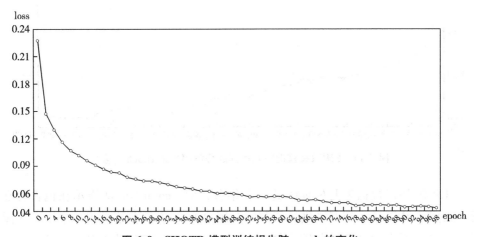

图 6.9 SHOTR 模型训练损失随 epoch 的变化

将训练过程中模型损失随 epoch 的变化进行可视化，如图 6.9 所示。训练过程中，人框 GIOU（Generalized Intersection Over Union）损失、物框 GIOU 损失、人边界框损失、物体边界框损失、交互物体的分类损失随 epoch 的变化如图 6.10 所示，训练过程中交互类别的分类损失随 epoch 的变化，如图 6.11 所示。

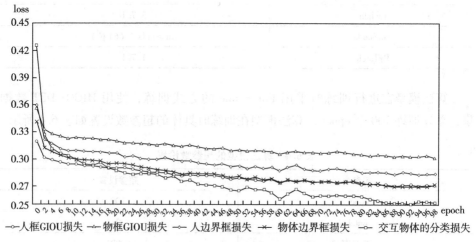

图 6.10　SHOTR 模型 5 类损失随 epoch 的变化

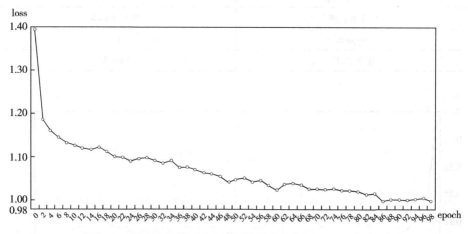

图 6.11　SHOTR 模型交互类别的分类损失随 epoch 的变化

HICO-DET 数据集上对 *mAP* 进一步细分，用 Known Object 表示在包含交互目标的图片中对某一交互类别进行判断，用 Default 表示在整个测试集中一张图片的预测结果若包含某一交互行为，就需要参与到该交互行为的结果计算中，无论其是否真的包含交互物体，评价标准均采用严苛的方式，并根据每个交互类别在数据集中的样本数量将数据集中的交互类别划分为三类，分别是：

（1）Full 表示全部 600 个交互类别。

（2）Rare 表示 138 个出现数量少于 10 个的交互类别。

（3）Non-Rare 表示 462 个出现数量大于等于 10 个的交互类别。

本章采用的是 Default 的评价方式，评价在这三类数据上的表现。模型完成训练后，在 HICO-DET 测试集上的评价指标结果分别为 25.17、17.69 和 27.51，如表 6.5 所示。

表 6.5　SHOTR 模型训练的评价指标结果

指标	mAP	mAP Rare	mAP Non-Rare
结果	25.17	17.69	27.51

本章提出的算法模型 SHOTR 中设计的特征筛选模块，通过一个小型评分网络对高分辨率特征图上像素特征进行信息量评分，并以"信息性得分"作为"前景特征"筛选和"背景特征"压缩的依据。为了评价特征筛选模块是否能为具有人物交互信息的"前景特征"区域生成较高的信息性得分，为不含人物交互信息的"背景特征"区域生成较低的信息性得分，以此有效地将前景特征与背景特征进行区分。在该小节将特征筛选模块为每个像素生成的"信息性得分"使用热度图进行可视化，如图 6.12 所示（人物图片为公开数据集中的图片），像素的信息性得分越高热度图中颜色越浅。

图 6.12　特征筛选模块的像素信息性得分热度图

从图 6.12 可知，在图像中"躯干"区域和"棒球"区域这些与人物交互信息相关的区域均取得较浅的颜色，反映出在该区域生成的信息性得分普遍较高。而图像中大量的背景无关区域取得的颜色较深，反映出在该区域生成的信息性得分普遍较低，因此可以分析得出特征筛选模块能通过信息性得分有效地将前景特征与背景特征进行区分。

6.3.3 对比分析实验

为了验证本章提出的算法模型 SHOTR 的有效性，在本小节设置了两组定量的对比分析实验和一组定性的对比分析实验。第一组定量对比实验，将本章提出的算法模型 SHOTR 与经典的人物交互算法模型 HOTR、IDN（Li et al.，2020）、PPDM、ICAN 在 HICO-DET 数据集上进行对比，通过相同评价标准对比分析本章算法模型的有效性。第二组定量对比实验，将 SHOTR 与同样基于 Transformer 的端到端的人物交互检测模型 QPIC、HOTR 进行比较，比较它们在不同分辨率图像下进行交互检测所需要的时间，以此验证本章提出的算法模型 SHOTR 能缓解该类模型在高分辨率图像上计算复杂度的问题。在定性对比实验中，将 SHOTR 与 QPIC 在一组包含不同大小交互物体的人物交互图像上进行人物交互检测，以此直观地看到检测效果并验证 SHOTR 提升较小交互目标的检测能力。

（1）与其他人物交互检测模型在平均准确率方面的对比分析实验。在该对比分析实验中，本章在 HICO-DET 数据集上对 SHOTR 与 HOTR、IDN、PPDM、ICAN 进行对比，使用平均精度均值（mAP）评价模型的性能，其结果如表 6.6 所示。

表 6.6　SHOTR 与其他模型的评价指标定量对比　　　　　　　　单位:%

算法模型	算法类型	mAP	mAP rare	mAP non-rare
ICAN	两阶段	14.84	10.45	16.15
IDN	两阶段	24.58	20.33	25.86
PPDM	单阶段	21.10	14.46	23.09
HOTR	端到端	25.10	17.34	27.42
SHOTR（Our model）	端到端	25.17	17.69	27.51

从表 6.6 可以看出，端到端的人物交互检测算法（HOTR、本章提出的算法 SHOTR）在平均精度均值方面普遍优于传统的两阶段人物交互检测算法（ICAN、

IDN）和单阶段人物交互检测算法（PPDM）。相较于 HOTR，本章提出的 SHOTR 在平均精度均值方面略有提升，达到了 25.17%，分析原因是提升了对数据集中较小交互目标的检测能力。但相较于 IDN 算法模型，本章提出的 SHOTR 在罕见默认对象数据集上的检测效果并不突出，这可能是受数据集中样本数量的限制，对于数据集的长尾分布问题仍然需要下一步继续研究。

（2）与其他人物交互检测模型在检测时间方面的对比分析实验。在该对比分析实验中，本章首先在相同的实验条件下复现了 QPIC、HOTR。其次选取了一组具有不同分辨率的人物交互图像，并记录这些模型对不同分辨率图像进行交互检测时所需的时间。最后对检测的结果使用折线图进行可视化分析，如图 6.13 所示。

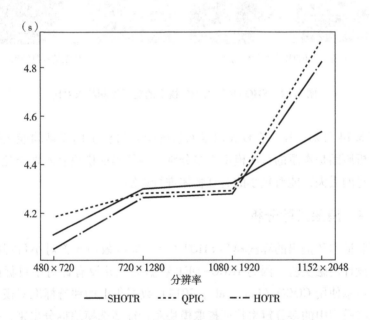

图 6.13　三种模型在不同分辨率图像上检测的时间对比

本章提出的算法模型 SHOTR 在 2K 分辨率（1152 像素×2048 像素）图像上进行人物交互检测的时间，均短于 QPIC、HOTR 模型，进而可以分析得出，当图像的分辨率越高时，上游主干网络产生的特征图分辨率越高，产生的 Token 数量越多，导致基于 Transformer 端到端的人物交互检测模型 QPIC、HOTR 在编码器与解码器部分产生的计算成本急剧增加，无法进行人物交互检测任务，而本章提出的算法模型 SHOTR 中特征筛选模块通过压缩 Token 的方式缓解该类模型在高分辨率图像上计算复杂度高的问题。

（3）与其他人物交互检测模型定性的对比分析实验。在该实验中为了直观地看到本章提出的 SHOTR 模型与其他模型检测效果的对比，在该小节复现QPIC，并在一组包含不同大小交互物体的人物交互图像上进行人物交互检测，如图 6.14 所示（人物图片为公开数据集中的图片）。

（a）基于 SHOTR 模型的检测结果　　　　　（b）基于 QPIC 模型的检测结果

图 6.14　SHOTR 和 QPIC 模型的交互检测结果对比

从图 6.14 可知，在具有较大像素面积的交互目标上两模型均能正确地识别交互。分析原因是本章的算法模型中多分辨率特征提取模块有效地避免了较小交互物体信息的丢失，能对较小的交互物体进行识别。

6.3.4　消融实验分析

为了验证本章提出的算法模型 SHOTR 是否能有效地改善对小目标的检测能力，从而设计消融实验。因为 HICO-DET 数据集上并没有针对小目标的评价标准，所以本章使用 COCO（Lin et al.，2014）数据集上的评价标准对模型进行评估。首先将模型中的多分辨率特征提取模块和特征筛选模块拆分出来，并将该模块应用于 DETR 模型中，将该模型命名为 DETR+。然后以 fine-tune 方式在 COCO 数据集上训练 DETR+模型，训练 200 个 epoch，结果如图 6.15 所示。

与 DETR 模型使用 COCO 数据集中提供的评价方法进行比较，如表 6.7 所示。从表 6.7 可知，添加了多分辨率特征提取模块和特征筛选模块的 DETR+模型在小目标上的平均精度为 0.2106，高出原 DETR 模型 0.0056，在中等目标上的平均准确率为 0.4620，高出原 DETR 模型 0.004，由此本章提出的模型能有效提升小目标的检测能力。

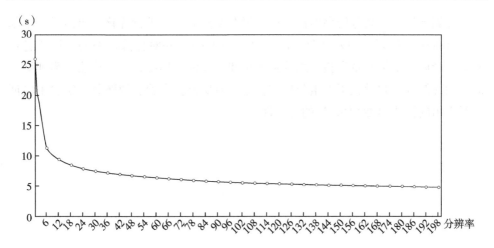

图 6.15　由多分辨率特征提取模块的 DETR+模型训练过程

表 6.7　DETR+与原 DETR 模型的检测平均精度对比结果

模型	small（AP）	medium（AP）	large（AP）
原 DETR	0.2050	0.4580	0.6110
DETR+（Our Model）	0.2106	0.4620	0.6090

需要说明的是，在进行消融实验时，本章尝试过只为 DETR 模型添加多分辨率特征提取模块，不使用特征筛选模块，但多分辨率特征提取模块产生的高分辨率特征图使 Token 数量急剧增加，现有条件下模型无法进行训练。但使用特征筛选模块后可以正常进行训练，从侧面验证了本章提出的模型能有效改善对较小物体交互检测不佳、高分辨率图像上计算复杂的问题。

6.4　本章小结

本章首先介绍了针对传统单阶段和两阶段人物交互检测算法的不足，以及目前采用基于 Transformer 构建端到端的人物交互检测算法存在的实际问题，明确了模型的改进思路。其次针对 Transformer 模型在人物交互检测任务时对较小的交互物体检测不佳、在高分辨率图像上计算复杂度高的问题进行优化，提出了一个基于 Transformer 端到端的人物交互检测模型 SHOTR，并对算法模型的各模块进行介绍。最后介绍了本章实验使用的数据集和相关评价标准，以及算法模型训练时的软硬件配置，并设置了多组分析实验包括对比分析实验、消融分析实验来验证本章提出的算法模型 SHOTR 的有效性。

第7章 学生个体特征画像与交互推荐

针对在线教学的师生交互闭环反馈解决方案中，首先基于学生端的摄像头获取正姿视频，获取学生的神态、表情数据；其次将各学生的学习状态，以及课堂中的文本、交流数据传输至数据中心，组成跨媒体在线课堂数据集；最后基于该数据集，研究在线课堂中的师生交互个性化推荐方法，形成师生交互的主动闭环反馈。通过师生交互推荐系统，能根据课堂所有学生神态、表情、行为、交流的实时反馈，预测每一名学生的交互需求及教师反馈必要性，以及根据所有学生的整体特征，实时做出教学方式方法和进度的调整建议，以提高在线课堂的教学质量、提升课堂教学效果和教学水平。

本章基于上述各章研究内容中的数据集，根据在线教学过程中学生的行为数据，分析每一名学生的交互需求及教师反馈的必要性，针对在线课堂的学生数据提出两种师生交互的个体推荐方法：基于短期表情向量聚类的学生分类方法，以及基于长期表情向量聚类的学生推荐方法；通过可视化和表格形式为教师呈现学生的分类和推荐结果，为教师快速选择不同类型中最突出代表的学生个体提供支持。通过这两种个体推荐方法，将师生间的交互行为从主观经验判断转变为客观数据支持，为教师选择提问或交流的学生提供更好的参考，同时提升课堂授课效率。提出的学生推荐方法能够有效地表达学生的状态差异，可显著提高课堂交互中学生的判别效率及提问的目的性。

7.1 交互推荐原则分析

课堂中的学生听课状态与学生的听课效果有重要关系，也是课堂中教师提问或其他交流的重要参考依据。在线课堂中，由于教师无法记忆课堂中每个学生连续的状态信息，在提问或交流时，往往只能根据学生在某个时刻下的状态选择学生，使这样的选择方式具有一定的局限性，不能很好地反映整体学生的学习情况。随着计算机视觉的发展，表情识别被广泛应用在教育中。利用表情识别技术记录学生在课堂中的连续状态，能更好地评价学生的课堂学习效果，根据学生学习过程的行为识别结果，为教师选择课堂提问或课堂交流交互的学生提供更好的参考，同时能够监督课堂，提升课堂授课效率。

在线课堂的交互推荐是给教师推荐学生，让教师进行课堂提问或课堂交流。交互推荐的原因是在线课堂中，教师的精力放在了授课上，每位学生每时每刻的情绪状态的信息，对于教师来说是信息过载的，教师无法记忆这么多信息，因此需要计算机记录所有学生状态并利用推荐算法给教师推荐交互的学生。个性化的在线课堂交互推荐应结合教师信息，根据课堂学生状态按照教师喜好推荐不同的学生。本章中的交互推荐是用来达到监督课堂，并且能够让教师了解学生对于课堂知识的掌握情况的目的。因此，研究的推荐是给教师推荐 m 个学生，m 的数量不定，不同的推荐算法推荐不同数量的学生，即 m 的大小由推荐算法决定。

本章在线课堂中的交互推荐算法尽可能满足推荐不同状态下的学生，从而了解不同状态下学生对于课堂知识的掌握情况，这样能使推荐结果更加合理，通过交互能够让教师更完整地了解课堂，避免选择交互学生的偏颇性。本章的交互推荐目标是推荐交互学生的丰富性，推荐的结果取决于学生状态，和教师没有关系，因此在推荐算法的设计中只使用了学生信息作为推荐的依据。本章的交互推荐结果没有明确的评价标准，对于不同的算法推荐学生数不同，课堂视频的处理方法也因算法而异。

针对在线课堂中学生的交互推荐，可以根据上述所提取的表情、面部姿态、3D 微表情、交互检测结果等行为数据的一种或多种共同作为学生的学习状态特征，为简化方法叙述复杂度，本章中使用学生的面部表情作为算法描述的数据源，将数据源替换为其他行为数据，或增加多种行为数据作为数据源，不影响算法本身。

7.2 基于短期向量聚类的学生分类

本方法模拟课堂中教师和学生交互前扫描一眼全班学生的状态的情况，采用临近时刻的学生表情向量，对所有学生的表情向量进行聚类，教师在需要进行提问时，可以在每个聚簇中随机选择学生进行交互。

每幅图像中识别的结果是一个表情向量，每个表情向量共包含7个分量，即每一时刻的学生表情向量是一个 7 维向量，如 [0.29428455, 0.03896678, 0.20493117, 0.02598608, 0.238102, 0.01519462, 0.18253478]，表情向量中每个维度的值对应一个特征因子。将临近时刻的若干个 7 维向量相加，最终得到一个 7 维向量，对应全班学生的总特征因子。

针对临近时刻的每类表情的特征因子分析，确定学生聚簇数；从识别表情特征因子分析，占据总特征因子比例 1/7 以上的表情类别有中性、伤心、生气 3 类，因此学生聚簇数共 4 类，其中对表情向量不全为空（识别到表情）的学生聚为 3 类，把学生向量全为空（识别为异常）的学生聚为 1 类。

借鉴 k-means 算法思想设计学生表情向量聚类算法，获得每个聚簇中包含的学生，对学生聚类结果进行可视化，聚类可视化结果如图 7.1 所示，教师在需要进行提问时，可以在每个聚簇中随机选择学生进行交互。

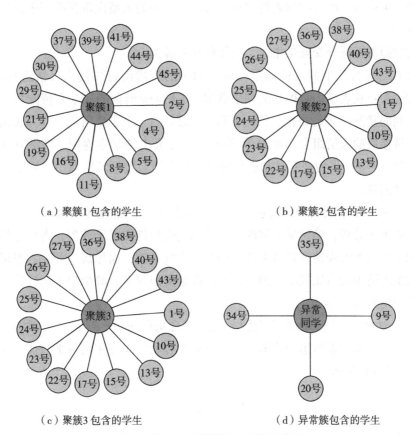

（a）聚簇1 包含的学生　　　　　　　　　（b）聚簇2 包含的学生

（c）聚簇3 包含的学生　　　　　　　　　（d）异常簇包含的学生

图 7.1　学生的短期表情向量的聚类结果

7.3 基于长期向量聚类的学生推荐

本方法模拟课堂中教师会根据学生的一段时间的表现选择需要提问的学生，因此以最近一段时间的学生表情向量的序列对学生进行聚类；对每一类别，计算该类别的学生表情均值向量，基于各学生的表情向量与该类别的表情均值向量的相似度，推荐相似度最高和次高的学生，即该类别的突出代表。

为提高在教师需进行课堂交互时，进行学生聚类的效率，为每一名同学维护一个表情向量循环队列，在需选择课堂提问的学生时，直接根据每名同学的表情向量循环队列对学生进行聚类。具体方法为：针对每一名学生，以循环队列的形式存储学生最近一段时间的表情向量，将识别获得的表情向量保存至表情向量循环队列中。

当教师需要选择交互学生时，具体操作步骤为：

（1）对每名学生的表情向量循环队列中的表情向量拼接成表情组合向量。具体方法为：从表情向量循环队列中截取 $t+1$ 到 $t+n$ 时刻的 n 个表情向量（学生多个时刻的状态）进行拼接，将 $t+1$ 到 $t+n$ 时刻的 n 个表情向量组合为表情组合向量，拼接后的表情组合向量为 $7n$ 维；以编号为 1 的学生为例，在课堂视频中选取了某一时刻 t 作为交互时刻进行研究，从表情向量循环队列中选取了 n 个时刻的表情向量。

（2）基于学生的表情组合向量对学生进行聚类；通过对临近时刻的每类表情的特征因子分析，确定学生聚簇数；从识别表情特征因子分析，占据总特征因子比例 1/7 以上的表情类别有中性、伤心、生气 3 类；而惊讶、开心、恐惧、厌恶在课堂表情中的占比较小。因此，为提高聚类的效率，减少学生的分类数，将学生聚簇确定为 3 类。

（3）对每一类别，计算每类别的表情组合均值向量。对每一类别中学生的表情组合向量求解表情组合均值向量，表情组合均值向量 A 的各维数值的计算方法如式（7.1）所示。

$$A^r = \frac{1}{x} \sum_{j=1}^{x} C_j^r \tag{7.1}$$

其中，r 为表情组合均值向量 A 的维数，范围为 1~7n，A^r 为类别 i 的表情组

合均值向量 A 的第 r 维数值，x 为当前类别中包含的学生数量，C_j^r 为当前类别中的第 j 个学生的表情组合向量的第 r 维数值。

（4）在每一类别中，基于各学生的表情组合向量与该类别的表情组合均值向量的相似度，推荐相似度最高的学生。利用皮尔逊公式计算每一类别中各学生表情组合向量和该类别的表情组合均值向量的相似度，计算如式（7.2）所示。

$$P(A, C_i) = \frac{Cov(A, C_i)}{\sqrt{D(A)}\sqrt{D(C_i)}} \tag{7.2}$$

其中，C_i 为学生 i 的表情组合向量，$P(A, C_i)$ 为表情组合向量 C_i 与表情组合均值向量 A 的相似度，$Cov(\ )$ 函数为协方差函数，$D(\ )$ 函数为方差函数；根据相似度，从当前类别的所有学生中选出相似度最高的数名学生，每个类别中均推荐数名学生且每个类别推荐数量相同。

根据所需推荐学生人数，在实验中设置每个类别推荐 2 名，根据每名学生的表情组合向量和所属类别的表情均值组合向量的相似度选择最为突出的两名学生，把推荐结果向教师展示，结果如表 7.1 所示，教师可以从推荐结果中选取交互的学生。

表 7.1　基于连续时刻的交互推荐结果

分类	推荐 1	推荐 2	同类别学生编号
第 1 类	25	28	32, 35, 7, 41, 42, 9, 12, 34, 3
第 2 类	39	31	45, 21, 5
第 3 类	4	8	13, 30, 22, 2, 44, 16, 14, 26, 33, 17, 36, 43, 19, 40, 37, 24, 1, 38, 20, 15, 29, 27, 10, 18, 6, 11, 23

7.4　实验结果分析

本节依据对表情和面部姿态识别数据的分析，了解学生状态，使用课堂中单时刻学生表情向量和连续时刻学生表情组合向量，通过计算不同学生之间表情向量的相似性和不同学生表情向量与状态向量的聚类，为教师推荐不同状态下的学生进行课堂提问或交流等交互，从而让教师监督课堂并了解学生对课堂知识的掌握情况，进而提升课堂效率。

在验证实验中，采用的硬件为：内存32G；处理器：Intel(R) Xeon(R) CPU E5-2603 v4 @1.70GHZ。操作系统为Windows 10，基于keras框架搭建深度学习的网络模型，程序语言版本为Python3.7，程序编辑器为PyCharm。在实验中能实现实时交互学生的实时推荐。

在使用效果验证方面，主要为主观问卷调查，本书提出的方法在使用过程中被推荐给4名教师，用于5门课程的课堂提问学生推荐，包括3门在线课程、1门机房上机课程和1门教室上课课程。针对某门课程的在线课堂的"基于学生短期表情向量聚类的交互推荐"的教师端可视化效果如图7.2所示。在后续的工作中，针对在线课堂场景可以引入更多的深度学习技术来对学生的行为状态进行检测，如视线估计、人物交互、疲劳度检测等。通过不同维度的信息融合，利用多维度信息综合来评估在线课堂中学生的行为状态。

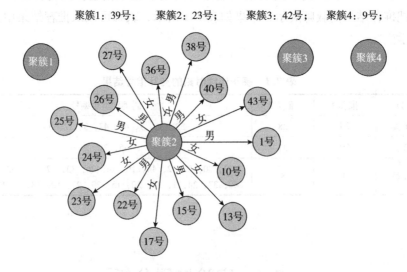

图7.2 基于学生短期表情向量聚类的交互推荐

在运行时间复杂度方面，本书提出的方法虽然涉及表情识别、面部姿态识别、个性化推荐等多个计算过程，但整体计算量不大，主要原因有如下几方面：①表情识别部分和面部姿态识别过程的模型训练过程需要较大计算量，但可以在服务器上提前离线完成；表情识别和面部姿态识别过程中实际需要的计算量不多，且识别过程是在学生端完成，属于分布式计算，不占用教师机计算资源。

②教师机端的推荐模型计算过程中，一个教学班中的学生数量基本在 100 人以内，大多在 60 人左右，因此不论是分类过程，还是聚类过程，其整体计算量都不大。③对于表情识别过程，可以通过调整表情识别的时间间隔来调整计算量，表情识别间隔越大则计算量越小；对于推荐过程，可以通过调整参与计算的表情向量序列长度来调整计算量，表情向量序列长度越短则计算量越小；基于以上原因，本书所提出的方法中，对于较为普通的服务器，即可满足教师端的学生推荐过程对计算速度和计算资源的需求。

7.5　本章小结

本章基于在线课堂学生表情向量和表情识别结果表情向量，并以此作为基础数据，提出两种师生交互的个体推荐方法：基于短期表情向量聚类的学生分类方法，以及基于长期表情向量聚类的学生推荐方法；通过这两种个体推荐方法，将师生间的交互行为从主观经验判断转变为客观数据支持，形成在线课堂中的师生交互个性化推荐方法，形成师生交互的主动闭环反馈。本章提出的在线课堂中低网络流量条件下的师生交互推荐方法，解决了两个痛点：一是教师对学生状态的高效掌控能力；二是学生交互需求的及时响应能力。通过师生交互推荐系统，能根据课堂所有学生神态、表情、行为、交流的实时反馈，预测每一名学生的交互需求及教师反馈必要性，以及根据所有学生的整体特征，实时做出教学方式方法和进度的调整建议，为教师选择提问或交流的学生提供更好的参考，同时能够监督课堂，提升课堂授课效率。

第8章 课堂视频中的面部姿态识别与数据分析

在传统的课堂教学过程中，以教师为中心，学生最常见的获取知识的方式是被动地听教师灌输知识，这也导致学生很难有较高的学习积极性。因此，一种实时检测学生学习效果的方式能够帮助教师及时获取学生课堂的学习情况，并做出针对性的调整，提高学生学习效果，最终达到提高教学质量的目的。

学生的课堂学习行为状态可以作为教师评估学生的一个直观、客观的评估依据，有助于教师全面地了解学生的学习情况。通过分析课堂视频中学生的面部姿态，探索学生的参与度和行为模式，最终达到了解学生在特定时间点的注意力方向，从而评估他们对教学内容的关注程度，辅助教师进行教学改进的目的。同时，了解学生在课堂上的集中程度和参与情况，也为教师进行个性化教学提供数据支持。

8.1 面部姿态识别与数据分析方法

面部姿态作为一种能够直观反映学生在课堂上参与度、情绪波动和认知状态的关键生理信号，显得格外重要。面部姿态信息能有效反映学生的注意力分布和参与度，也反映了学生学习过程中姿态的微妙变化。详细了解并分析课堂中学生们的面部朝向状态，以此来量化学生的注意力分布和课堂参与度，统计整体学生在课堂上的面部朝向习惯，获得班级整体在一整节课堂内的注意力关注方向，从而方便分析和理解课堂中学生的关注度、参与度和行为模式。

本章旨在通过分析课堂视频中学生的面部姿态，探究学生在课堂学习过程中的注意力分布、参与度以及专注度，了解学生在特定时间点的注意力方向，并进一步探索学生的行为模式，最终了解学生的课堂状态的变化情况。

本章在收集课堂监控视频后，利用 Opencv 库的视频处理模块对课堂视频每秒进行了图像帧提取，随后应用基于深度学习的 Img2pose 模型，以预测该帧内所有学生面部的六自由度（6DoF）姿态。主要研究内容如下：

（1）视频帧提取，作为整个系统的基础，使用 Opencv 库的视频处理模块对输入的视频文件进行处理，每隔一秒提取出视频中的每一帧图片。

（2）面部 6DoF 信息检测，利用 Img2pose 模型对每一帧图片中的学生面部进行检测，获取面部的 6DoF（六自由度）信息和人脸框的位置信息，其中 6DoF 信息具体是指面部的位置（x、y、z 轴坐标）和朝向（绕 x、y、z 轴的旋转）数据，而人脸框位置信息是指学生在图片的位置 x、y 坐标。这一步骤为后续的连续帧 6DoF 信息收集与分析提供了关键的数据支持。

（3）连续帧 6DoF 信息收集与学生面部姿态数据序列构建，收集连续帧中的面部 6DoF 信息，并将这些信息和学生身份关联，以此收集到每名学生的连续帧面部姿态数据序列，以便识别和记录面部的朝向变化和位置变化，并用于学生课堂学习姿态的分析与评估。

（4）数据分析，在姿态预测完成后，利用获取到的姿态数据与学生身份进行关联，构建每名学生的姿态数据序列。然后利用构建好的学生姿态数据序列进行群体层次分析，通过对班级群体学生朝向数据和位置变化数据的处理，统计群体每种状态的持续时间、变化频次、随时间变化的情况等，探究班级群体学生的注意力方向、行为模式和课堂参与度，以揭示学生在不同课堂活动阶段的行为特征。

8.2　面部姿态数据获取模型

视频帧提取是学生课堂学习状态分析系统中的关键步骤，它将视频流转换为离散的图像帧序列，为后续的面部 6DoF 信息检测和连续帧 6DoF 信息收集与分析奠定基础。在 2021 年的最新研究中，Facebook 公司提出的六自由度头部姿态估算方法——Img2pose 网络模型，能够针对百人规模的视频，在配置单 TitanXP GPU 的服务器上实现高达 41fps 的快速估算，满足连续的实时性识别需求。本章采用 Img2pose 网络模型获取教室中学生的面部朝向数据。

Img2pose 网络模型是基于 Faster R-CNN 训练得到的模型，用于估计 6DoF 面部姿态，而无须先检测面部。与标准的 RPN 损失不同，该方法使用从 6DoF 真实姿态标签得到的投影边界框作为目标。因此，该模型能回归照片中所有面孔的6DoF 姿态，而不需要进行初步的人脸检测，并且将生成的 3D 姿态估计转换成精确的 2D 边界框，能作为附带产物。面部 6DoF 信息检测是通过将图像帧输入预训练好的 Img2pose 模型中，以获取图像中所有人的面部 6DoF 信息和面部框位置信息。这一步骤为后续的连续帧 6DoF 信息收集与分析提供了关键的数据支持。图 8.1 为基于 Img2pose 模型获取面部姿态数据的流程。

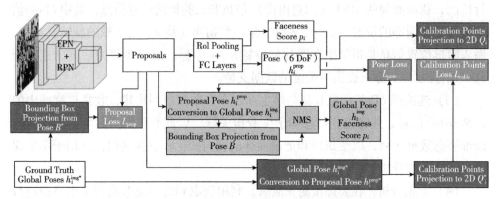

图 8.1　基于 Img2pose 模型获取面部姿态的流程

面部姿态模型的输入为从监控视频中提取到的图像帧，其中包含了课堂中学生的面部信息和面部框位置信息。模型输出为输入图片中检测到的所有人的面部 6Dof 信息和面部框位置，输出格式为 [score, [rx, ry, rz, tx, ty, tz], [left, top, right, bottom]]。其中，score 代表检测到的人脸置信度；(rx, ry, rz) 是旋转分量，分别代表航向角（物体绕 Y 轴旋转）、俯仰角（物体绕 X 轴旋转）、横滚角（物体绕 Z 轴旋转）；(tx, ty, tz) 是平移分量，分别代表在左右（物体在 X 轴）、上下（物体在 Y 轴）、远近（物体在 Z 轴）方向的移动分量；而 [left, top, right, bottom] 是检测到的人脸在图片中的位置，分别代表人脸框位置在图片的左上坐标、右下坐标。

面部姿态数据获取过程可以描述为：

（1）模型推断。采用的 Img2pose 模型已经在大量的数据集上训练过，具有很好的泛化性。将每秒提取到的图像帧输入 Img2pose 模型中进行推断，模型会对给定的图像帧进行分析，并输出每个检测到的人脸的 6DoF 信息及其对应的面部框位置信息。在此阶段，会得到模型预测的所有可能人脸，每个预测的人脸对应一个列表，其中包含了该人脸的所有姿态信息。

（2）信息解析。从模型推断后的原始数据中提取实际可用信息的阶段。并非所有检测到的面部都是有效的或能达到置信度要求,因此需要解析模型输出,通过设定面部置信度阈值为 0.85,筛选出具有高置信度的人脸,提取并收集该人脸的面部 6DoF 信息和面部框位置信息,便于后续的连续帧 6DoF 信息收集与分析。

(3)保存信息。进行持久化,将解析后的数据汇合起来并妥善保存。本实验采用具有良好的可读性和兼容性的 JSON 格式,将每一帧预测并且解析后的数据汇合到一个列表中,并利用 JSON 库将该列表保存到 JSON 文件中。

图 8.2 为针对某大学教室课堂视频的学生的面部姿态数据获取结果截图,其中每名学生面部的 3D 模型是统一模型,仅为直观展示姿态数据使用。

图 8.2　课堂视频中的面部姿态数据获取结果

8.3　学生面部姿态数据获取与预处理

通过 Img2pose 网络模型获取课堂视频中的学生面部姿态,其结果数据中会带来两个问题:一是存在部分学生无法检测到人脸的情况;二是面部姿态数据未与学生的身份信息相关联。

由于遮挡、模型的限制等因素,每帧并不一定能够检测到所有真实存在的人脸,并且每个检测的人脸并不都能和学生的身份对应起来,但教室课堂中学生的位置基本保持不变,可以通过帧间连续性特点提高学生面部姿态数据的连续性。

通过前一步骤获取的每个连续提取帧中的学生 6DoF 信息和学生的真实身份相互对应起来，并获取每个学生的连续 6DoF 数据序列。而这一连续数据序列将被用于学生课堂学习姿态的分析与评估。

8.3.1 基于连续帧的学生面部与身份匹配

对于每个连续提取帧，需要将其中的学生 6DoF 信息进行匹配，以确保归属同一学生但在不同帧中的人脸信息可以被正确关联起来。在本次实验中，这一步骤采用了基于距离度量的匹配算法——最近邻匹配算法。具体实现步骤为：

（1）确定学生起始状态。在开始信息关联之前，首先要人为确定每一名学生的头部位置，作为起始人脸位置并且保存，用于下一帧检测到的人脸匹配。具体实现步骤是：利用 Opencv 的 VideoCapture 模块读取要分析的视频文件，考虑到在课堂开始时个别学生的迟到缺席问题，因此获取该视频的中间一帧，该帧通常默认包含了该课堂所有的学生。接着通过编写的鼠标回调函数，该函数将在用户鼠标点击时被触发，每次点击系统将记录相应的在图片中的位置坐标，并将其视为一个已确定的学生面部位置并且通过点击的先后顺序确定学生的身份编号，第一个被点击的学生的身份编号为 0，然后依次编号，最后将获取的学生位置信息（坐标）保存到一个列表中。通过点击学生起始位置得到的结果如图 8.3 所示。

图 8.3　课堂中学生的面部初始位置设定

（2）人脸身份匹配。由于在面部信息检测过程中就已经获取到了该视频所有连续帧的学生面部信息，并已经保存到了 JSON 文件中。读取该 JSON 文件，由于每一帧信息在一个列表中，从起始帧的列表开始操作，对于该帧的每个人脸，通过该人脸的图片位置信息，利用最近邻匹配算法，根据单个人脸位置距离计算式（8.1）即寻找到该检测到的人脸位置和起始的所有人脸位置的距离最小值，该检测人脸所归属的学生身份即匹配到最小值距离的起始人脸中学生编号。

$$distance^2 = \left(x_{起始} - \frac{left_{检测} + right_{检测}}{2} \right)^2 + \left(y_{起始} - \frac{top_{检测} + bottom_{检测}}{2} \right)^2 \tag{8.1}$$

记每一帧内检测到的所有人脸的坐标为新标点，而初始状态人为标注的所有学生位置为已知点，对于每一帧实现匹配算法，具体的算法步骤为：

（1）计算每个新标点与所有已知点之间的距离。

（2）根据记录的距离进行排序，将新标点按照与其最近已知点的距离从小到大排序。

（3）对于被排序后的每个新标点与已知点的组合集合进行遍历，对被遍历到的组合进行判断，检查该新标点和已知点是否被分配，如果其中之一被分配，则跳过进行下一个组合的遍历；如果新标点和已知点都没有被分配，则将新标点匹配给已知点，记为一次正确的关联，并且该新标点和已知点都切换为被分配的状态。

（4）视频切换下一帧，循环上述操作，使连续帧的每个检测到的人脸都得到身份关联匹配。

对于基于连续帧的学生面部与身份匹配算法流程如图 8.4 所示。

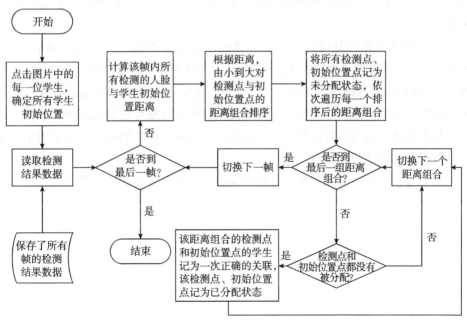

图 8.4　课堂视频中学生面部与身份匹配算法流程

8.3.2 学生面部姿态数据序列构建

为了构建每名学生完整的面部姿态数据序列，需要分为两个步骤：

（1）数据整合。由于上述步骤使所有帧中的人脸信息都已经关联匹配到学生的身份，因此可以通过将每个连续提取帧中同一学生的 6DoF 信息整合起来，构建每个学生的连续 6DoF 数据序列。这一序列将包含学生在课堂中的连续姿态和位置变化信息。

（2）数据清洗。在构建连续 6DoF 数据序列的过程中，常常会出现某一帧中未检测到某些学生的面部信息，造成该帧该学生的面部数据缺少，因此需要对该缺少值进行填补。

（3）面部旋转向量填充。在对缺少的面部数据进行填充的过程中，需要对面部旋转数据、平移数据分别进行填充。其中，面部旋转向量填充的具体方法为：由于遮挡、模型的限制或低头状态，导致没有检测到的面部，为了将数据填充保证数据的连续性和完整性，本章提出了一种假设策略，默认在该帧情况下该个体学生处于低头的状态，并且需要提供一个代表性的旋转向量来代替该缺失值。通过从大量视频数据中筛选的 200 张被标注为低头姿态的人脸图像，并通过 Img2pose 检测模型提取这些图像的旋转向量数据，随后，对这些旋转向量进行平均化处理，以计算出代表性的低头姿态旋转向量，最终得到该填充值为 [0.4, 0.4，0]。

（4）面部平移向量填充。面部平移向量填充采用基于邻近值的插值方法，通过已知数据点来推断未知数据点。对于没有检测的学生面部的平移向量数据，直接利用距离缺失值最近的已知数据点进行插值，达到简单、快速的效果。具体插值过程：首先找到在时间轴上距离缺失值最近的且拥有数据的前帧和后帧；其次利用距离缺失值最近的帧的已知数据点进行插值，将其填补到数据序列中，以保证数据的连续性和完整性。

图 8.5 为本章针对教室课堂视频获取的学生面部姿态数据的截图。

[[[[1264.3902587890625, 414.0, 1311.219482421875, 469.79998779296875], [-0.19404906034469604, 0.1333194524049759, 0.20847731828689575, 10.910359382629395, -2.9437992572784424, 100.20685577392578]], [[284.5778503417969, 358.1999816894531, 320.6003723144531, 399.5999755859375], [0.1476958990097046, 0.865971028804779, -0.06740035861730576, -28.889694213867188, -6.900907039642334, 131.94039916992188]], [[32.42026138305664, 318.6000061035156, 63.039398193359375, 351.0], [0.20968680083751678, 0.2691434621810913, -0.16749194264411926, -52.64981460571289, -11.630274772644043, 173.111968994140062]], [[743.8648681640625, 482.3999938964844, 803.3020629882812, 549.0], [0.31302180886268616, 0.5151379704475403, 0.01542059518398544, -5.226541042327881, -0.571540355682373, 82.30133819580078]], [[1478.72412109375, 379.79998779296875, 1525.553466796875, 432.0], [-0.06884005665779114, 0.3267018795013428, 0.02422730252146721, 18.499385833740234, -4.364621639251709, 102.64981842041016]], [[866.3414306640625, 396.3999938964844, 924.3527221679688, 124.19999694824219], [-0.0325819617266655, 0.00559369614347815, -0.02195076458156109, -7.2079339027404785, -36.16931915283203, 256.7124938964844]], [[1446.3038330078125, 473.3999938964844, 1500.337646484375, 538.2000122070312], [-0.006749336142092943, 0.4318126440048218, 0.12572699785232544, 15.03963565826416, -0.7741546630859375, 88.5447769165039]], [[1313.0286298828125, 356.3999938964844, 1352.6453857421875, 405.0], [0.06406200677156448, 0.2887374758720398, 0.2010711585085149078, 14.702851295471191, -6.06437349319458, 118.7989501953125]], [[976.2100830078125, 79.19999694824219, 990.6190795898438, 95.39999389648438], [-0.1097293496131897, 0.12456227093935013, 0.06600816635414958, 2.3759729862213135, -45.32379913330078, 302.3992614746094]], [[1019.4371337890625, 284.3999938964844, 1051.857421875, 324.0], [0.04884373396633965, 0.5535788536071777, 0.3469368219375616104, -11.01175308227539, 142.96388244628906]], [[459.28704833984375, 194.39999389648438, 484.5028876171875, 221.39999389648438], [-0.10215064883232117, 0.24185249209403992, 0.19748438894748688, -31.417278289794922, -20.969560623168945, 192.41395568847656]], [[452.0825500488281, 455.3999938964844, 489.90618969648875, 500.3999938964844], [0.3084976375102997, 1.0027800798416138, -0.022832339629563907, -19.894039154052734, -2.41606521604453, 122.2610092163086]], [[976.2100830078125, 142.19999694824219, 990.6190795898438, 142.1999969648422], [0.08773580193519592, 0.4983251094818115, 0.07130090147256851, 2.281729221343994, -40.928310394287711, 303.92199707031325]], [[1086.0787353515625, 102.5999984741211, 1102.2889404296875, 120.5999984741211], [-0.06786231696605682, 0.21901153028011322, -0.01449509710073471, 12.163528442382812, -38.59970474243164, 272.437255859375]], [[176.51031494140625, 370.79998779296875, 212.53282165527344, 0.0], [-0.1798688918352127, -0.03198334202170372, -0.32244163751602173, -34.40729522705078, -6.44643306732177, 134.99114990234375]], [[765.4783935546875, 95.39999389648438, 781.6885375976562, 113.39999389648438], [0.029090845957398415, 0.5622085928916931, -0.010414761491119862, -17.524028778076172, -40.334136962890625, 279.81597900390625]], [[353.0206298828125, 387.0, 381.838623046875, 435.5999755859375], [0.61700457345518, 1.2090389728546143, -0.6032724976539612, -24.1453857421875, -5.1324849128723145, 123.75577545166016]], [[1035.647216796875, 86.39999389648438, 1050.0562744140625,

图 8.5　课堂视频中获取的面部姿态数据 JSON 文件

8.4　面部姿态数据语义化转换

　　使用 Img2pose 网络模型获取的面部朝向数据是准确的弧度制角度数，由 X 轴旋转角、Y 轴旋转角和 Z 轴旋转角组成。在实际应用中，即便是学生在课堂上轻微动一下脑袋，面部姿态数据的三轴旋转角数值都将发生明显的变化。直接分析数值型面部姿态数据会对面部姿态的变化过于敏感。因此，本节将面部姿态数据进行语义化转换，从数值型转换为模糊的语义，从而提高分析结论的鲁棒性。

8.4.1　面部姿态数据的分布情况

　　通过对检测到的所有学生面部旋转向量数据进行统计并且绘制出对应的直方图，可以看到课堂中学生的 rx、ry、rz 维度数据分布，如图 8.6 所示。

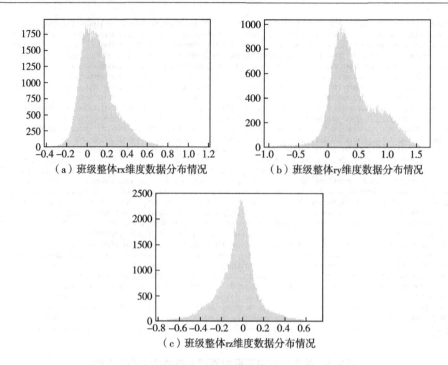

（a）班级整体rx维度数据分布情况   （b）班级整体ry维度数据分布情况

（c）班级整体rz维度数据分布情况

图8.6　班级整体在 rx、ry、rz 三个维度的数据分布情况

8.4.2　面部姿态数据语义化转换

为将数值型面部姿态数据转换为模糊的语义，我们首先统计课堂学生群体的面部朝向状态时间，并统计各状态所占的时间比例，以下是具体的分析过程：

首先需要获得班级每个学生保持各种状态的时间，由于已经完成了对 rx、ry、rz 各个维度分布区域的划分并且给定了相应的状态，并且也已经获得了每个学生的连续 6DoF 数据序列的旋转向量，该序列中每一组元素代表 1 秒内的学生状态，因此对每个学生的连续 6DoF 数据序列的每组旋转向量进行判别，将其归纳到对应的朝向状态，得到每个时刻的面部姿态对应的语义化朝向状态。

对每个学生的朝向状态序列进行操作，统计出各种状态的个数即为该学生在各种状态的时间，令学生 N 在该节课堂内处于状态 K 的时间为 $time_{stu_N 状态K}$，班级整体学生保持状态 K 的时间均值为 $\overline{time_{状态K}}$。最终利用式（8.2）得到班级群体平均每个学生保持每种状态的时间。

$$\overline{time_{状态K}} = \frac{time_{stu_1状态K}+time_{stu_2状态K}+\cdots+time_{stu_n状态K}}{n} \tag{8.2}$$

其次获取单节课堂内学生保持各种状态时间的占比。利用上述工作得到的班级群体平均每个学生保持每种状态的时间，从三个维度（rx，ry，rz）分别计算，并且利用式（8.3）得到班级整体各种状态的占比情况。

$$ratio_{状态K} = \frac{time_{状态K}}{time_{状态1} + time_{状态2} + time_{状态3}}, \quad K \in 1, 2, 3 \quad (8.3)$$

通过上述一系列步骤，求取到了班级整体各种状态占比。具体划分情况及统计结果如下：

（1）根据面部姿态数据的分布情况，通过从 rx 维度来区分朝向状态，根据课堂视频统计得到的 rx 维度的分布情况划分出 3 种状态，rx 维度的三种状态的划分区间和时间占比如表 8.1 所示。

表 8.1 面部姿态 rx 维度划分区间及占比统计

X 轴姿态	划分区间	时间占比（%）
仰头状态	[−0.4，−0.1)	3.6
X 轴正视状态	[−0.1，0.25]	40.5
低头状态	(0.25，1.2]	55.9

在 rx 维度上，班级群体学生平均头部处于各种状态时间占比，其中仰头：正视：低头 = 3.6%：40.5%：55.9%，表明大部分学生超过一半的时间处于低头状态，这可能意味着他们在认真做笔记、阅读课本、疲惫低头打瞌睡或者在使用桌下的手机等电子设备，40.5%的正视比例表明大部分学生将近一半的时间正在关注讲台或老师，这是积极学习行为的一个标志，较低的仰头比例表明大部分群体较少处于分心或休息状态。

（2）通过从 ry 维度来区分朝向状态，根据课堂视频统计得到的 ry 维度的分布情况划分出 3 种状态，ry 维度 3 种状态的划分区间和时间占比如表 8.2 所示。

表 8.2 面部姿态 ry 维度划分区间及占比统计

Y 轴姿态	划分区间	时间占比（%）
左转状态	[−1.0，0.2)	16.2
Y 轴正视状态	[0.2，0.6]	68.3
右转状态	(0.6，1.6]	15.5

从 ry 维度来看，朝左看和朝右看的时间和占比超过 1/3，可能是由于学生与同学交流或所处位置需要侧头看向黑板，与"仰头、正视、低头"对比，ry 维

度的正视状态占比数值更高，进一步表明学生大部分时间在专注看向前方，示意较好的集中度。

（3）通过从 rz 维度来区分朝向状态，根据课堂视频统计得到的 rz 维度的分布情况划分出 3 种状态，3 种状态的划分区间和时间占比如表 8.3 所示。

表 8.3　面部姿态 rz 维度划分区间及占比统计

Z 轴姿态	划分区间	时间占比（%）
左下歪头状态	$[-0.8, -0.1)$	17.0
Z 轴正视状态	$[-0.1, 0.1]$	75.1
右下歪头状态	$(0.1, 0.8]$	7.9

从 rz 维度来看，左下歪头（17.0%）和右下歪头（7.9%）显示时不时出现的歪头行为，这可能与低头行为有所关联，可能是学生在翻看书籍或者作业时的姿态，而正视占比为 75.1%。这说明尽管学生会倚向一侧，但他们大部分时间仍保持较为标准的坐姿。

rx、ry、rz 三个维度分布区域的划分及其对应的状态如图 8.7 所示。

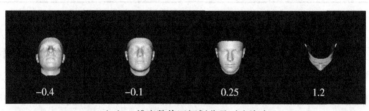

（a）rx 维度数值区间划分及对应姿态

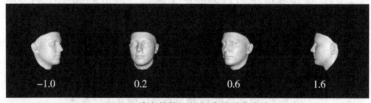

（b）ry 维度数值区间划分及对应姿态

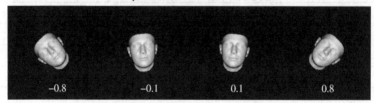

（c）rz 维度数值区间划分及对应姿态

图 8.7　面部姿态三个维度数值区间划分及对应姿态

8.5　群体面部姿态的状态随时间变化情况

为了捕捉课堂中学生注意力和参与度随时间的动态变化，揭示短时间内学生集体的行为特点，可以通过细致地跟踪和分析学生在每个 5 分钟时间单元内的平均朝向行为并对每个时间段进行评估，最终达到帮助教师了解哪些课程设计能更有效地吸引学生的注意力，评估不同教学环节的生动性和吸引力，从而有针对性地调整教学计划的效果。

8.5.1　面部姿态状态静态统计

以 5 分钟为一个时间单位，计算每个单位内整体学生分别在 rx、ry、rz 的维度下，平均每个学生处于各种状态下的时间。由于已获得了每个学生的朝向状态序列，该序列中每一组元素代表 1 秒内该学生在各个维度的状态，通过对每个学生状态序列进行切分，每 300 组即 5 分钟作为一段，统计出各种状态的个数即该学生在该段时间内处于各种状态的时间。然后求出每个处于同一时间段内所有学生的状态时间均值，即所有学生处于该状态的时间值总和除以班级学生数，因此在每 5 分钟的时间段内，都可以求出已确定的 9 种状态时间均值，其值即该时间段班级整体处于该状态的时间。

通过上述步骤，可以得到班级整体各个时间段保持各种状态的时间均值，其结果如表 8.4 所示。

表 8.4　所有学生各个维度不同状态的时间分布

课堂时间段	仰头	x 轴正视	低头	向左	y 轴正视	向右	左下歪	z 轴正视	右下歪
0~5 分钟	12	113	174	56	195	48	57	216	26
5~10 分钟	12	144	144	53	197	51	66	208	26
10~15 分钟	12	157	131	50	202	49	60	210	33
15~20 分钟	10	115	175	53	207	40	42	239	19
20~25 分钟	9	101	191	49	214	36	39	242	19
25~30 分钟	8	123	169	41	208	51	55	220	25
30~35 分钟	11	110	179	40	209	52	53	226	21
35~40 分钟	12	110	178	47	207	46	40	239	21

8.5.2 面部姿态状态静态分析

为了直观展示单节课堂学生状态随时间发生的变化情况，利用表 8.4 计算到的各组数据以及 matlabplot 库的 plt. bar（）函数绘制得到 rx 维度不同状态的时间分布柱状堆积图，如图 8.8 所示。

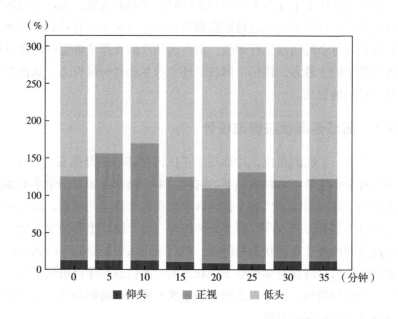

图 8.8　面部姿态 rx 维度不同状态的时间分布

通过图 8.8 分析，在 rx 维度上，实验数据显示：低头状态通常是占比最大的姿态，特别是在最后 20 分钟内，数值保持在 56% 以上，触及 64%。这可能表明教学内容需要学生更多地记笔记、阅读或者由学生疲劳导致注意力下降。正视状态在前 15 分钟内占比逐渐增加，达到最高点约 52%，随后逐渐降低直至 33%。这可能反映了随着时间的推移，学生的注意力从课堂逐渐分散。仰头状态的占比一直很低，约为 3%，说明整体学生较少时间处于休息或者分心的状态。

利用表 8.4 计算到的各组数据以及 matlabplot 库的 plt. bar（）函数绘制得到 ry 维度不同状态的时间分布柱状堆积图，如图 8.9 所示。

通过图 8.9 分析，在 ry 维度上，数据表现如下：正视状态在该维度状态中占比是最大的，从 65% 逐步上升到 71%，呈整体增长趋势，说明学生保持较高水平的正面参与和注意力集中。向左看和向右看状态占比变化不大，整体处于下降趋

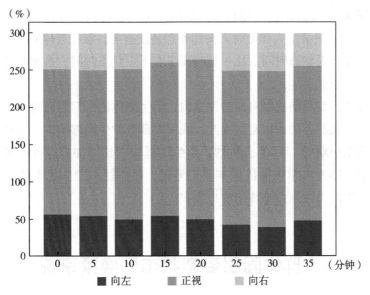

图 8.9 面部姿态 ry 维度不同状态的时间分布

势。向左看从 18% 降低至 15%；向右看从 16% 降低至 15%。这可能表示教室内操作或互动呈现向中央集中的趋势。

利用表 8.4 计算到的各组数据以及 matlabplot 库的 plt.bar（）函数绘制得到 rz 维度不同状态的时间分布柱状堆积图，如图 8.10 所示。

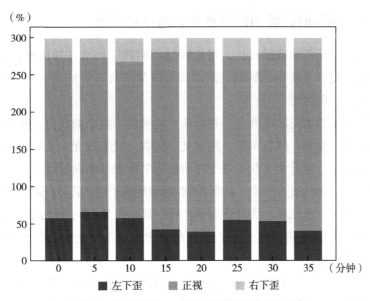

图 8.10 面部姿态 rz 维度不同状态的时间分布

通过图 8.10 分析，在 rz 维度上，数据显示：正视状态占比最大，从 72% 增加到 79%，这表明学生大部分时间头部姿态是正直的，意味着他们正专注于老师或黑板。而左下歪状态时间占比一直略高于右下歪状态时间，推测与监控录制设备的摆放位置有关。

综上分析，在当前视频对应的课堂内，学生集体的头部姿态有几个显著的趋势：总体上正视状态的占比有所提升，说明大部分学生能够维持一定程度的正面关注；在课堂中期的 15~25 分钟内，学生的低头占比增加，这可能是因为特定的环节，如教师要求学生阅读课本或记笔记；而侧视和歪头状态的占比有所降低，表明学生的关注焦点整体向中央集中。

8.6 群体面部姿态状态切换频率统计

统计班级群体在每个 5 分钟时间段内 rx、ry、rz 维度状态切换的频率，可以用来分析学生面部朝向的动态变化，揭示班级整体的注意力转移模式，判断学生是否频繁改变注意力的方向，还能识别教学活动的互动性，频繁的状态切换可能表明课堂上正发生互动讨论或需要视线转移的活动。

8.6.1 不同时间段的面部姿态状态变化统计

通过不同时间点的数据对比，可以评估不同教学环节（如讲授、小组讨论、独立作业等）对学生行为的影响，从而调整教学流程以更好地适应学生的需求。以下是具体的实现过程。

首先定义面部朝向状态改变：判断前一帧和后一帧朝向状态，状态相同则没有发生面部朝向改变；状态不同，则定义一次朝向状态改变，且以后一帧的朝向状态为改变朝向。接着为了获得每个时间段的学生面部朝向的动态变化，需要将该序列切分，每 300 组为一段，然后根据朝向状态改变的定义，遍历该朝向状态序列每一段的每一组元素，统计所有学生每一段内发生朝向状态改变的次数，由于课堂视频的录制时间为 40 分钟，因此最终对于每个学生，会得到 9 组不同的状态切换频次数据。

在得到了每个学生的不同时间段的状态切换频次数据后，需要根据式（8.4）求出班级整体每个时间段每种状态切换的频次，令在时间段 T 学生 N 切换为状态

K 的频次为：

$$\overline{f_{变化K_T}} = \frac{f_{stu_1变化K_T} + f_{stu_2变化K_T} + \cdots + f_{stu_n变化K_T}}{n} \tag{8.4}$$

通过上述步骤，可以得到班级课堂学生状态在课堂的不同时间段的改变频次，其结果如表 8.5 所示。

表 8.5　各个维度不同状态在不同时间段的切换频次

时间	仰头	x轴正视	低头	向左	y轴正视	向右	左下歪	z轴正视	右下歪
0~5 分钟	6	26	23	18	31	16	16	23	8
5~10 分钟	7	23	19	17	27	13	14	20	7
10~15 分钟	6	22	18	15	25	12	12	19	7
15~20 分钟	5	22	19	16	26	13	12	19	7
20~25 分钟	5	27	25	18	30	15	14	20	8
25~30 分钟	4	25	23	16	27	14	13	22	9
30~35 分钟	5	25	25	18	25	14	14	21	8
35~40 分钟	6	24	23	16	29	14	13	21	9

8.6.2　面部姿态状态随时间变化分析

为了直观地展示单节课堂学生状态改变频次随单位时间变化情况，在获得了班级整体每个时间段每种状态切换的频次数据（见表 8.5），利用该数据绘制 rx 维度状态改变频次随时间变化情况折线图，如图 8.11 所示。

根据图 8.11，在 rx 维度，x 轴正视和低头状态的频次变化趋势相近，且 x 轴正视频次始终高于低头频次，而切换仰头状态的频次始终处于较低的数值。联合时间段具体分析，在 0~15 分钟内学生切换正视、低头、仰头状态的频次都逐渐降低，意味着班级整体学生较少切换朝向方向，注意力逐渐集中。而在 15~25 分钟内切换 x 轴正视、低头状态激增，而仰头的频次一直处于较低水平，意味着班级学生可能活跃地参与了某特定环节（讨论、笔记），而课堂后期低头、正视的频次逐渐降低且仰头频次逐渐上升，表明学生的注意力可能再次分散。

利用班级整体每个时间段每种状态切换的频次数据（见表 8.5），绘制 ry 维度状态改变频次随时间变化情况折线图，如图 8.12 所示。

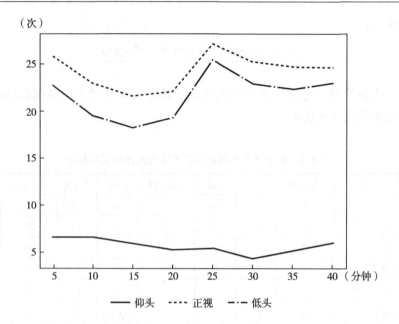

图 8.11 面部姿态 rx 维度状态改变频次随时间变化情况

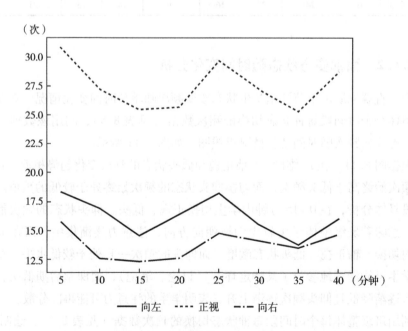

图 8.12 面部姿态 ry 维度状态改变频次随时间变化情况.

根据图 8.12，在 ry 维度，向左看和向右看状态的频次相对稳定，处于较低的频次，且向右看频次略低于向左看，而切换为正视的频次最高。联合时间分析，在 0~15 分钟内，学生切换向左、y 轴正视、向右的频次逐渐降低，这也与 rx 维度的状态切换频次相协调，表明学生的注意力逐渐集中，且注意力反向朝中心（黑板）聚拢。而后的 15~25 分钟内，y 轴所有状态的切换频次都激增，转头的动作较为频繁，可能是为了与同学交流或参与课堂活动，或者教师移动了位置。而在 25~35 分钟内转头的频次再次下降，表明特定环节结束整体学生再次将关注点聚焦在课堂前方的中心黑板听讲上。在最后的 5 分钟内，各种状态频次再次上升，表明临近下课，班级整体学生的注意力逐渐下降。

利用班级整体每个时间段每种状态切换的频次数据（见表 8.5），绘制 rz 维度状态改变频次随时间变化情况折线图，如图 8.13 所示。

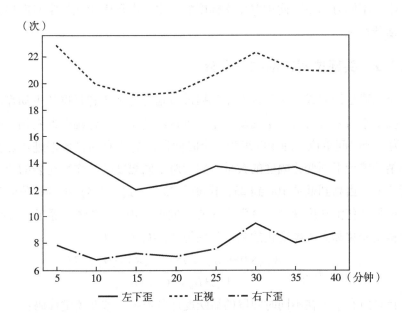

图 8.13　面部姿态 rz 维度状态改变频次随时间变化情况

根据图 8.13，在 rz 维度，左下歪头和右下歪头状态变化频次较低，表明学生较少进行这类头部倾斜动作，推测课堂活动无须频繁倾斜头部，且左下歪频次略高于右下歪频次，推测和录制视频的设备的放置位置有关。而 z 轴正视频次与 x 轴正视频次变化趋势相符。

综合 rx、ry、rz 三个维度的分析结果，可以看出班级中学生整体在 15~25 分钟内头部动态相对活跃，尤其是在正视与左右朝向状态之间反映了较高的频次，这段时间内学生的活动参与率较高，也可能是课堂设计了特定的讨论互动环节或者教师切换了位置。而在课堂起始阶段，班级整体学生的课堂注意力逐渐上升，在25~35分钟内，班级整体学生的课堂注意力较高，而在最后5分钟学生的注意力逐渐开始分散。

8.7　群体头部位置变化数据分析

为了深入分析学生在不同时间段的活动水平和空间移动模式，通过统计和分析班级学生不同时间段不同位置变化幅度的频次，揭示学生在特定时间段内的活动量和活跃情况。

8.7.1　头部位置移动幅度评分

由于上述已经完成了对位置变化数据进行划分的工作和每位学生动作序列的构建，接下来需要对所有学生的动作序列进行不同位置变化幅度的判别。并且以5分钟为一个时间单位，即300组为一个时间段内的所有动作数据进行位置变化幅度归纳并统计不同变化幅度的数量。然后对不同幅度的动作所代表的个人活跃度进行评分，由高到低从100到25，梯度为25。由式（8.5）得到每位学生在不同时间段的动作活跃度评分。令学生 N 在时间段 T 内，位置相对静止、小幅度变化、中幅度变化和大幅度变化的数量分别为 A、B、C、D。

$$score_{stuN_T} = \frac{A_{stuN} \times 100 + B_{stuN} \times 75 + C_{stuN} \times 50 + D_{stuN} \times 25}{A_{stuN} + B_{stuN} + C_{stuN} + D_{stuN}} \tag{8.5}$$

在计算所有学生在不同时间段的活跃度评分数据，涉及关键代码：

```
move_frequency = np.array(move_frequency)
multiplier = np.array([25, 50, 75, 100])
multiplier = multiplier.reshape(1, 1, 4)
result = move_frequency * multiplier
result = result.sum(axis = 2)/300
```

代码中的 move_frequency 是3维数组，第一维度是指不同学生，第二维度是指不同时间段，第三维度的数值元素则是相对静止、小幅度变化、中幅度变化和高幅度变化的时间，通过该数组和活跃度指标评分 [25, 50, 75, 100] 相乘并

在第二维度（时间段）相加后，再除以该时间段（每 5 分钟为一个时间段）的
时间（300 秒），得到在该时间段每名学生的活跃度评分。

8.7.2 学生群体活跃度分析

利用以上操作求取到的所有学生在不同时间段的活跃度评分数据，绘制小提
琴图，如 8.14 所示，可以直观地展示不同时间段内学生的活跃情况，其中纵坐
标是活跃度评分，小提琴的横坐标是时间段。

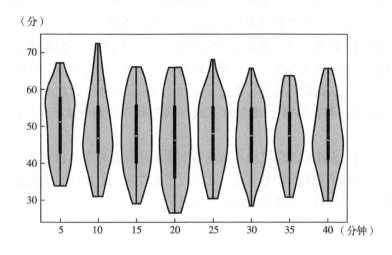

图 8.14　班级整体不同时间段学生活跃度分布情况

根据小提琴图 8.14，可以得到不同时间段的学生活跃度分布情况。0~5 分
钟：活跃度评分集中在 40~50 分，有部分集中在 50~60 分，表明大部分学生在
这个时间段内有小幅度到中等幅度的动作。5~10 分钟：活跃度评分范围较大，
部分评分接近 70 分，说明在这个时间段内有较大幅度的动作，但大多数评分依
然集中在 40~50 分和 50~60 分。15~20 分钟：活跃度评分分布较为稳定，主要
集中在 40~50 分和 50~60 分，表明学生的活跃度保持在小幅度到中等幅度。
25~40 分钟：活跃度评分继续在 40~50 分和 50~60 分波动，但学生的活跃度还
是保持在小幅度到中等幅度。

在班级群体中，学生的头部移动活跃度在每个 5 分钟时间段内相对稳定，主
要集中在小幅度动作的 40~50 分评分区间。50~60 分也有一定的集中，反映了中
等幅度的动作。在第 10 分钟的活跃度评分最高，显示出此时段的活动量较大。整
体来看，学生在整个时间段内的活跃情况较为均衡，没有明显的活跃度变化趋势。

8.8　本章小结

　　本章通过分析在课堂环境下学生的面部姿态，深入探讨了学生的姿态行为特征。利用先进的计算机视觉技术，本章提出了一个以 Img2pose 模型为基础的面部六自由度姿态预测方法，使从大量课堂视频中提取和分析学生面部姿态成为可能。在此基础上，对所提取的视频帧进行了详尽的处理，并且成功建立了学生姿态的数据序列，评估了学生在不同教学阶段的注意力分布，探究班级群体学生的注意力方向、行为模式和课堂参与度，以揭示学生在不同课堂活动阶段的行为特征。为班级群体层面的行为分析奠定了基础，揭示了学生在课堂上的注意力集中与分散的动态过程，展现了课堂的不同时间段和学生群体的行为模式之间的联系。

　　研究表明，面部姿态信息能有效反映学生的注意力分布和参与度。不仅反映了学生学习过程中姿态的微妙变化，还发现了课堂互动模式中的关联性，为教师提供了课堂管理和教学互动优化的参考依据。

第9章 课间视频中的学生个体目标跟踪研究

本章的单目标跟踪研究工作针对的是机房、实验室这种公共场景视频存在的环境背景复杂等问题，因此单目标跟踪研究工作有重要的现实意义和研究意义。

单目标跟踪是计算机视觉领域一项重要的基本任务，是对视频序列中目标的运动状态不断定位的过程，通过选定某一帧的跟踪目标，并生成该帧之后目标在图像中的位置及尺寸大小。单目标跟踪是依据给定视频帧图像中的对象，持续地去预测后续帧图像中对象位置及尺寸大小。

单目标跟踪技术广泛应用于智能交通、人机交互、视频监控、工业机器人等方面，国内外也进行着大量相关的研究工作，但由于尺度、光照变化、目标形变和环境背景复杂等问题，单目标跟踪仍是计算机视觉领域中一项具有挑战性和重要研究价值的任务。

尽管深度学习技术在单目标跟踪领域已经得到广泛的应用与研究，如SiamRPN、SiamRPN++等，但这些模型的检测效果仍受环境背景复杂、目标形变等问题的影响。因此，在提升模型特征提取能力的同时降低模型的参数量，以获得一种鲁棒性的模型是本章进行单目标跟踪研究的主要方向。具体来说，本章基于 SiamRPN++ 跟踪模型进行优化改进，使用优化的 ResNeXt 构成的特征提取模块进行特征提取，增强模型特征提取能力，并将空间注意力机制引入孪生网络中以降低 Padding 等非必要特征的干扰，最终获得一种鲁棒性的跟踪模型。

9.1 SiamFC 模型和 SiamRPN++模型对比

9.1.1 SiamFC 模型原理

SiamFC 算法将孪生网络架构应用于目标跟踪领域，可视为里程碑式的工作。该算法的核心思想是将目标跟踪问题转化为一个相似度匹配问题。通过输入模板图像 z 和搜索图像 x，提取搜索图像特征与模板特征进行相似度匹配，得到得分响应图。根据得分最大原则确定目标跟踪的位置。SiamFC 的网络结构如图 9.1 所示。

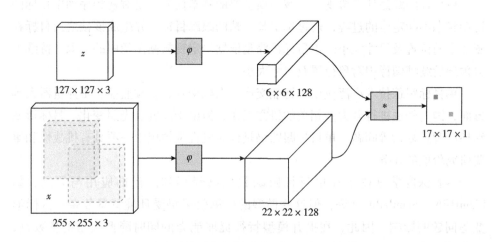

图 9.1　SiamFC 目标跟踪算法的网络结构

资料来源：Bertinetto 等（2016）。

SiamFC 网络由模板分支 Z 和搜索分支 X 构成。其中，z 为输入的模板帧图像，x 为输入的需要跟踪的搜索帧图像，z 和 x 在输入分支特征提取前进行缩放和裁剪，分别将图像大小调整为 127×127×3 和 255×255×3，φ 为对输入图像进行特征提取的 CNN 网络。当 φ 对图像 z 和 x 提取完特征后，分别得到 6×6×128 和 22×22×128 的高维特征向量，对这两个高维特征向量做互相关运算，得到一个响应图来精准定位跟踪目标的位置，响应图上得分越高的区域，目标就越可能在该位置上。SiamFC 网络经过大量的视频数据训练，拟合得到相似度匹配函数，如式（9.1）所示。

$$f(z, x) = \varphi(z) \times \varphi(x) + b \tag{9.1}$$

其中，$\varphi(z)$ 表示模板分支输入图像 z 的深度特征映射，$\varphi(x)$ 表示搜索分支输入图像 x 的深度特征映射。* 表示互相关运算，在 SiamFC 网络的实际编码工作中是一种卷积操作，通过以 $\varphi(z)$ 为卷积核在 $\varphi(x)$ 上进行卷积操作得到响应图。b 为响应图每个位置的偏置，该偏执在网络的训练中得到，是对匹配函数输出的一种修正，使模型更具鲁棒性。

在 SiamFC 网络中模板分支 Z 和搜索分支 X 在对输入模板帧图像 z 和搜索帧图像 x 进行特征提取时，共同使用一个优化的 AlexNet 网络。如表 9.1 所示，优化的 AlexNet 网络相较于传统的 AlexNet 网络删除了全连接层和卷积过程中的 Padding 操作，避免 Padding 操作在卷积操作提取图像特征时对特征边缘信息的消蚀。

表 9.1　优化的 AlexNet 网络的结构

网络层	卷积核大小	输出通道	步长
Conv-1	3×11×11×96	96	2
MaxPool-1	3×3	–	2
Conv-2	48×5×5×128	256	1
MaxPool-2	3×3	–	2
Conv-3	256×3×3×384	384	1
Conv-4	192×3×3×192	384	1
Conv-5	128×3×3×192	256	1

9.1.2　SiamRPN++模型原理

SiamRPN++将 ResNet50 成功地引入孪生网络的特征提取部分，使模型在目标跟踪领域的性能进一步提升，SiamRPN++结构如图 9.2 所示。

SiamRPN++将特征提取部分的主干网络 AlexNet 替换为 ResNet50，不同于传统的 ResNet50，在 SiamRPN++中对 ResNet50 的结构进行了部分的调整，首先将第三、第四组残差结构中卷积的步长调整为 1，其次使用大量的空洞卷积以扩大网络的感受野，最后舍弃掉模型的全连接层。并在特征提取部分的卷积网络 Res-Net50 的第二组残差卷积结构 Conv3_x、第三组残差卷积结构 Conv4_x、第四组残差卷积结构 Conv5_x 之后连接 SiameseRPN 结构，在给定模板图像与搜索图像的情况下，融合三个特殊的 RPN（Region Proposal Network）（Ren et al.，2015）结构 SiameseRPN 产生的密集预测信息。SiameseRPN 结构由 SiamRPN 中的 RPN 结构改进而来，如图 9.3 所示，该结构解决了 SiamFC 网络只能确定目标中心点的位置，无法改变 BBox 大小和 SiamRPN 中的 RPN 参数复杂度高的问题。

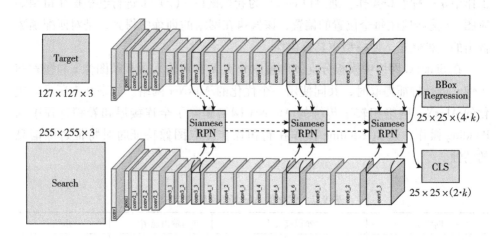

图 9.2 Siam RPN++目标检测网络结构示意图
资料来源：Li 等（2018）。

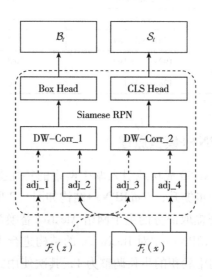

图 9.3 SiamRPN++网络中 SiameseRPN 结构示意图
资料来源：Li 等（2018）。

SiamRPN++通过深度互相关层实现有效的信息关联,其性能与上行通道互相关层相当,但参数远少于上行通道互相关层,以此降低 RPN 结构的参数。具体来说,该操作中不提升模板分支输出高维特征 $\mathcal{F}(X)$ 的通道数,然后与搜索分支输出的高维特征 $\mathcal{F}(Z)$ 逐通道进行互相关计算得到通道数不变的响应。三种互相关实现方式如图 9.4~图 9.6 所示。

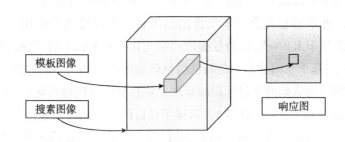

图 9.4 SiamRPN++网络的互相关层

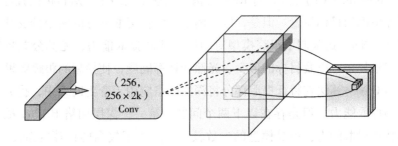

图 9.5 SiamRPN++网络的上行通道互相关层

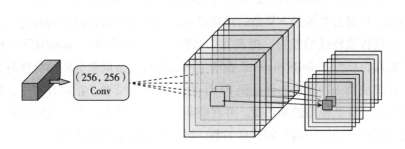

图 9.6 SiamRPN++网络的深度互相关层

9.2 基于孪生网络的单目标跟踪模型

本节阐述本章提出的单目标跟踪模型 SiamRPNer++，该模型基于 SiamRPN++ 改进而来，因此本节首先介绍本章提出的单目标跟踪模型 SiamRPNer++ 整体框架，其次介绍基于 ResNeXt 的特征提取网络优化研究中提出的"深度特征提取模块"，最后介绍基于空间注意力的特征增强研究中提出的"空间注意力模块"。

以孪生网络为基础的单目标跟踪算法，将目标跟踪问题转化成一个相似度匹配问题（陈茂林和余旺盛，2022），取得了良好的跟踪精度与速度。SiamFC 算法首次将孪生网络架构应用于目标跟踪领域，但 SiamFC 只能确定目标中心点的位置，无法改变 BBox 的大小，这种方式导致检测到的目标位置不够精确。SiamRPN 网络受 Faster RCNN 的启发，将 RPN 结构引入孪生网络中，对目标位置进行回归得到更加精确的目标位置。但是，以上网络在特征提取部分的两个分支均采用浅层网络 AlexNet，这限制了跟踪模型对图像特征的提取能力，尤其公共场景中存在环境背景复杂，以及目标的形变、光照变换等问题，使模型的跟踪效果变差。

SiamRPN++ 算法在特征提取部分将深层网络应用于孪生网络中，提升了模型对特征的提取能力。但是存在以下两个问题，第一，深层网络 ResNet 虽然具有良好的特征提取能力，但是模型的参数较大，产生了较高的计算复杂度；第二，对两个分支提取到的特征直接进行互相关操作，忽略了特征图上空间信息的语义关系，使模型对复杂环境背景、光照变换等情况下跟踪的鲁棒性不强。

因此，针对公共场景下复杂的环境背景，以及现有研究存在的问题，为了提升孪生网络提取特征的能力，提高目标跟踪效率。本章基于 SiamRPN++ 模型构建单目标跟踪模型 SiamRPNer++，在孪生网络的特征提取部分使用深度特征提取模块，该模块是一种改进的轻量级 ResNeXt 深度网络模型，在提升网络特征提取能力的同时，降低模型的参数量。并在空间注意力模块引入多种空间注意力机制来建立不同特征图之间的空间信息关系，增强模型的特征表达能力。

9.2.1 单目标跟踪模型 SiamRPNer++ 结构

由于本章是针对公共场景进行单目标跟踪检测的，公共场景视频中每一帧图像均具有较复杂的环境背景，跟踪模型需要更强的特征提取能力，且为了便于后期跟踪模型的部署，模型的参数量不能过高。因此，为了保证跟踪模型在复杂的环境背景中进行单目标跟踪的效果，本章以融合了深层网络的 SiamRPN++ 为基础构建模型。但 SiamRPN++ 模型特征提取部分采用深层网络 ResNet50，ResNet50 具有较大的参数量且特征提取能力仍有提升的空间，所以本章对 SiamRPN++ 模型进行优化改进，提出了单目标跟踪模型 SiamRPNer++。本章提出的单目标跟踪模型 SiamRPNer++ 结构如图 9.7 所示。

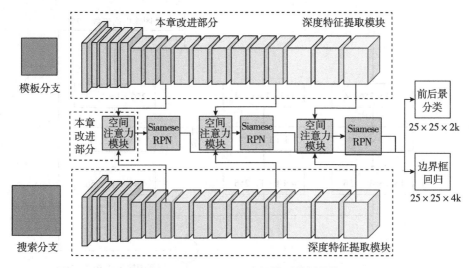

图 9.7　SiamRPNer++ 目标检测模型结构

具体来说：第一，优化了 SiamRPN++ 的特征提取部分，舍弃该部分原有的深层网络 ResNet50，使用一种优化后 ResNeXt50 构成的深度特征提取模块，该模块具有更强的从复杂背景中提取特征的能力以及更少的参数量；第二，为了使孪生网络模型更有效地利用深层特征与浅层特征避免非必要特征的干扰，提升边界框回归与目标分类的质量，本章在 SiamRPN++ 中添加了空间注意力模块，来处理连接在主干网络第 2、3、4 组残差结构上输出的特征，再将空间注意力模块输出的特征输入 SiameseRPN 结构中。

9.2.2　基于 ResNeXt 的特征提取网络优化

为了优化 SiamRPN++ 网络的特征提取能力，在深度特征提取模块，本章采用深层网络 ResNeXt50（Xie et al.，2017）来进行特征提取。相较于 SiamRPN++ 中使用的 ResNet50 以及其他传统的深层网络，在增强网络提取特征的能力时采用加深或加宽网络操作，导致出现网络参数量增加以及网络设计的难度和计算开销增加的问题。ResNeXt50 采用 VGG 堆叠的思想和 Inception（Szegedy et al.，2015）的 Split-Transform-Merge 思想，构建了一个 ResNeXt 块，通过多分支卷积实现了在保持较低计算开销的前提下去接近大型密集层的表达能力，在增加模型特征提取能力的同时基本不改变或降低模型的复杂度。ResNeXt 块结构如图 9.8 所示。

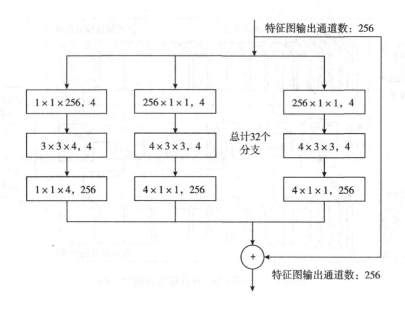

图 9.8　SiamRPN++网络 ResNeXt 块结构

在 ResNeXt 块中特征图（以深度为 256 的特征图为例）首先输入 32 个分支中，每个分支具有相同的结构，均使用 4 个 1×1×256 的卷积层，将输入特征图的通道数降维到 4。其次使用 4 个 3×3×4 的卷积层进行特征提取，卷积操作后特征图的大小不变。最后使用 256 个 1×1×4 的卷积层变换输出的通道数从 4 增加到256，并对 32 个分支输出的特征图在通道方向上求和，这样求和后的结果就可以与输入保持同样的大小。

将深层网络引入孪生网络，对于目标跟踪任务来说，主要的困难是孪生网络需要保持严格的平移不变性与对称性，但是深层网络通常会使用 Padding 进行填充操作，以保证网络具有适当的分辨率，但 Padding 操作会致使特征边缘信息的消蚀，这会严重破坏网络的平移不变性。位于边缘处的候选区域则会同时包含图像本身的信息和 Padding 操作填充的 0，如图 9.9 中灰框的区域（人物图片为公开数据集中的图片），从而导致目标在不同搜索区域的嵌入特征不一致，使候选图像与模板图像这个输入在最终输出的相似性度量不准确。

图 9.9 Padding 操作中的边缘候选区域越界示例

因此，本章在深度特征提取模块使用深层网络 ResNeXt50，并参照 SiamRPN++ 中对 ResNet50 的设计思想，优化 ResNeXt50 网络结构并命名为 ResNeXter50，首先将 ResNeXt50 中最后一层全连接层舍弃掉，然后将第三组、第四组残差结构的步长调整为 1，并舍弃掉在第三组（Conv4_x）、第四组（Conv5_x）残差结构中的 Padding 操作，最后为减小调整步长带来的感受野不足，将第三组（Conv4_x）、第四组（Conv5_x）残差结构中的卷积采用扩张率为 2 的空洞卷积，增大模型感受野。

该模块的结构如表 9.2 所示，相较于传统的深层网络 ResNet50，本章采用的优化后的 ResNeXter50 具有更少的参数量，以及更大的感受野。

表 9.2 优化后的 ResNeXter50 与 ResNet50 结构的对比

卷积层	ResNet50		ResNeXter50	
	卷积大小	步长	卷积大小	步长
Conv1	7×7, 64	2	7×7, 64	2
Conv2_x	3×3 max pool	2	3×3 max pool	2
	$\begin{bmatrix} 1\times1, & 64 \\ 3\times3, & 64 \\ 1\times1, & 256 \end{bmatrix}\times3$	1	$\begin{bmatrix} 1\times1, & 128 \\ 3\times3, & 128, & C=32 \\ 1\times1, & 256 \end{bmatrix}\times3$	1

续表

卷积层	ResNet50		ResNeXter50	
	卷积大小	步长	卷积大小	步长
Conv3_x	$\begin{bmatrix} 1\times1, & 128 \\ 3\times3, & 128 \\ 1\times1, & 512 \end{bmatrix} \times 4$	2	$\begin{bmatrix} 1\times1, & 256 \\ 3\times3, & 256, & C=32 \\ 1\times1, & 512 \end{bmatrix} \times 4$	2
Conv4_x	$\begin{bmatrix} 1\times1, & 256 \\ 3\times3, & 256 \\ 1\times1, & 1024 \end{bmatrix} \times 6$	1	$\begin{bmatrix} 1\times1, & 512 \\ 3\times3, & 512, & C=32 \\ 1\times1, & 1024 \end{bmatrix} \times 6$	1
Conv5_x	$\begin{bmatrix} 1\times1, & 512 \\ 3\times3, & 512 \\ 1\times1, & 2048 \end{bmatrix} \times 3$	1	$\begin{bmatrix} 1\times1, & 1024 \\ 3\times3, & 1024, & C=32 \\ 1\times1, & 2048 \end{bmatrix} \times 3$	1
参数量	25.5×10^{6}		25.0×10^{6}	
感受野	235		379	

9.2.3 基于空间注意力的特征增强

在孪生网络的跟踪流程中，对跟踪目标的区域进行裁剪并将裁剪后的图像输入模板分支中得到模板特征。但深层网络的 Padding 操作为特征图像边缘置 0，在前文中已经得知这会导致不同搜索区域的嵌入特征不一致，导致特征图上信息被污染，且在公共场景中存在环境背景复杂、环境光照等问题。特征图上并非所有的区域均有助于跟踪检测，换言之，特征图上不同空间位置特征元素的重要性不相同。

而空间注意力关注的是特征图上不同空间位置特征元素的重要性，对于输入特征，空间注意力会评估所有空间位置的重要性并计算不同位置的关联性，得出空间维度的注意力映射图。该映射图可以对原始特征进行直接筛选或者依据计算得出的权重系数对不同位置进行加权，从而增强模型对特征图上特征的表征能力。特征空间中目标区域的特征信息将得到强化，无关背景信息则会被分配较小的权重从而被抑制。

因此本章基于 CBAM（Convolutional Block Attention Module）（Woo et al.，2018）中的空间注意力思想构建的空间注意力模块，为模板分支与搜索分支产生的特征图上像素诸位置的生成权重得分，抑制特征图中 Padding 和无关背景信息对跟踪模型的影响，增强有益于跟踪的特征信息，该模块的结构如图 9.10 所示，该模块分别添加在 ResNeXter50 与 SiameseRPN 之间，用来处理 ResNeXter50 第二组（Conv3_x）、第三组（Conv4_x）、第四组（Conv5_x）残差结构输出的特征图。

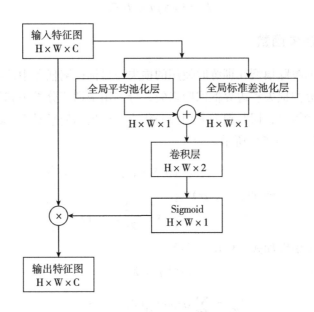

图 9.10　本章提出空间注意力模块结构

空间注意力模块共包含两个分支：第一个分支不对特征图 *F* 做任何处理，只用于后续与空间注意力权重图运算；第二个分支对特征图 *F* 进行空间注意力计算得到空间注意力权重图，具体来说在该分支中：

首先并联了两种不同的池化层，分别是全局平均池化层 *GapPool*（）和全局标准差池化层 *StdPool*（），它们分别在特征图的通道方向上进行池化操作得到 H×W×1 的空间注意力权重图 f_{Gap}、f_{Std}，其计算过程如式（9.2）所示。

$$f_{Gap} = GapPool(F)$$
$$f_{Std} = StdPool(F) \tag{9.2}$$

其次进行拼接操作得到 H×W×2 的空间注意力权重图，并串联了一个 1×1×2 卷积层，来调整这两种空间注意力权重图在相同位置进行融合时的权重 $Conv_{1×1}$（），得到 H×W×1 的空间注意力权重图 *f*，如式（9.3）所示，这种权重的调节通过卷积运算隐藏在模型的训练过程中。

$$f = Conv_{1×1}\left[cat(f_{Gap}, f_{std}) \right] \tag{9.3}$$

最后连接一个 $Sigmoid(\ )$ 函数，对注意力权重图上的权重进行归一化。最终将第一个分支与第二个分支的输出相乘，得到了由原始特征图和双重注意力调整后的特征图 F_g，如式（9.4）所示。

$$F_g = F × Sigmoid(f) \tag{9.4}$$

9.2.4 损失函数

本章提出的跟踪模型在训练时使用的损失与目标检测任务中的损失一致，模型的损失分为分类损失和边界框回归损失，分别用来训练分类头和回归头。分类损失采用交叉熵损失，回归损失采用归一化边界框坐标的平滑 $L1$ 损失进行回归，平滑 $L1$ 函数如式（9.5）所示。

$$\text{smooth}_{L1}(x, \sigma) = \begin{cases} 0.5\sigma^2 x^2, & |x| < \dfrac{1}{\sigma^2} \\ |x| - \dfrac{1}{2\sigma^2}, & |x| \geqslant \dfrac{1}{\sigma^2} \end{cases} \tag{9.5}$$

整体的损失函数如式（9.6）所示。

$$loss = L_{cls} + \lambda L_{reg}$$

$$L_{reg} = \sum_{i=0}^{3} smooth_{L1}(\delta[i], \sigma) \tag{9.6}$$

其中，λ 为平衡分类和边界框回归损失 L_{reg} 的超参；δ 为预测值与真实值（有无目标、边界框）的插值；σ 为平滑 $L1$ 函数的调节参数，默认为 1。

9.3 实验分析

9.3.1 数据集及评价指标

（1）数据集。目标跟踪是计算机视觉领域重要的研究方向之一，为了全面、公平和准确地评价自己所提出的方法，构建了许多专门用于测试跟踪算法性能的数据集，常用的数据集有 OTB100（Wu Y. et al., 2015）、VOT2018（Kristan M. et al., 2018）等数据集，如表 9.3 所示。

表 9.3　目标跟踪常用的测试数据集

数据集名称	视频数量	总帧率	每个视频的平均帧
OTB100	100	59K	598
VOT2018	60	21K	356

本章进行的单目标跟踪研究是针对公共场景下开展的，主要解决的是在复杂环境背景下跟踪的问题。因此在该课题下本章选用具有复杂背景的 OTB2015 数据集和 VOT2018 数据集对本章提出的方法进行测试。

OTB 数据集是单目标跟踪领域经典的测试数据集之一，首次发布于 2013 年。该数据集包含 50 个视频和对应标注数据。随着 OTB100 数据集的发布（也称为 OTB2015），该数据集新增了 50 个视频，视频数据的总数达到了 100 个，但标注方式和其他因素都没有发生改变。由于 OTB 系列视频时间较短，非常适用于研究过程中对跟踪算法进行快速的效果验证。数据集中包含多种干扰因素，如光照变化、背景干扰和快速运动等。自该数据集发布以来，几乎每个目标跟踪算法都将 OTB100 作为基准测试数据集进行跟踪效果评价。

VOT 数据集是国际视觉比赛中常用的数据集，也是跟踪领域中备受青睐的测试数据集之一。与 OTB 数据集不同，VOT 数据集中的所有视频均为彩色视频序列，且官方每年会对部分视频数据和标记信息进行更新和调整。以本章所采用的 VOT2018 数据集为例，该数据集短时跟踪比赛部分共包含 60 个视频，涵盖了多种交通工具（如自行车、汽车等）以及动物、物体、行人等目标。由于该数据集中存在大量的遮挡、背景复杂、光照和形变等干扰因素，相对于 OTB 数据集而言，其跟踪难度更大。

（2）评价指标。算法模型在评价时使用 OTB2015 数据集和 VOT2018 数据集，主要涉及两种类型的评价指标。

在 OTB2015 数据集上，主要采用了一次通过（One-Pass Evaluation，OPE）的检测方法，对跟踪算法的性能进行评估。该方法基于算法模型跟踪目标的初始位置信息，在跟踪过程中依据算法预测与真实标签之间的差异计算得到目标跟踪精确率和成功率，从而评估跟踪算法的性能表现。

精确率是指依据人工设置的距离阈值来衡量算法跟踪效果的百分比，其计算主要是利用模型预测得到的目标框中心与真实目标框中心之间的位置误差 CLE，其计算方法如式（9.7）所示。

$$CLE = \sqrt{\left(x_A - x_G\right)^2 + \left(y_A - y_G\right)^2} \tag{9.7}$$

其中，(x_A, y_A) 为跟踪算法预测的中心坐标，(x_G, y_G) 为真实目标框的中心坐标。通过计算数据集中所有视频序列中符合上述条件的视频帧数与视频的总帧数之比，即可得到模型在该数据集上的精确率。

当算法预测目标中心坐标与真实目标中心坐标相同，但两者边界框不重合时，精确率不足以作为评价指标。因此，为了评估跟踪是否成功，需要引入成功率指标作为跟踪模型的评价指标。成功率主要是计算模型跟踪得到的目标框 B_a 与真实目标框 B_b 之间的交并比值 IoU，其计算如式（9.8）所示。

$$IoU = \left| \frac{B_a \cap B_b}{B_a \cup B_b} \right| \tag{9.8}$$

计算数据集中为视频序列中为 IoU 高于阈值的视频帧数与视频总帧数之比，便可得出在该阈值下模型在数据集上的成功率。

VOT 数据集上评价跟踪效果的量化指标为期望平均重叠率（EAO）、精确性（Accuracy）和鲁棒性（Robustness）这三项指标。精确性可以通过真实边界框和预测边界框之间的重叠程度来衡量，发生重叠面积越大，其值越大说明算法的精确性越高。

针对测试视频其中一帧 t，精确性的计算方法如式（9.9）所示。

$$\varphi_t = \frac{1}{N_{rep}} \sum_{k=1}^{N_{rep}} \frac{P_t^k \cap G_t^k}{P_t^k \cup G_t^k} \tag{9.9}$$

其中，N_{rep} 为重复的次数，P_t^k 为第 t 帧第 k 次重复时算法预测的边界框，G_t^k 为对应真实标签值。用 N_{valid} 代表视频的长度，即参与跟踪的有效帧数。确定任意一帧的精确性计算方法后，视频序列的精确性计算方法如式（9.10）所示。

$$\rho_A = \frac{1}{N_{valid}} \sum_{t=1}^{N_{valia}} \varphi_t \tag{9.10}$$

鲁棒性（Robustness）计算跟踪模型跟踪错误次数的平均值，用于评估跟踪器在跟踪过程中的稳定性，值越低表明稳定性越好，计算方法如式（9.11）所示。

$$\rho_R = \frac{1}{N_{rep}} \sum_{k=1}^{N_{rep}} F(i, k) \tag{9.11}$$

其中，$F(i, k)$ 为跟踪模型 i 在第 k 次跟踪过程中失败的次数。

期望平均重叠率（EAO）是一个综合评估指标，其计算不同长度的连续跟踪视频段的平均跟踪重叠率的均值，可以同时反映跟踪的准确性和鲁棒性，EAO 值越高越好，计算方法如式（9.12）所示。

$$EAO = \frac{1}{N_{\max} - N_{\min}} \sum_{N_S = N_{\min}}^{N_{\max}} \rho_A^{N_s} \tag{9.12}$$

9.3.2　实验环境设置

本章提出的算法采用 Python 编程，由 PyTorch 深度学习框架实现，算法的调试与训练过程中涉及的开源包与环境使用 Anaconda 3 管理，具体的软件与硬件环境配置如表 9.4 所示。

表 9.4　SiamRPNer++模型实验环境配置

环境配置	详细信息
CPU	Intel Xeon CPU E5-2609 v3
GPU	NVIDIA RTX 3090 24GB
操作系统	Windows 10 （64-bit）
Python	3.7.1
Anaconda	Anaconda 3 （64 位）
PyTorch	1.5.1

本章提出的算法模型基于孪生网络构建，而孪生网络模型分为特征提取部分和相似度计算部分。所以在训练时不仅可以单独地对算法模型各部分的各模块进行训练，也可以将算法模型视作一个整体进行端到端的训练。因此，本章在对本章模型进行训练时，第一步对特征提取模块中使用的 ResNeXter50 以 fine-tune 的方式在 ImageNet（Deng et al.，2009）数据集上单独进行训练；第二步将训练完成的 ResNeXter50 网络的参数添加到本章的跟踪网络模型中，特征提取模块中 ResNeXter50 网络直接使用该参数；第三步使用 ImageNet VID（Zhu et al.，2017）数据集对算法模型进行训练，模型使用随机梯度下降（Stochastic Gradient Descent，SGD）训练 30 个 epoch，前 10 个 epoch，batch 的大小为 80，将孪生网络的参数固定住，以 0.1 的学习率与 0.01 的学习率衰减训练分类器和回归器；第四步，ResNeXter50 的后 3 个子模块的参数取消固定和两个分类器一起训练，对模型进行微调，学习率采用指数衰减的方式从 0.001 逐渐衰减到 0.00001。

9.3.3　定量对比实验分析

为了准确评价算法模型的有效性，在本小节将本章提出的算法模型 SiamR-

PNer++与主流的目标跟踪模型进行定量与定性的对比分析实验。第一，在定量对比分析实验中，将本章提出的算法模型 SiamRPNer++ 与 SiamFC、SiamRPN、SiamRPN++和 SiamFCes22（Zhang & Peng，2019）这些主流的目标跟踪算法模型在 OTB2015、VOT2018 数据集上进行对比，通过在相同评价标准定量的对比分析本章算法模型的有效性；第二，在定性对比分析实验中，为了直观地评价本章算法模型的跟踪效果，录制了一段具有复杂背景的跟踪序列视频，同时在 OTB2015 数据集中挑选若干跟踪序列视频，复现 SiamRPN、SiamRPN++算法模型后，对比它们与本章算法模型在这些视频数据中跟踪的可视化结果。

在 OTB2015 数据集上，本章提出的算法模型与 SiamFC、SiamRPN 和 SiamF-Ces22 等跟踪算法模型进行了比较，表9.5 是对比的结果，包括成功率、精确率和运行速度 FPS。

表 9.5　各目标跟踪模型在 OTB2015 数据集上的结果对比

算法名称	成功率	精确率	FPS
SiamFC	0.582	0.771	86
SiamRPN	0.634	0.850	71
SiamFCes22	0.633	0.777	——
SiamRPN++	0.696	0.914	——
SiamRPNer++ （our model）	0.693	0.921	51

由表9.5 可知，本章提出的 SiamRPNer++模型在 OTB2015 数据集上取得了排名第二的成功率和最高的精确率。SiamFC 模型作为目标跟踪领域里程碑式的跟踪模型，率先使用孪生网络模型进行目标跟踪任务，其在特征提取部分采用 AlexNet 这种浅层网络，并对两个分支的特征进行简单的互相关操作，虽然具有较高的跟踪实时性，达到了 86FPS，但其跟踪精确率和跟踪成功率较低。SiamRPN 引入了 RPN 结构，通过 RPN 来预测目标的尺度，目标的跟踪精度和跟踪成功率分别达到了 0.850 和 0.634，但仍受浅层网络的影响跟踪效果并不很理想。尽管 SiamRPN++模型取得了较高的精确率，但其在特征提取部分采用 ResNet50 这种深层网络结构，与本章的模型相比模型参数较大。

本章提出的模型基于 SiamRPN++算法改进而来。第一，在深度特征提取模块使用优化的 ResNeXter50，在保证特征提取能力的同时有更少的参数；第二，空间注意力模块多种空间权重生成方式，能有效地判别空间特征信息，避免非必要信息的干扰。因此，本章提出的模型在 OTB2015 数据集上的两个评价指标均处于前列，且在参数更少的情况下取得了优于 SiamRPN++的跟踪效果。

在 VOT2018 数据集上，本章提出的模型与 SiamFC、SiamRPN、SiamRPN++等跟踪模型进行了比较，结果如表 9.6 所示。

表 9.6　各目标跟踪模型在 VOT2018 数据集上的结果对比

算法名称	精确性	鲁棒性	*EAO*	*FPS*
SiamFC	0.503	0.585	0.187	—
SiamRPN	0.586	0.276	0.383	—
SiamRPN++	0.600	0.234	0.414	35
SiamRPNer++（our model）	0.617	0.219	0.407	47

由表 9.6 可知，本章提出的模型取得了最好的精确性、最好的鲁棒性和较好的 *EAO*。本章提出的模型在 VOT2018 数据集上与 SiamRPN++模型相比精确性提升了 2.8%，其精确性略好于 SiamRPN++，但模型的鲁棒性明显好于 SiamRPN++，意味着模型在跟踪过程中出现跟踪失败的频率更低，分析原因是深度特征提取模块的深层网络设计和空间注意力模块的多种权重生成方式，使模型在复杂的环境背景中有更强的特征提取能力，且算法模型具有更高的抗干扰能力。综合来看，本章所提算法在 VOT2018 数据集上的每一项指标中都取得了较为理想的结果。

9.3.4　定性对比实验分析

为了直观地评价本章算法模型的跟踪效果，在本部分定性对比实验中，首先准备了两组视频数据，第一组视频数据是录制的机房实验室这种场景下人员活动的视频，该视频具有复杂的环境背景。第二组视频数据是在 OTB2018 数据集中挑选出三个跟踪序列视频，涵盖环境光照变化、遮挡、背景杂乱等因素。其次复现 SiamRPN、SiamRPN++这两个算法模型。最后将这三个算法模型在这两组视频数据上的跟踪结果进行可视化，如图 9.11 所示。

SiamRPN、SiamRPN++等算法均因背景信息的杂乱发生了一定程度的跟踪边界框变形，跟踪结果不够精确，特别是 SiamRPN 算法最为明显。这是受其浅层网络在复杂环境下提取特征能力弱导致的。而本章提出的算法与同样使用深层网络的 SiamRPN++相比，在复杂环境中其跟踪效果更好，分析原因有以下两点：

第一，本章对 SiamRPN++算法明显特征提取部分进行优化，使用参数更少、性能更强的 ResNeXter50 深层网络，使模型的特征提取能力更强；第二，本章在模型进行互相关操作之前使用的空间注意力模块，降低特征图中非必要信息的干扰，使本章算法模型能有效地应对环境背景复杂等情况。

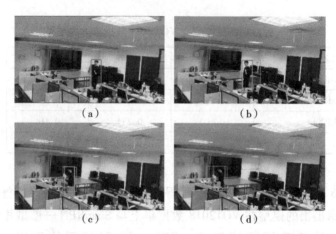

图 9.11 在机房实验室场景下各模型的跟踪结果

9.3.5 消融实验分析

为了进一步验证本章提出的算法模型 SiamRPNer++的有效性，本小节对本章提出的 SiamRPNer++算法中的改进策略进行消融实验分析，以证明其有效性。在本小节，使用 VOT2018 数据集对各消融实验的结果进行验证，并使用 VOT2018 中精确性得分作为算法模型的评价指标，主要进行了两种消融实验：第一，对深度特征提取模块中使用的 ResNeXter50 进行消融实验分析；第二，对空间注意力模块进行消融实验分析。

本小节在进行消融实验时，使用 SiamRPN++作为基线模型进行参考。在对空间注意力模块的消融实验分析中，设置三种算法模型进行对比，分别是不使用本章提出的空间注意力模块的 SiamRPN++算法模型、使用本章提出的空间注意力模块的 A–SiamRPN++算法模型、使用简单空间注意力的 B–SiamRPN++算法模型。实验的结果如表 9.7 所示。

从表 9.7 可知，使用深度特征提取模块的 C–SiamRPN++算法模型相较于 SiamRPN++算法模型，在 VOT2018 数据集上精确性得分提升了 1.8%。结果表明，特征提取模块采用的 ResNeXter50 网络模型有更强的从复杂背景中提取特征的能力，使跟踪精度提升。

表 9.7　SiamRPNer++模型的消融实验结果

模型名	深度特征提取模块	空间注意力模块	VOT2018
SiamRPN++	无	无	0.600
A-SiamRPN++	无	有	0.607
B-SiamRPN++	无	有（简单的空间注意力）	0.605
C-SiamRPN++	有	无	0.611
SiamRPNer++（our model）	有	有	0.617

从表 9.7 中可以看到，使用空间注意力模块的 A-SiamRPN++算法模型和 B-SiamRPN++算法模型，在 VOT2018 数据集上精确性得分的增益分别为 1.2% 和 0.8%。说明空间注意力的引入能使跟踪模型提高对特征信息的感知能力，避免非必要特征信息的干扰，同时本章提出的空间注意力模块采用多种权重生成方式，对特征具有更强的判别能力。在对深度特征提取模块的消融实验分析中，设计了两种算法模型进行对比，分别是不使用深度特征提取模块的 SiamRPN++算法模型、只使用深度特征提取模块的 C-SiamRPN++算法模型。

当深度特征提取模块与空间注意力模块共同使用时，便构成了本章的算法模型 SiamRPNer++，从表 9.7 可知，相较于 SiamRPN++模型，本章提出的算法模型在 VOT2018 数据集上的精确率提升了 2.8%。进一步证明了本章提出的算法模型能更有效地从复杂的环境背景中提取特征，抑制非必要特征信息的干扰，提升跟踪模型性能。

9.4　本章小结

本章为了解决单目标跟踪算法在研究中存在的不足，以及在复杂环境背景条件下跟踪效果不佳的问题，提出了一种名为 SiamRPNer++的单目标跟踪模型。该模型基于 SiamRPN++模型构建，通过提升网络在复杂背景下的特征提取能力和抗干扰能力来提高跟踪精度。本章对算法模型的整体框架、深度特征提取模块和空间注意力模块进行介绍，最后设置了多组分析实验（包括定量与定性的对比分析实验、消融分析实验）来验证本章提出的算法模型——SiamRPNer++的有效性。

第10章 基于刷卡数据的学生行为特征分析

校园一卡通刷卡数据属于结构化数据，详细地记录了学生的就餐、消费等校园行为，刷卡数据用于分析学生行为特征的优势有三方面：一是数据中含有学生的身份信息，不会发生身份匹配错误的问题；二是数值区分度高，能够体现出数据趋势的微小变化；三是学生的就餐习惯与情绪状态的关联性较大，而受群体特征的影响较小，因此是分析学生校园行为特征的重要数据源。

基于刷卡数据的学生群体和个体行为分析，一共分为四个方面，具体描述如下：

（1）基础的数据统计以及和性别相关的分析，其中包括了对不同充值情况的学生的分布情况的统计，按照充值次数、单笔充值金额以及充值总额三个方面进行不同的统计。

（2）针对基础数据（如不同的刷卡地点、刷卡时间等）研究分析，在消费记录模块中，首先分析刷卡机每天的刷卡数、消费总额、平均消费额情况以及随日期的变化情况；其次分析刷卡机每餐（分早中晚三餐）的刷卡次数、消费总额、平均消费额情况；最后分析不同食堂内的所有刷卡机加和的刷卡次数、消费总额、平均消费额情况。门禁系统分析模块里，统计分析的内容有针对不同的门禁机分析每天的刷卡进出数量情况；分时段研究不同门禁机的刷卡进出数量情况。

（3）按学生群体行为特征（不同分类的所有学生的平均情况）进行统计分析。在消费记录模块中，分析所有同学每天的平均刷卡次数、平均消费额情况在不同地点的变化情况；分析所有同学每餐的平均刷卡次数和平均消费额情况在不同地点的变化情况；以及分不同的专业研究每天的平均刷卡次数、平均消费额的情况在不同地点的变化情况；还有对于不同专业同学的消费能力的分析。门禁系统模块中，统计分析的内容有分析所有同学在不同的门禁机处每天平均的进出数量情况；分析所有同学在不同的门禁机处一天内不同时段平均的刷卡进出数量情况；以及分专业去看不同专业的学生每天平均在不同门禁机处的刷卡进出数量情况。

（4）针对学生个体的行为特征来进行研究分析。在消费记录模块中，研究的内容有某一同学的消费情况在其同专业同学中的占位值情况，其中包括刷卡次数、平均消费额等内容，以及随日期的变化情况；选定长期基准和短期基准，研究某一周的消费数据和基准间的相似度情况；还有就是针对某一名同学分析他的消费习惯，如他喜欢去什么地方吃，喜欢吃多少元的饭菜，以及他的习惯是否会随着时间的改变而改变。门禁刷卡记录模块中，针对某一名同学研究其出入情况在其同专业同学中的占位值情况，包括如刷卡进出门的数量等，以及随日期的变化情况；还有就是针对某一名同学研究他的场所出入习惯，即他经常出入学校的什么地方，以及他的出入习惯是否会随着时间的变化而变化。

10.1　刷卡数据的预处理

对刷卡数据进行的清洗工作包括处理原始数据中的缺失值，去除其中的异常值和重复值，以此来确保数据的高质量与准确性；以及对数据进行预处理的操作，包括数据转换、数据标准化等。

处理原始数据中的缺失值，主要通过对缺失值分析和对异常值检测来完成，通过检测原始数据集中是否存在缺失值或空白页来了解数据的缺失情况。关于异常值的检测，主要通过使用统计方法或者可视化技术来识别异常值，这些值在某些程度上也会影响分析结果的可靠性。关于数据的准确性的评估，主要通过数据清洗去识别和纠正数据中的错误、缺失或者不一致的某些数据，以此来消除数据中的噪声和冗余项，达到对数据准确性的保证。

数据清洗是数据预处理工作中的首要任务，需要处理数据中的缺失值、异常值和重复值。对于缺失值，可以选择删除具有缺失值的样本或使用插补的方法进行填充；对于异常值，可以将其删除或者替换成合理的值；对于重复值，可以识别或者删除相应的重复数据。在数据集成进行合并数据的过程中，要确保来自不同数据源的现实世界的实体可以成功匹配，并同时处理好属性冗余问题。数据转换工作涉及将数据转换为适合进行分析的形式，常见的方法有数据规范化、属性构造等，数据规范化也就是将数据转换为统一的形式，以便进行数据间的比较和分析；属性构造也就是根据已有的属性生成新的属性，以提高分析建模的效果。

10.2 刷卡机分布数据统计

针对刷卡机的分布统计，首先筛选所有"Dept"列的值包含食堂或店或超市的行，并将筛选出的结果存储在变量 canteen_ and_ shop 中。其次对 canteen_ and_ shop 变量按照 Dept 和 Term No 进行分组，并计算每个组的行数。最后将结果存储在变量 Dept_ summary 中，这时得到的结果只能获知哪个 Term No 属于哪个地点，但还不能直接知晓各个地点含有刷卡机的数量，因此需要对 dept_ summary 变量按照 Dept 再次分组，计数得到每个地点所含刷卡机的个数，统计结果如图 10.1 所示。

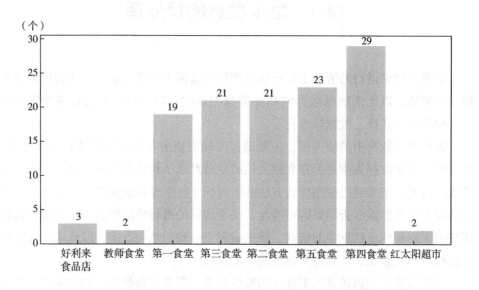

图 10.1 不同地点所含刷卡机的个数分布

由图 10.1 便可以清晰地获知：学校共有 6 个食堂，分别为第一食堂（含有 19 个刷卡机）、第二食堂（含有 21 个刷卡机）、第三食堂（含有 21 个刷卡机）、第四食堂（含有 29 个刷卡机）、第五食堂（含有 23 个刷卡机）、教师食堂（含有 2 个刷卡机）；共有 2 个商超，分别为红太阳超市（含有 2 个刷卡机）和好利来食品店（含有 3 个刷卡机）。求和得刷卡机总数为 120 台。

10.3　学生刷卡数据群体特征分析

对于群体性特征分析，包括分析刷卡机每天的刷卡数、消费总额、平均消费额情况以及随日期的变化情况；分析所有同学每天的平均刷卡次数、平均消费额情况在不同地点的变化情况；分析所有同学每餐的平均刷卡次数和平均消费额情况在不同地点的变化情况；以及分不同的专业去研究每天的平均刷卡次数、平均消费额的情况在不同地点的变化情况。

10.3.1　学生充值情况统计

本部分内容的统计依旧涉及 data2 中的相关数据，关于充值次数与对应人数的分布情况统计，首先筛选出了充值金额大于 0 的记录，即 Fund Money 大于 0 的数据，然后按学号分组并对分组后的数据进行聚合操作，统计了每个学号的充值次数，将结果存储到 recharge_summary 变量中，然后对 recharge_summary 数据框的列名进行重命名，包含 2 列，分别为学号和充值次数，然后对 recharge_summary 的数据使用透视表（Pivot Table）功能，以充值次数为索引对学号进行计数，得到了每个充值次数及其对应的总人数的结果，统计结果如图 10.2 所示。

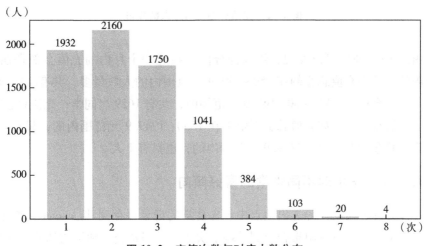

图 10.2　充值次数与对应人数分布

由图 10.2 可清晰直观地获知，在这一个月的时间里此年级学生的充值次数情况，经过统计，绝大部分同学（约 93.1%）的充值次数小于等于 4 次，其中一个月内充值次数为 2 次的同学占比最多，约 29.2%，其次为充值次数为 1 次的，占比约 26.1%，充值次数为 8 次的同学人数最少，仅有 4 人，占比约 0.0541%。

对于充值总额与对应人数的分布情况，首先筛选出了充值金额大于 0 的记录，即 Fund Money 大于 0 的数据，然后按学号分组统计了每个学号的充值总额，将结果存储到 recharge_summary1 变量中，然后对 recharge_summary1 数据框的列名进行重命名，包含 2 列，分别为学号和充值总额，然后对 recharge_summary1 的数据按充值总额分组来计算每个充值总额所对应不同学号的数量，这样就得到了每个充值总额及其对应的总人数的结果，统计结果如图 10.3 所示。

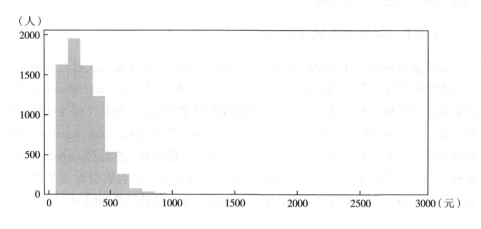

图 10.3　充值总额与对应人数分布

由图 10.3 我们可以发现，绝大部分同学在这一个月内的充值金额是在 500 元以内的，其中充值总金额在 150~249.9 元范围内的人数最多，共有 1956 名同学；其次是充值总金额在 50~149.9 元范围内，共有 1629 名同学；充值总金额最少的总额值有多个，如充值总金额范围在 1850~1949.9 元范围内的，只有 1 人；再如充值总金额在 2750~2849.9 元范围内的，也只有 1 人。

10.3.2　学生对不同食堂的喜好倾向

本部分内容需要先筛选出地点中包含食堂的记录保存到 df_canteens 变量中，然后根据不同的地点分组聚合得到总刷卡次数、总消费金额和平均消费额并保存到 canteens_stats 变量中，然后将其输出到一个 xlsx 表格中备用。最后基于得到的数据，便得到了 6 个不同食堂每天的总刷卡次数、总消费金额及平均消费额的情况。所涉及的教师食堂和第一至第五食堂每天的刷卡次数分布如图 10.4 至图 10.9 所示。

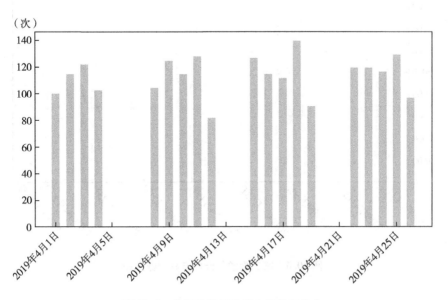

图 10.4　教师食堂每天刷卡总次数分布

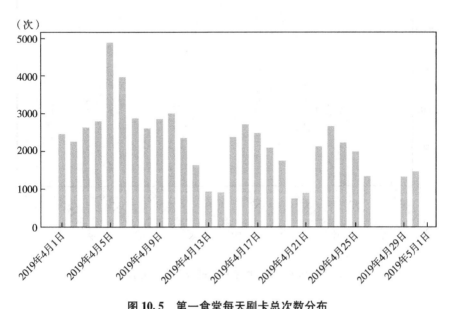

图 10.5　第一食堂每天刷卡总次数分布

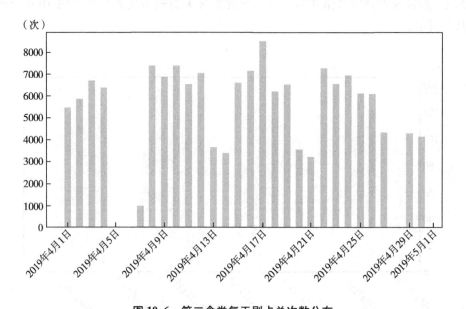

图 10.6　第二食堂每天刷卡总次数分布

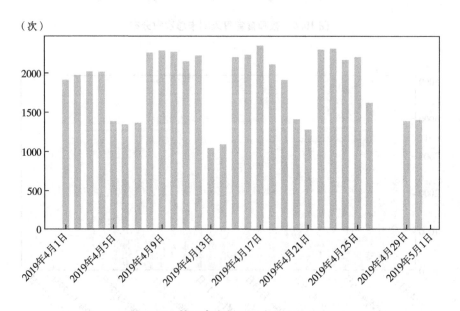

图 10.7　第三食堂每天刷卡总次数分布

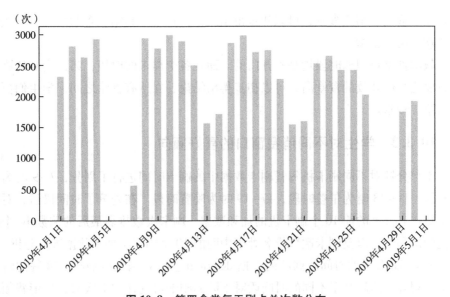

图 10.8　第四食堂每天刷卡总次数分布

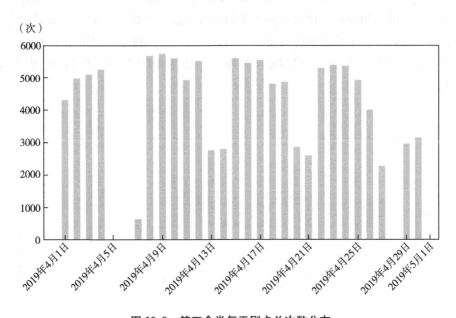

图 10.9　第五食堂每天刷卡总次数分布

从图 10.4 至图 10.9 的对比可以直观地看到，第二、第四、第五食堂以及教师食堂在 2019 年 4 月 5 日和 6 日是没有数据的，因此可以断定在这 2 天这几个食堂是关门的，而第一食堂在 2019 年 4 月 5 日和 6 日的刷卡次数显著增加，其增加幅度远远大于第三食堂，可以初步得出结论：在第一和第三食堂之间，学生们更喜欢去第一食堂。

教师食堂在周末时段均是不开门的。而在各个周末的时段，第二食堂的刷卡次数要比其他开放的食堂高，可以初步得出结论：在所有食堂之间，学生们更喜欢去第二食堂。

10.3.3　学生对不同消费窗口的喜好倾向

本部分针对不同刷卡机每餐刷卡数据中的刷卡时间进行了划分，7~9 时为早餐时段，11~13 时为午餐时段，17~19 时为晚餐时段。在划分了时间段后，对刷卡次数排名最多的前 10 个刷卡机的加和数据、刷卡次数排名最后的倒数 10 个刷卡机的加和数据以及刷卡次数排名处于中间的 10 个刷卡机加和数据进行分析。

先对 data2 里的时间数据序列根据 determine_meal 函数按照早中晚餐的时间段进行划分，然后基于不同的时间段对不同的刷卡机统计刷卡次数、总消费额以及平均消费额并保存到 daily_meal_stats 变量中，并把统计好的数据输入表格中备用。基于得到的表格，便可得到 3 种刷卡机的刷卡次数、总消费额和平均消费额的情况，以刷卡次数为例进行说明（每天一个柱），刷卡次数排名最多的前 10 个刷卡机的早餐、午餐、晚餐刷卡次数对比如图 10.10、图 10.11 和图 10.12 所示。

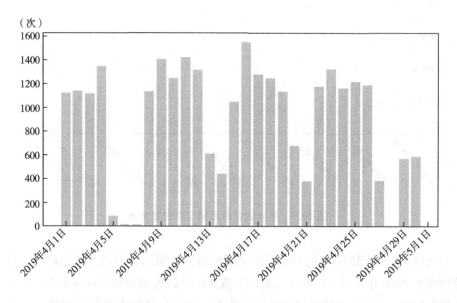

图 10.10　食堂刷卡次数最多的十个刷卡机每天早餐刷卡总次数

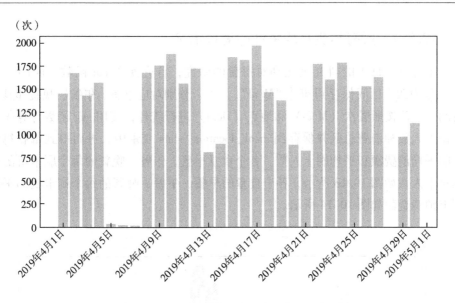

图 10.11　食堂刷卡次数最多的十个刷卡机每天午餐刷卡总次数

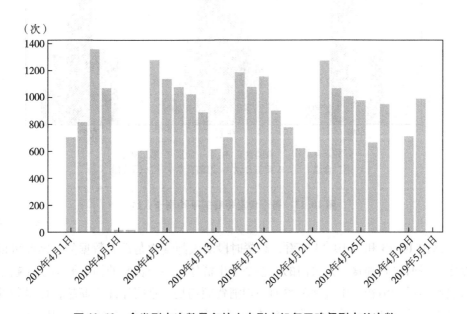

图 10.12　食堂刷卡次数最多的十个刷卡机每天晚餐刷卡总次数

从图 10.10~图 10.12 中可以大致看出，早餐的刷卡次数比午餐和晚餐的刷卡次数少；同时，可以清楚地看到，每个图中柱子显著变低的时刻往往都是处于周末的时间结点。

10.3.4 所有学生平均每餐的消费情况

本部分对每天的研究细化到对每餐的研究，首先使用 cut 函数将时间（小时）分为四个区间保存到 df［"Meal"］中，分别对应早餐、午餐、晚餐和其他时间。然后按照餐次（Meal）和地点（Dept）进行统计，使用 agg 函数计算每组的刷卡人数和消费总额并保存到 meal_location_stats 变量中，进而得到每餐每地点的平均消费额和平均刷卡人数。各个食堂早餐、午餐、晚餐的每个刷卡机的平均刷卡人数如图 10.13 所示，各个食堂的早餐、午餐、晚餐的每个刷卡机的平均刷卡消费金额如图 10.14 所示。

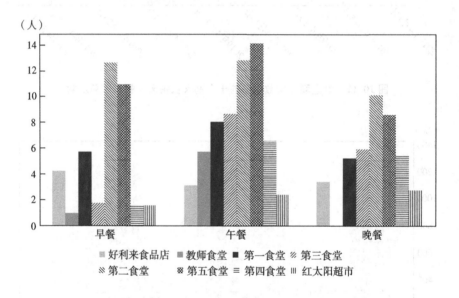

图 10.13　各个食堂每餐的平均刷卡人数

从图 10.13 和图 10.14 来看，晚餐时段的教师食堂是没有数据的，因此可以断定晚餐时段教师食堂是关门的。整个学生群体在各个食堂的消费要多于在超市及食品店里的消费，午餐和晚餐的平均消费额均是食堂明显高于商超，而早餐两者的差距并不是那么明显，第一食堂和第四食堂的刷卡人数略逊色于其他食堂。此外，好利来食品店的销量好于红太阳超市。

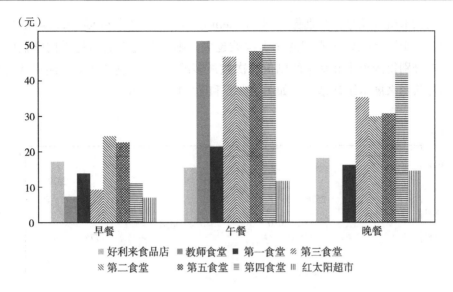

图 10.14　各个食堂每餐的平均消费额

10.4　学生分类别群体消费倾向分析

对于不同分类的学生群体，本章分别进行统计分析，获得该分类群体的学生的平均特征，以作为对该分类学生进行个性化行为特征分析的基准数据。本部分已经完成的工作包括不同性别的消费类别倾向分析、不同专业的消费特征分析、不同专业的门禁使用特征分析。

10.4.1　不同性别的消费类别倾向分析

在不考虑群体与个体的差异时，由不同性别的学生在不同刷卡机处刷卡的次数排名，我们可以得到男女生分别最喜欢去消费购物的刷卡机的编号。

针对不同类别的消费类别倾向分析，首先按性别（Sex）和刷卡机终端号（Term No）来对数据进行分组并保存到 gender_term_stats 变量中，然后分别计算了不同性别的学生在各个刷卡机处的刷卡次数、消费总额和平均消费额情况，并将其输入一个 xlsx 表格中备用。然后自定义一个函数 get_top_terms_by_CardCount（基于性别和刷卡机的刷卡次数排名）找出不同性别中的前 10 个刷卡次数最多的刷卡机终端号，分别保存到 top_terms_female 变量中和 top_terms_male 变量中。某个刷卡机处所累积的刷卡次数越多，则表明这个窗口越受同学们的喜爱。在分别得到男生和女生的刷卡总次数最多的前 10 个刷卡机后，绘制获得相应的柱状图来展示统计结果，如图 10.15 和图 10.16 所示。

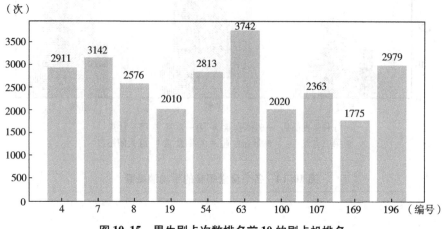

图 10.15　男生刷卡次数排名前 10 的刷卡机排名

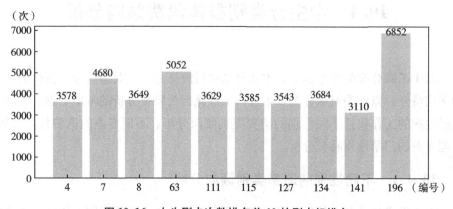

图 10.16　女生刷卡次数排名前 10 的刷卡机排名

由图 10.15 和图 10.16 可知，男生群体最喜欢去 63 号刷卡机消费，女生群体最喜欢去 196 号刷卡机消费。63 号刷卡机属于第二食堂、196 号刷卡机属于好利来食品店。

在得到男女生分别倾向于消费的刷卡机编号后，研究男女生群体在各自最喜欢的刷卡机处所喜欢购买的是多少元的商品，由于数据中没有所购买商品的编号，因此无法得到男女生分别最喜欢购买的商品是什么，但是可以得到男女生分别最喜欢购买的是哪个刷卡机下的单价为多少元的商品。

在统计研究特定的刷卡机处的单笔消费金额分布图时，首先读入了 data1 和 data2 中的数据，然后创建了一个字典 sex_dict 以便通过学生号或卡号快速查找到对应的性别，又将 data1 中的性别列添加到 data2 中。然后定义了金额分布区间，在这里一共划分了 9 个区间，分别是 0～2.5 元、2.5～5 元、5～7.5 元、7.5～10 元、10～12.5 元、12.5～15 元、15～17.5 元、17.5～20 元及 20 元以上。接下来绘制男生的 63 号刷卡机处的消费金额分布情况和女生的 196 号刷卡机处的消费金额分布情况，如图 10.17 和图 10.18 所示。

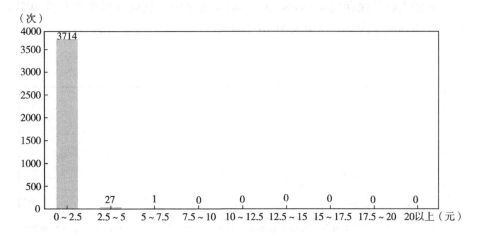

图 10.17　男生在 63 号刷卡机处的消费金额分布

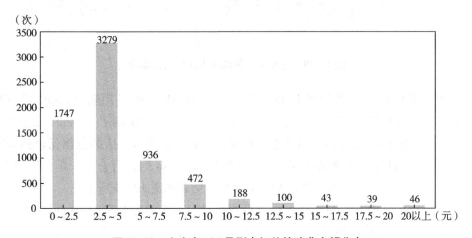

图 10.18　女生在 196 号刷卡机处的消费金额分布

由图 10.17 和图 10.18 可知，男生最喜欢的是 63 号刷卡机处的 0~2.5 元范围内的商品，而女生最喜欢的是 196 号刷卡机处的 2.5~5 元的商品。在不考虑个体与群体的差异时，由上述男女生在不同刷卡机处的消费金额购买频率分布情况可以得到男女生群体在消费项目偏好方面的大致差异。

10.4.2 不同专业的消费特征分析

针对不同专业的学生，通过其刷卡次数和平均刷卡关消费额分析其群体消费特征。对于刷卡次数的计算，通过遍历 data2 里的数据找到食堂和超市及食品店的相关数据并保存到 df2 中，然后对卡号进行去重操作，使用 Groupby 方法统计每个专业的人数并保存到 students_per_major 变量中，然后计算每个专业的刷卡总次数及平均刷卡次数，结果如图 10.19 所示。

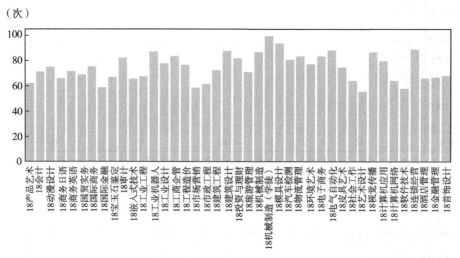

图 10.19　各专业的平均刷卡次数对比情况

对于平均刷卡消费额的计算，首先读入 data1 文件（用到"CardNo"和"Major"2 列数据）和 data2 文件（用到"CardNo""Money""Dept"3 列数据）。然后筛选 data2 里的地点数据，找到食堂和超市及食品店的数据保存到 df2 变量中，然后将得到的数据与 data1 文件根据 Card No 列进行合并，再去遍历各个专业，依次计算其平均消费额和总消费额，结果如图 10.20 所示。

由图 10.20 中可以观察到，平均消费额排名前 5 的专业有 18 软件技术、18 产品艺术、18 计算机网络、18 商务日语、18 首饰设计。然后由图 10.19 和图 10.20 观察上述 5 个专业的平均刷卡次数和总消费额情况，可以得知 18 软件技术这个专业的学生消费能力是要强于其他专业的，因为他们虽然平均刷卡次数少，也就是消费的次数少，但是平均消费额（在食堂或商超里单次消费较高）和总消费额（在食堂和商超的整体消费规模较大）还是较高的。

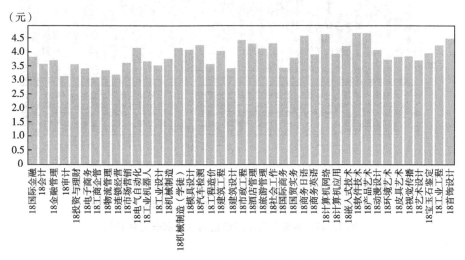

图 10.20　各专业的平均消费额对比情况

对于不同专业的刷卡消费地点的分析，首先读入 data1 和 data2 的数据，然后筛选和食堂、超市及食品店有关的数据保存到 df 2 中，然后使用 cut 函数将 Date 列的数据分割到不同的区间并保存到 df［"Meal"］中，并根据这些区间为每行分配标签（"早餐""午餐""晚餐"），然后使用 groupby 按 Major 和 Dept 分组并保存到 grouped 变量中，并计算每个组的总消费额（"Total_Money"）和人数（"Count"）及计算平均消费额；然后筛选三餐的数据，以同样的方式得到各专业每餐的平均消费额情况，关于各专业整体的平均刷卡次数情况及三餐的平均刷卡次数情况的实现思路和平均消费额是一致的，且此处以平均刷卡次数为例进行展示，如图 10.21 所示。

在不考虑其他消费影响因素的前提下，可以由图 10.21 中发现，最喜欢去好利来食品店消费的是 18 商务日语专业，最喜欢去第一食堂消费的是 18 建筑设计专业，最喜欢去第二食堂消费的是 18 机械制造（学徒），最喜欢去第三食堂消费的是 18 计算机应用，最喜欢去第四食堂消费的是 18 汽车检测，最喜欢去第五食堂消费的是 18 投资与理财，最喜欢去教师食堂消费的是 18 建筑工程，最喜欢去红太阳超市消费的是 18 机械制造（学徒），这就展现了不同专业的消费偏好差异。

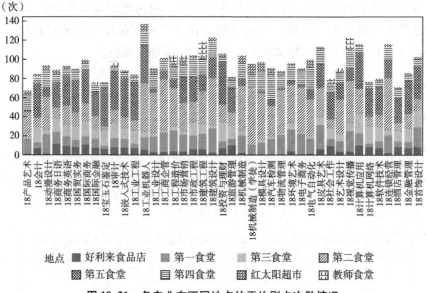

图 10.21　各专业在不同地点的平均刷卡次数情况

10.4.3　不同专业门禁使用特征分析

针对不同专业的门禁使用特征的分析，首先读入 data1 和 data3 的数据，筛选出 Access 列值为 1 的相关数据，对每天和每专业的数据进行遍历，筛选那些"Address"列中包含字符串"进门"和"出门"的行并分别保存到 ddd1 和 ddd2 变量中，然后按"Access Card No"列对上述数据进行分组，计算每个组的行数，进而计算得到每个专业每天的平均进出门情况 avg_ entries 和 avg_ exits，如图 10.22 和图 10.23 所示。

我们重点关注各个周末的情况，在第一周的周末，也就是 2019 年 4 月 6 日和 4 月 7 日，18 金融管理专业的学生平均进出门次数是显著增加的；在第二周的周末，也就是 2019 年 4 月 13 日和 4 月 14 日，18 社会工作专业的学生平均进出门次数增加尤为显著；在第三周的周末，也就是 2019 年 4 月 20 日和 4 月 21 日，18 市政工程专业的学生平均进出门次数增加尤为显著；在第四周的周末，也就是 2019 年 4 月 27 日和 4 月 28 日，18 建筑设计专业的学生平均进出门次数增加尤为显著。这表明在各周末时段这几个专业的同学活动是较为频繁的，可能与专业所需的学业课程进度有关，包括一些实地勘察、去实验室进行实验等。

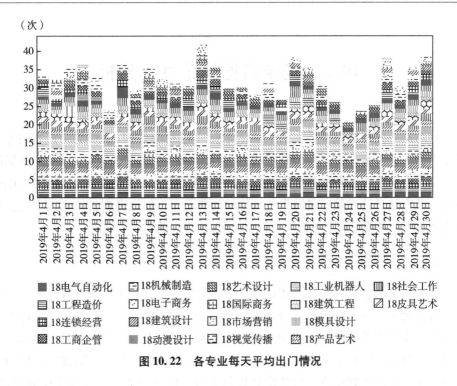

图 10.22 各专业每天平均出门情况

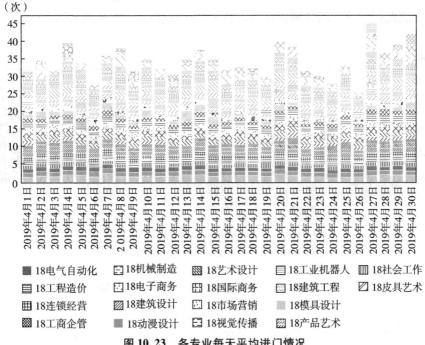

图 10.23 各专业每天平均进门情况

10.5 刷卡数据的个性化分析

针对某一同学的就餐数据的个性化分析，主要是针对其消费情况在其同专业同学中的占位值情况，其中包括了刷卡次数、平均消费额等内容，以及随日期的变化情况；选定长期基准和短期基准，研究某一周的消费数据和基准间的相似度情况；还有就是针对某一名同学分析他的消费习惯，如他喜欢去什么地方吃，喜欢吃多少元的饭菜，以及他的习惯是否会随着时间的改变而改变。

10.5.1 某同学的消费数据占位情况分析

针对指定的某名同学的消费特征分析，主要分析其在所在分类群体的占位情况。首先读入了 data1 和 data2 的数据，然后过滤地点，筛选出在食堂和超市及食品店消费的相关数据保存到 df2 变量中，然后根据卡号进行合并数据 data，提取日期信息来计算每天的指标值 daily_stats，包括刷卡次数、总消费额、平均消费额和在食堂的就餐比率，再依次计算每个指标的占位值，得到百分比的排名，绘制得到此同学每天的各项指标的占位值情况柱状图，如图 10.24 所示。

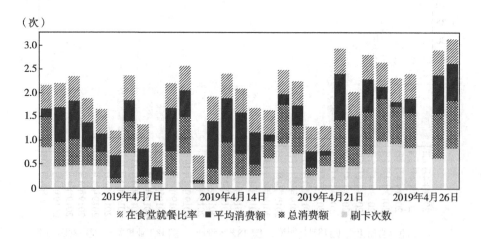

图 10.24　某同学每天的消费数据的占位值情况

由图 10.24 可以观察到，该同学在这一个月内的在食堂就餐比率是非常平稳的，基本处于 0.51 左右，可以得到此同学的在食堂就餐的餐饮习惯是基本不变的；此外，之前得到的周末时段的刷卡次数会降低的结论也在此同学身上完美展现了，因此可以看到在周末时段，此同学在学校就餐消费的频率非常低，可能在周末时段出现和朋友外出游玩或点外卖等情况。此外，还可以看到在每周的周一和周五，此同学的消费数据的占位值是经常变化的，说明在每周的周一和周五他的消费习惯可能是变化的，为了验证是否如此，对此同学每天的消费地点和消费时间等进行了统计，来观测他的消费习惯是否会发生变化。

10.5.2　某同学消费习惯的变化情况

针对刚才指定的同一名同学，通过筛选找到此名同学每天在食堂和超市及食品店的消费数据 df2，然后对得到的这些数据按日期进行降序排列并保存到变量 df 中，使用 plotly. express 库中的 Scatter 函数绘制一个散点图，展示消费金额及地点随时间的变化情况，如图 10.25 所示。

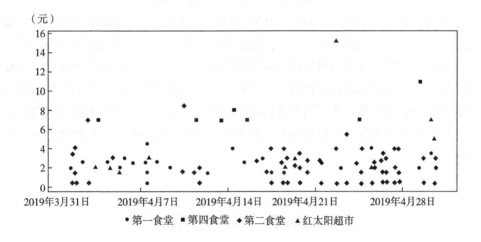

图 10.25　某同学的消费习惯随日期变化情况

通过图 10.25 可以发现，此同学在每周一往往喜欢光顾第一食堂和第二食堂，有时也会光顾第四食堂，但每个周一的消费次数和消费金额是在变化的；在每周五，此同学既会光顾第一食堂和第二食堂，也会光顾红太阳超市，而且随着时间的变化，在每周五，该同学在第二食堂的消费次数和消费金额是一直增加的。综上所述，可以得到此同学在每周一和每周五的消费习惯的确是变化的。此外，还可以发现此同学在第四食堂的消费很少，但都集中在 5~10 元，在红太阳超市的消费也集中在购买 0~5 元的商品；而且，此同学大部分的单笔消费是集中在 0~5 元的，可以得到此同学的消费特点是比较节俭的。

10.5.3　某同学消费数据基准间的相似度比较

针对一名同学的近期刷卡数据与其自身历史数据基准进行对比分析，可以获知其在近期的行为特征的变化情况。首先读入 data1 和 data2 的数据，然后筛选在食堂和超市及食品店的数据并根据卡号合并到 data 变量中，确定了数据集中最后一天所在周的日期范围 last_date，从数据中提取出这个周的数据保存到 long_term_ data 变量中，包括这一周内的刷卡次数、总消费金额、平均消费金额和在食堂消费的比例等指标。然后对这些指标求平均，得到长期基准 long_ term_ baseline。接着是短期基准的计算，短期基准与长期基准类似，只是这里是针对数据中最后一天的前一周进行操作，最终得到了 short_ term_ baseline。最后通过计算当前数据与长期基准以及短期基准之间的欧几里得距离（向量的差的二范数），来衡量它们之间的相似度（long_ term_ similarity 和 short_ term_ similarity）。

通过分析发现，该同学的短期基准数值是要明显高于长期基准数值的，这就强烈表明在较短的时间段内，同学们在食堂的消费行为发生了显著的变化。结合对于数据的选取，可以得出这种变化会涉及就餐频率、单次消费金额等多个方面的结论。长期基准的相似度较低可能反映了同学们在长期内对食堂的消费行为存在较大的差异和变化，而短期基准的相似度较高可能表明在较短的时间段内，同学们的消费行为更集中，这种差异可能揭示了同学们在不同时间段内的不同需求和偏好。

10.6　本章小结

本章基于校园卡的刷卡数据的分析，首先对学生的不同类别的群体行为特征和个体行为特征进行分析，从校园一卡通的刷卡数据中获知学生的日常生活习惯方面的行为特征；其次分析不同分类的学生群体的校园行为特征；最后对学生个体的行为数据的占位特征、变化情况，以及近期特征与长期基准的相似性特征进行分析。

第 11 章　总结与展望

11.1　本书的工作总结

本书基于学生在校园中的行为数据记录，如课堂教学视频数据和校园一卡通消费数据为数据源，针对学生的校园生活习惯和课堂行为进行分析，主要完成的工作由两方面组成：一是研究有效的数据获取方案，提高数据获取的准确性和全员覆盖性；二是在此基础上针对不同的群体分类，分析不同分类群体的行为特征，感知学生的校园行为模式变化。

研究工作以智慧校园的学生行为数据记录作为分析对象，从横向和纵向两个维度分析学生的行为特征和行为特征的变化。从横向维度来说，获知不同分类学生的群体行为模式，并以此为基准，根据其每一数据所在的占位值分析学生个体的行为模式，能够对学生个体的行为特征进行有效的了解。从纵向维度来说，建立学生自身的历史行为模式，并以此作为基准监测学生个体的校园行为模式的微妙变化，能够及时感知学生个体近期的行为特征变化幅度。

本书所述研究内容的第一部分是针对在线教学过程中的学生端视频的数据获取与分析，通过对学生端的视频进行分析，获取学生在听课状态下的数据表征，通过汇总至教师端为教师提供有效的教学效果闭环反馈。研究内容具体为：

（1）适用于学生端的识别模型的轻量化，分别从表情识别模型和姿态估计模型两方面对模型提出了改进思路，以便在性能较低的学生端部署识别模型。在表情识别模型的改进方面，主要从平衡实时性和准确率方面改进表情识别模型，从输入流结构、中间流结构、输出流结构三个结构层面对表情识别模型探索改进方法；在面部姿态估计模型方面，基于 Transformer 构建面部姿态估计模型，对全局图像产生的输入序列与包含面部姿态信息的输出序列之间的复杂关系进行建模，利用学习到的全局特征进行面部姿态估计。

（2）基于学生端单目视频的学生面部姿态估计，目的是分析学生在在线教学过程中的面部朝向（课堂指示关注区域）的变化情况；基于 Transformer 构建网络模型，提出了一种直接预测面部全局 6DoF 的端到端的 FPTR（Face Pose Transformer）网络模型，对全局图像产生的输入序列与包含面部姿态信息的输出序列之间的复杂关系进行建模，利用学习到的全局特征直接进行面部姿态估计并生成面部边界框。

（3）基于单目视频的学生 3D 人脸建模，目的是能基于学生端视频数据建立实时变化的 3D 人脸模型，以分析学生微表情变化；分三个步骤来实现三维人脸重建，分别包括人脸检测、视频关键帧的提取以及基于图像几何自动编码器的三维重建，并对各个步骤所涉及的算法和模型做了一些改进；通过模型预测生成各个特征因子，来重构规范视角下的标准图像，然后使用神经网格渲染器对其进行重建来生成三维人脸模型。

（4）基于单目视频的学生个体的交互动作检测与识别，目的是识别学生在听课状态下的交互动作，以更进一步地分析学生的听课状态；通过融合多种分辨率的特征信息，然后通过"信息性得分"对特征进行筛选，避免小目标特征的丢失；并对特征集合进行压缩以解决 Transformer 模型在高分辨率图像上计算复杂度高的问题。

（5）对学生的短期/长期行为数据进行特征画像，用于师生交互推荐，提出两种师生交互的个体推荐方法：基于短期表情向量聚类的学生分类方法，以及基于长期表情向量聚类的学生推荐方法；通过这两种个体推荐方法，将师生间的交互行为从主观经验判断转变为客观数据支持，为教师选择提问或交流的学生提供更好的参考。

本书研究内容的第二部分是针对课堂教学过程中的监控视频，解决多人视频中的学生个体行为数据的获取，包括面部位置、面部姿态、目标跟踪等，该部分的研究为下一步分析学生行为特征提供数据支持。具体包含如下几方面的研究：

（1）课堂视频中的面部姿态识别与数据分析，针对课堂中的每一名学生在不同时间段的面部朝向（关注区域）进行识别与数据分析；应用基于深度学习的 Img2pose 模型，获取学生面部姿态，分析课堂中学生们的面部朝向状态，以此来量化学生的注意力分布和课堂参与度，统计整体学生在课堂上的面部朝向习惯，获得班级整体在一整节课堂内的注意力关注方向，并分析学生在不同时间段的活动水平和空间移动模式，从而方便分析和理解课堂中学生的关注度、参与度和行为模式。

（2）课间视频中的学生个体的目标跟踪研究，提出了一种名为 SiamRPNer++ 的单目标跟踪模型，使用优化的 ResNeXt 构成的特征提取模块进行特征提取，增强模型特征提取能力，并将空间注意力机制引入孪生网络中以降低 Padding 等非必要特征的干扰，从而提升网络在复杂背景下的特征提取能力和抗干扰能力来提高跟踪精度；并以此分析学生在课间的活动情况，反馈其情绪倾向。

本书研究内容的第三部分基于校园卡刷卡数据的学生行为特征分析，基于校园一卡通中的消费数据和门禁系统中的刷卡数据研究分析学生群体的校园行为特征，包括餐饮消费习惯、消费偏好以及校园活动规律、行动轨迹特征等，基于学生所在分类的群体行为模式，分析学生个体的行为模式，主要根据其每一数据所在的占位值分析学生在生活习惯方面在不同时间段的特征，并建立学生自身的历史行为模式，并以此为基准监测学生个体的校园行为模式的微妙变化及异常。

11.2　进一步研究与展望

本书在前人的工作基础上，针对若干关键技术进行了探索性的研究，取得了一定的成果。但是还有许多问题值得进一步的研究和探讨，进一步的工作主要围绕以下几个方面展开：

由于本书所涉及工作的很多内容尚处于起步阶段或处于未完成状态，因此研究相关的工作将需要继续进行。在当前阶段，所需继续深入研究的工作包含如下几方面：

（1）校园数据集的进一步整合与去隐私化工作。本书涉及的校园数据主要包含校园一卡通的消费刷卡数据、教室课堂视频数据和机房课堂视频数据三类，对于分析学生的校园行为特征还需要继续扩展校园数据的种类和数量，如校园运动数据、校园设施使用数据、校园网络使用数据、教务数据、心理中心数据等。对于数据分析过程中的去隐私化工作也需要进一步设计和完成。

（2）学生的更多方面的校园行为特征的分析。在本书研究工作的后续，会继续分析学生的表情识别、微表情识别等相关数据的获取；并基于这些数据实现学生群体特征和个性化特征的静态分析和动态分析。

（3）学生的课间行为和交互行为的深入分析。学生的课间行为对情绪状态能够实现更为有效的反馈，且区分性更大。因此本书的下一步工作将会涉及基于课间视频的学生个体间交互检测及分析、学生个体运动轨迹跟踪，并以此分析学生在课间的行为特征以及学生间的交互行为特征。

（4）已有数据的进一步分析。对于校园一卡通数据的分析，目前还处于初步阶段，仅完成群体特征的分析，对于学生个体的个性化分析尚需进行；对于课堂学习特征的分析，仅完成学生头部位置和面部朝向数据的识别与初步分析，目前还只是在静态分析阶段，后续会进一步实施基于序列数据的动态分析；对于学生个体的个性化分析，目前仅有部分数据实现了以群体行为为基准的对照分析，尚未进行以自身历史行为模式为基准的对照分析。

参考文献

［1］A Jourabloo, X Liu. Large-Pose Face Alignment via CNN-Based Dense 3D Model Fitting ［C］//2016 IEEE Conference on Computer Vision and Pattern Recognition (CVPR), 2016: 4188-4196.

［2］A Kendall, Gal Y. What Uncertainties Do We Need in Bayesian Deep Learning for Computer Vision? ［C］. 31st Annual Conference on Neural Information Processing Systems (NIPS), 2017.

［3］A Yao, J Shao, N Ma, et al. Capturing Au-aware Facial Features and Their Latent Relations for Emotion Recognition in the Wild ［J］. IEEE Transactions on Systems Man and Cybernetics Society, 2006, 36 (1): 96-105.

［4］Akimoto T, Suenaga Y, Wallace R S. Automatic Creation of 3D Facial Models ［J］. IEEE Computer Graphics and Applications, 1993, 13 (5): 16-22.

［5］Albiero V, Chen X, Yin X, et al. Img2pose: Face Alignment and Detection Via 6dof, Face Pose Estimation ［C］//Proceedings of the IEEE/CVF Conference on Computer Vision and Pattern Recognition, 2021: 7617-7627.

［6］Alex Krizhevsky, Ilya Sutskever, Geoffrey E. Hinton. ImageNet Classification with Deep Convolutional Neural Networks ［J］. Commun. ACM, 2017, 60 (6): 84-90.

［7］Arriaga O, Valdenegro-Toro M, Plöger P. Real-Time Convolutional Neural Networks for Emotion and Gender Classification ［C］//Proceedings of the 27th European Symposium on Artificial Neural Networks, Computational Intelligence and Machine Learning, 2019: 221-226.

［8］Ashish Vaswani, Noam Shazeer, Niki Parmar, et al. Attention is All You Need ［C］//Advances in Neural Information Processing Systems, 2017: 5998-6008.

［9］ Bargal S A, Barsoum E, Ferrer C C, et al. Emotion Recognition in the Wild From Videos Using Images ［C］//Proceedings of the 18th ACM International Conference on Multimodal Interaction, 2016: 433－436.

［10］ Bastian Wandt, Marco Rudolph, Petrissa Zell, et al. CanonPose: Self－Supervised Monocular 3D Human Pose Estimation in the Wild. CoRR abs/2011.14679 (2020).

［11］ Bertinetto L, Valmadre J, Henriques J F, et al. Fully－convolutional Siamese Networks for Object Tracking ［C］//Computer Vision－ECCV 2016 Workshops: Amsterdam, The Netherlands, October 8－10 and 15－16, 2016, Proceedings, Part II 14. Springer International Publishing, 2016: 850－865.

［12］ Bhagavatula C, Zhu C, Luu K, et al. Faster than Real－time Facial Alignment: A 3D Spatial Transformer Network Approach in Unconstrained Poses ［C］//Proceedings of the IEEE International Conference on Computer Vision (ICCV). 2017: 3980－3989.

［13］ Blanz V, Vetter T, Rockwood A. A Morphable Model for the Synthesis of 3D Faces ［J］. Acm Siggraph, 2002: 187－194.

［14］ Bolme D S, Beveridge J R, Draper B A, et al. Visual Object Tracking Using Adaptive Correlation Filters ［C］//2010 IEEE Computer Society Conference on Computer Vision and Pattern Recognition, 2010: 2544－2550.

［15］ Breitenstein M D, Kuettel D, Weise T, et al. Real－time Face Pose Estimation from Single Range Images ［C］//2008 IEEE Conference on Computer Vision and Pattern Recognition (CVPR), IEEE, 2008: 1－8.

［16］ C Szegedy, V Vanhoucke, S Ioffe, J Shlens, Z Wojna. Rethinking the Inception Architecture for Computer Vision ［C］//2016 IEEE Conference on Computer Vision and Pattern Recognition (CVPR), Las Vegas, NV, USA, 2016, 2818－2826.

［17］ Cao Z, Chu Z, Liu D, et al. A Vector－based Representation to Enhance Head Pose Estimation ［C］//Proceedings of the IEEE/CVF Winter Conference on Applications of ComputerVision, 2021: 1188－1197.

［18］ Carion N, Massa F, Synnaeve G, et al. End－to－end Object Detection With Transformers ［C］//Computer Vision－ECCV 2020: 16th European Conference, Glasgow, UK, August 23－28, 2020, Proceedings, Part I 16. Springer International Publishing, 2020: 213－229.

［19］Castelan M, Hancock E R. Acquiring Height Maps of Faces from A Single Image ［J］. 2nd International Symposium on 3D Data Processing, Visualization and Transmission, 2004: 183-190.

［20］Chang F J, Tran A T, Hassner T, et al. Deep, Landmark-free Fame: Face Alignment, Modeling, and Expression Estimation ［J］. International Journal of Computer Vision, 2019, 127: 930-956.

［21］Chang F J, Tuan Tran A, Hassner T, et al. Faceposenet: Making A Case for Landmark-free Face Alignment ［C］//Proceedings of the IEEE International Conference on Computer Vision Workshops, 2017: 1599-1608.

［22］Chao Y W, Liu Y, Liu X, et al. Learning to Detect Human-object Interactions ［C］//2018 IEEE Winter Conference on Applications of Computer Vision, 2018: 381-389.

［23］Chao Y W, Wang Z, He Y, et al. Hico: A Benchmark for Recognizing Human-object Interactions in Images ［C］//Proceedings of the IEEE International Conference on Computer Vision, 2015: 1017-1025.

［24］Chelotti J O, Vanrell S R, Galli J R, et al. A Pattern Recognition Approach for Detecting and Classifying Jaw Movements in Grazing Cattle ［J］. Computers & Electronics in Agriculture, 2018, 145: 83-91.

［25］Chen Y, Wang Z, et al. Self-supervised Learning of Detailed 3D Face Reconstruction ［J］. IEEE Transactions on Image Processing, 2020 (29): 8696-8705.

［26］Chollet F. Xception: Deep Learning with Depthwise Separable Convolutions ［C］//Proceedings of 30th IEEE Conference on Computer Vision and Pattern Recognition, CVPR, 2017: 1800-1807.

［27］Ciregan D, Meier U, Schmidhuber J. Multi-column Deep Neural Networks for Image Classification ［C］//2012 IEEE Conference on Computer Vision and Pattern Recognition. IEEE, 2012, 157 (10): 3642-3649.

［28］Dahmane M, Meunier J. Emotion Recognition Using Dynamic Grid-based HoG Features ［C］//IEEE International Conference on Automatic Face & Gesture Recognition & Workshops. IEEE, 2011: 884-888.

［29］Dai J, Li Y, He K, et al. R-fcn: Object Detection via Region-based Fully Convolutional Networks ［J］. Advances in Neural Information Processing Systems, 2016, 29: 379-387.

[30] Danelljan M, Bhat G, Shahbaz Khan F, et al. Eco: Efficient Convolution Operators for Tracking [C]//Proceedings of the IEEE Conference on Computer Vision and Pattern Recognition, 2017: 6638-6646.

[31] Danelljan M, Shahbaz Khan F, Felsberg M, et al. Adaptive Color Attributes for Real-time Visual Tracking [C]//Proceedings of the IEEE Conference on Computer Vision and Pattern Recognition, 2014: 1090-1097.

[32] Deng J, Dong W, Socher R, et al. Imagenet: A Large-scale Hierarchical Image Database [C]//2009 IEEE Conference on Computer Vision and Pattern Recognition, 2009: 248-255.

[33] Deng J, Guo J, Ververas E, et al. Retinaface: Single-shot Multi-level Face Localisation Inthe Wild [C]//Proceedings of the IEEE/CVF Conference on Computer Vision and Pattern Recognition, 2020: 5203-5212.

[34] Devries T, Biswaranjan K, Taylor G W. Multi-Task Learning of Facial Landmarks and Expression [C]//Canadian Conference on Computer & Robot Vision. IEEE, 2014.

[35] Dhall A, Goecke R, Lucey S, et al. Static Facial Expression Analysis in Tough Conditions: Data, Evaluation Protocol and Benchmark [C]//2011 IEEE International Conference on Computer Vision Workshops (ICCV workshops). IEEE, 2011: 2106-2112.

[36] Dhingra N. Lwposr: Lightweight Efficient Fine Grained Head Pose Estimation [C]//Proceedings of the IEEE/CVF Winter Conference on Applications of Computer Vision, 2022: 1495-1505.

[37] Ding Yan, Zhong Shan, Hua Lei. Automatic Recognition of Student Emotions based on Deep Neural Network and Its Application in Depression Detection [J]. Journal of Medical Imaging and Health Informatics, 2020, v10, n11, 2634-2641.

[38] Dmytro Derkach, Federico M. Sukno. Automatic Local Shape Spectrum Analysis for 3D Facial Expression Recognition [J]. Image and Vision Computing, 2018: 262-8856.

[39] Donghyun Kim, Chanyoung Park, Jinoh Oh, et al. Convolutional Matrix Factorization for Document Context-Aware Recommendation [C]//Proceedings of the 10th ACM Conference on Recommender Systems (RecSys'16), 2016: 233-240.

[40] Duan K, Bai S, Xie L, et al. Centernet: Keypoint Triplets for Object De-

tection [C]//Proceedings of the IEEE/CVF International Conference on Computer Vision, 2019: 6569-6578.

[41] Ekman P, Friesen W V, O'Sullivan M, et al. Universals and Cultural Differences in Facial Expressions of Emotion [J]. Journal of Personality and Social Psychology, 1972, 53 (4): 712-717.

[42] Ekman P, Friesen W V. Facial Action Coding System: A for the Technique Measurement of Facial Movement [J]. Rivista Di Psichiatria, 1978, 47 (2): 126-138.

[43] Fan Mo, Zhihao Zhang, Tong Chen, et al. MFED: A Database for Masked Facial Expression [J]. IEEE Access, 2021, 9: 96279-96287.

[44] Fan Y, Lam K. Multi-region Ensemble Convolutional Neural Network for Facial Expression Recognition [C]//International Conference on Artificial Neural Networks. Springer, Cham, 2018: 84-94.

[45] Fang Changli, Liu Zhi, Li Qing, et al. Sensor Data-Driven Emotion Perception in Physical Learning Spaces-A Review and Prospect [C]//2018 Seventh International Conference of Educational Innovation through Technology (EITT), 2018.

[46] Feng Y, Wu F, Shao X, et al. Joint 3D Face Reconstruction and Dense Alignment with Position Map Regression Network [C]//15th European Conference on Computer Vision (ECCV), 2018, 11218: 557-574.

[47] Feng Zhang, Xiatian Zhu, Hanbin Dai, et al. Distribution Aware Coordinate Representation for Human Pose Estimation [C]//IEEE Conference on Computer Vision and Pattern Recognition 2020, [cs. CV] 14 Oct 2019, http://arxiv.org/abs/1910.06278.

[48] Fengmei C. Design of Intelligent Teaching Analysis System [J]. Journal of Advanced Oxidation Technologies, 2018, 21 (2): 12-17.

[49] G P Lin T Y, Girshick R, et al. Focal Loss for Dense Object Detection [J]. IEEE Transactions on Pattern Analysis & Machine Intelligence, 2017: 2999-3007.

[50] Gan Y, Chen J, Yang Z, et al. Multiple Attention Network for Facial Expression Recognition [J]. IEEE Access, 2020, 8: 7383-7393.

[51] Gao C, Xu J, Zou Y, et al. Drg: Dual Relation Graph for Human-object Interaction Detection [C]//Computer Vision - ECCV 2020: 16th European Conference, Glasgow, UK, August 23-28, 2020, Proceedings, Part XII 16. Springer International Publishing, 2020: 696-712.

[52] Gao C, Zou Y, Huang J B. Ican: Instance-centric Attention Network for

Human-object Interaction Detection [J]. arXiv preprint ArXiv, 2018: 1808. 10437.

[53] Gao Zhilin, Cui Xingran, Wan Wang and etc. ECSMP: A Dataset on E-motion, Cognition, Sleep, and Multi-model Physiological Signals [J]. Data in Brief, 2021, 39, no. 107660.

[54] Genova K, Cole F, Maschinot A, et al. Unsupervised Training for 3D Morphable Model Regression [C]//2018 IEEE/CVF Conference on Computer Vision and Pattern Recognition (CVPR). IEEE, 2018: 8377-8386.

[55] Ghimire D, Jeong S, Lee J, et al. Facial Expression Recognition Based on Local Region Specific Features and Support Vector Machines [J]. Multimedia Tools and Applications, 2017, 76: 7803-7821.

[56] Ghimire D, Lee J. Geometric Feature-based Facial Expression Recognition in Image Sequences Using Multi-class Adaboost and Support Vector Machines [J]. Sensors, 2013, 13 (6): 7714-7734.

[57] Giuntini F T, Cazzolato M T, dos Reis MDD, et al. A Review on Recognizing Depression in Social Networks: Challenges and Opportunities [J]. Journal of Am-bient Intelligence and Humanized Computing, 2020 (11): 4713-4729.

[58] Goodfellow I J, Erhan D, Carrier P L, et al. Challenges in Representation Learning: A Report on Three Machine Learning Contests [C]//International Conference on Neural Information Processing. Springer, Berlin, Heidelberg, 2013: 117-124.

[59] Guo C, Fan B, Zhang Q, et al. Augfpn: Improving Multi-scale Feature Learning for Object Detection [C]//Proceedings of the IEEE/CVF Conference on Computer Vision and Pattern Recognition, 2020: 12595-12604.

[60] Guo J, Zhu X, Yang Y, et al. Towards Fast, Accurate and Stable 3D Dense Face Alignment [C]//Proceedings of the European Conference on Computer Vision (ECCV), 2020: 152-168.

[61] Guo Q, Feng W, Zhou C, et al. Learning Dynamic Siamese Network for Visual Object Tracking [C]//Proceedings of the IEEE International Conference on Computer Vision, 2017: 1763-1771.

[62] G P Lin T Y, Girshick R, et al. Focal Loss for Dense Object Detection [J]. IEEE Transactions on Pattern Analysis & Machine Intelligence, 2017: 2999-3007.

[63] H M R Afzal, S Luo, M K Afzal, et al. 3D Face Reconstruction From Single 2D Image Using Distinctive Features [J]. IEEE Access, 2020, 8: 180681-180689.

［64］Happy S L, George A, Routray A. A Real Time Facial Expression Classifi-cation System Using Local Binary Patterns ［C］//2012 4th International Conference on Intelligent Human Computer Interaction（IHCI）. IEEE, 2012: 1-5.

［65］Hasani B, Mahoor M H. Facial Expression Recognition Using Enhanced Deep 3D Convolutional Neural Networks ［C］//Proceedings of the IEEE Conference on Computer Vision and Pattern Recognition Workshops, 2017: 30-40.

［66］He Jun, Peng Li, Sun Bo, et al. Dual Multi-Task Network with Bridge-Temporal-Attention for Student Emotion Recognition via Classroom Video ［R］. 2021 International Joint Conference on Neural Networks（IJCNN）, 2021: 1-8.

［67］He K, Zhang X, Ren S, et al. Deep Residual Learning for Image Recogni-tion ［C］//Proceedings of the IEEE Computer Society Conference on Computer Vision and Pattern Recognition, 2016: 770-778.

［68］Henriques J F, Caseiro R, Martins P, et al. High-speed Tracking with Kernelized Correlation Filters ［J］. IEEE Transactions on Pattern Analysis and Machine Intelligence, 2014, 37（3）: 583-596.

［69］Hochreiter S, Schmidhuber J. Long Short-Term Memory ［J］. Neural Com-putation, 1997, 9（8）: 1735-1780.

［70］Horn, B. K. P. Height and Gradient from Shading ［J］. Int J Comput Vi-sion, 1990, 5（1）: 37-75.

［71］Howard A G, Zhu M, Chen B, et al. Mobilenets: Efficient Convolutional Neural Networks for Mobile Vision Applications ［J］. arXiv Preprint arXiv, 1704. 04861, 2017.

［72］Hsu H W, Wu T Y, Wan S, et al. Quatnet: Quaternion-based Head Pose Estimation with Multiregression Loss ［J］. IEEE Transactions on Multimedia, 2018, 21（4）: 1035-1046.

［73］Huang B, Chen R, Xu W, et al. Improving Head Pose Estimation Using Two-stage Ensembles with Top-k Regression ［J］. Image and Vision Computing, 2020, 93: 103827.

［74］H W Chung, B M Sadler, A O Hero. Bounds on Variance for Unimodal Distributions ［J］. IEEE Transactions on Information Theory, 2017（99）: 1-10.

［75］Ioffe S, Szegedy C. Batch Normalization: Accelerating Deep Network Train-ing by Reducing Internal Covariate Shift ［J］. 2015.

［76］Jackson A S, Bulat A, Argyriou V, et al. Large Pose 3D Face Reconstruction from a Single Image via Direct Volumetric CNN Regression ［C］//2017 IEEE International Conference on Computer Vision （ICCV）, 2017: 1031-1039.

［77］James Booth, Anastasios Roussos, Allan Ponniah, et al. Large Scale 3D Morphable Models ［J］. 2018, 126: 233-254.

［78］Jang J, Cho H, Kim J, et al. Facial Attribute Recognition by Recurrent Learning with Visual Fixation ［J］. IEEE Transactions on Cybernetics, 2018, 49 （2）: 616-625.

［79］Jinwoo Jeon, Jun-Cheol Park, YoungJoo Jo, et al. A Real-time Facial Expression Recognizer using Deep Neural Network ［C］//Proceedings of the 10th International Conference on Ubiquitous Information Management and Communication （IM-COM'16）, 2016, 94: 1-4.

［80］K Ren S, He K, Girshick R, et al. Faster R-CNN: Towards Real-Time Object Detection with Region Proposal Networks ［J］. IEEE Transactions on Pattern Analysis & Machine Intelligence, 2017, 39 （6）: 1137-1149.

［81］Kalogerakis E, Averkiou M, Maji S, et al. 3D Shape Segmentation with Projective Convolutional Networks ［C］//Proceedings of the IEEE Conference on Computer Vision and Pattern Recognition, 2017: 3779-3788.

［82］Kao Y, Pan B, Xu M, et al. Single-Image 3D Face Reconstruction Under Perspective Projection ［J］. arXiv Preprint arXiv, 2205.04126, 2022.

［83］Kazemi V, Sullivan J. One Millisecond Face Alignment with An Ensemble of Regression Trees ［C］//Proceedings of the IEEE Conference on Computer Vision and Pattern Recognition, 2014: 1867-1874.

［84］Kim B, Choi T, Kang J, et al. Uniondet: Union-level Detector Towards Real-time Human-object Interaction Detection ［C］//Computer Vision-ECCV 2020, 2020: 498-514.

［85］Kim B, Lee J, Kang J, et al. Hotr: End-to-end Human-object Interaction Detection with Transformers ［C］//Proceedings of the IEEE/CVF Conference on Computer Vision and Pattern Recognition, 2021: 74-83.

［86］Kim W, Choi H K, Min J S. Detectable Object-Sizes Range Estimation Based Multi-Task Cascaded Convolutional Neural Networks in the Vehicle Environment ［C］//2019 IEEE 90th Vehicular Technology Conference （VTC2019-Fall）. IEEE,

2019: 1-5.

[87] Kostadin Georgiev, Preslav Nakov. A Non-IID Framework for Collaborative Filtering with Restricted Boltzmann Machines [C]//Proceedings of the 30th International Conference on International Conference on Machine Learning (ICML' 13), 2013, 28: 1148-1156.

[88] Kristan M, Leonardis A, Matas J, et al. The Sixth Visual Object Tracking Vot 2018 Challenge Results [C]//Proceedings of the European Conference on Computer Vision (ECCV) Workshops, 2018.

[89] Kuhnke F, Ostermann J. Deep Head Pose Estimation Using Synthetic Images and Partial Adversarial Domain Adaption for Continuous Label Spaces [C]//Proceedings of the IEEE/CVF International Conference on Computer Vision, 2019: 10164-10173.

[90] Kumar A, Alavi A, Chellappa R. Kepler: Keypoint and Pose Estimation of Unconstrained Faces by Learning Efficient h-cnn Regressors [C]//2017 12th IEEE International Conference on Automatic Face & Gesture Recognition (fg 2017). IEEE, 2017: 258-265.

[91] L Tran, X Liu. Nonlinear 3D Face Morphable Model [C]//2018 IEEE/CVF Conference on Computer Vision and Pattern Recognition, 2018: 7346-7355.

[92] L Tran, X Liu. On Learning 3D Face Morphable Model from In-the-Wild Images [J]. IEEE Transactions on Pattern Analysis and Machine Intelligence, 2021, 43 (1): 157-171.

[93] Le N, Nguyen K, Nguyen A, et al. Global-local Attention for Emotion Recognition [J]. Neural Computing and Applications, 2022, 34 (24): 21625-21639.

[94] Le Cun Y, Jackel L D, Bottou L, et al. Learning Algorithms for Classification: A Comparison on Handwritten Digit Recognition [J]. Neural Networks: The Statistical Mechanics Perspective, 1995, 261 (276): 2.

[95] Lei Zheng, Vahid Noroozi, Philip S. Yu. Joint Deep Modeling of Users and Items Using Reviews for Recommendation [C]//Proceedings of the Tenth ACM International Conference on Web Search and Data Mining (WSDM' 17), 2017: 425-434.

[96] Lesta L, Yacef K. An Intelligent Teaching Assistant System for Logic [C]//International Conference on Intelligent Tutoring Systems, 2002: 421-431.

[97] Li B, Wu W, Wang Q, et al. Siamrpn++: Evolution of Siamese Visual

Tracking with Very Deep Networks [C]//Proceedings of the IEEE/CVF Conference on Computer Vision and Pattern Recognition, 2019: 4282-4291.

[98] Li B, Yan J, Wu W, et al. High Performance Visual Tracking With Siamese Region Proposal Network [C]//Proceedings of the IEEE Conference on Computer Vision and Pattern Recognition, 2018: 8971-8980.

[99] Li j, Zhang D, Zhang J, et al. Facial Expression Recognition with Faster R-CNN [J]. Procedia Computer Science, 2017, 107 (C): 135-140.

[100] Li S, Deng W, Du J P. Reliable Crowdsourcing and Deep Locality-preserving Learning for Expression Recognition in the Wild [C]//Proceedings of the IEEE Conference on Computer Vision and Pattern Recognition, 2017: 2852-2861.

[101] Li Y L, Liu X, Wu X, et al. Hoi Analysis: Integrating and Decomposing Human-object Interaction [J]. Advances in Neural Information Processing Systems, 2020, 33: 5011-5022.

[102] Li Y, Zeng J, Shan S, et al. Occlusion Aware Facial Expression Recognition Using CNN with Attention Mechanism [J]. IEEE Transactions on Image Processing, 2018, 28 (5): 2439-2450.

[103] Li Zhi, Zhao Hongke, Liu Qi, et al. Learning from History and Present: Next-item Recommendation via Discriminatively Exploiting User Behaviors [C]//Proceedings of the 24th ACM SIGKDD International Conference on Knowledge Discovery & Data Mining (KDD'18). New York, USA, ACM Press, 2018: 1734-1743.

[104] Liao H, Wang D, Fan P, et al. Deep Learning Enhanced Attributes Conditional Random Forest for Robust Facial Expression Recognition [J]. Multimedia Tools and Applications, 2021, 80 (19): 28627-28645.

[105] Liao Y, Liu S, Wang F, et al. Ppdm: Parallel Point Detection and Matching for Real-time Human-object Interaction Detection [C]//Proceedings of the IEEE/CVF Conference on Computer Vision and Pattern Recognition, 2020: 482-490.

[106] Lin T Y, Dollár P, Girshick R, et al. Feature Pyramid Networks for Object Detection [C]//Proceedings of the IEEE Conference on Computer Vision and Pattern Recognition, 2017: 2117-2125.

[107] Lin T Y, Goyal P, Girshick R, et al. Focal Loss for Dense Object Detection [C]//Proceedings of the IEEE International Conference on Computer Vision, 2017: 2980-2988.

[108] Lin T Y, Maire M, Belongie S, et al. Microsoft Coco: Common Objects in Context [C]//Computer Vision-ECCV, 2014: 740-755.

[109] Liu K, Zhang M, Pan Z. Facial Expression Recognition with CNN Ensemble [C]//2016 International Conference on Cyberworlds (CW). IEEE, 2016: 163-166.

[110] Liu S S, Tian Y T, Wan C. Facial Expression Recognition Method Based on Gabor Multi-orientation Features Fusion and Block Histogram [J]. Acta Automatica Sinica, 2011, 37 (12): 1455-1463.

[111] Liu W, Anguelov D, Erhan D, et al. Ssd: Single Shot Multibox Detector [C]//Proceedings of the European Conference on Computer Vision (ECCV), 2016: 21-37.

[112] Liu Y, Yuan X, Gong X, et al. Conditional Convolution Neural Network Enhanced Random Forest for Facial Expression Recognition [J]. Pattern Recognition, 2018, 84: 251-261.

[113] Liu Z, Ping L, Wang X, et al. Deep Learning Face Attributes in the Wild [C]//IEEE International Conference on Computer Vision. IEEE, 2016: 3730-3738.

[114] Liu Z, Zhang Z, Jacobs C, et al. Rapid Modeling of Animated Faces From Video [J]. The Journal of Visualization and Computer Animation, 2010, 12 (4): 227-240.

[115] Liu Shuai, Wing Yun Kwok, Hao Yanli, et al. The Associations of Long-time Mobile Phone Use with Sleep Disturbances and Mental Distress in Technical College Students: A Prospective Cohort Study [J]. SLEEP, 2019, 42 (2): 213.

[116] Lopes A T, Aguiar E D, Santos T O D. A Facial Expression Recognition System Using Convolutional Networks [C]//Graphics, Patterns & Images. IEEE, 2015.

[117] Lu Guanming, Zhu Harrui, Hao Qiang, et al. Facial Expression Recognition Based on Deep Residual Network [J]. Journal of Data Acquisition and Processing, 2019, 34 (1): 50-57.

[118] Luo Zhenzhen, Chen Jingying, Wang Guangshuai, et al. A Three-dimensional Model of Student Interest During Learning Using Multimodal Fusion with Natural Sensing Technology [J]. Interactive Learning Environments, 2020 (8): 1-14.

［119］M S Bartlett, G Littlewort, M Frank, et al. Fully Automatic Facial Action Recognition in Spontaneous Behavior ［C］//Automatic Face and Gesture Recognition, 2006: 223-230.

［120］Maxim Naumov, Dheevatsa Mudigere, Hao-Jun Michael Shi, et al. Deep Learning Recommendation Model for Personalization and Recommendation Systems ［J］. arXiv preprint arXiv, 1906. 00091, 2019.

［121］Mollahosseini A, Hasani B, Mahoor M. Affectnet: A Database for Facial Expression, Valence, and Arousal Computing in the Wild ［J］. IEEE Transactions on Affective Computing, 2017, 10 (1): 18-31.

［122］Moniz J R A, Beckham C, Rajotte S, et al. Unsupervised Depth Estimation, 3D Face Rotation and Replacement ［C］. 32nd Conference on Neural Information Processing Systems (NIPS), 2018.

［123］Narayanan A, Kaimal R M, Bijlani K. Estimation of Driver Head Yaw Angle Using a Generic Geometric Model ［J］. IEEE Transactions on Intelligent Transportation Systems, 2016, 17 (12): 3446-3460.

［124］Newell A, Yang K, Deng J. Stacked Hourglass Networks for Human Pose Estimation ［C］//Computer Vision-ECCV 2016: 14th European Conference, Amsterdam, The Netherlands, October 11 - 14, 2016, Proceedings, Part Ⅷ 14. Springer International Publishing, 2016: 483-499.

［125］Nikolaidis A, Pitas I. Facial Feature Extraction and Pose Determination ［J］. Pattern Recognition, 2000, 33 (11): 1783-1791.

［126］Novotny D, Ravi N, Graham B, et al. C3dpo: Canonical 3D Pose Networks for Non-rigid Structure From Motion ［C］//Proceedings of the IEEE/CVF International Conference on Computer Vision. 2019: 7688-7697.

［127］P Lucey, J F Cohn, T Kanade, et al. The Extended Cohn-Kanade Dataset-A Complete Dataset for Action Unit and Emotion-specified Expression ［C］//IEEE Computer Society Conference on Computer Vision and Pattern Recognition Workshops (CVPRW), 2010: 94-101.

［128］Paul Covington, Jay Adams, Emre Sargin. Deep Neural Networks for YouTube Recommendations ［C］//Proceedings of the 10th ACM Conference on Recommender Systems (RecSys'16), 2016: 191-198.

［129］Paul Resnick, Hal R. Varian. Recommender Systems ［J］. Communications of the ACM, 1997, 40 (3): 56-58.

[130] Paysan P, Knothe R, Amberg B, et al. A 3D Face Model for Pose and Illumination Invariant Face Recognition [C]//2009 Sixth IEEE International Conference on Advanced Video and Signal Based Surveillance (AVSS). IEEE, 2009: 296-301.

[131] Pighin F, Szeliski R, Salesin D H. Modeling and Animating Realistic Faces from Images [J]. International Journal of Computer Vision, 2002: 143-169.

[132] Ploumpis S, Ververas E, Sullivan E O, et al. Towards A Complete 3D Morphable Model of the Human Head [J]. IEEE Transactions on Pattern Analysis and Machine Intelligence, 2020 (99): 1-1.

[133] Polli E, Bersani F S, De R C, et al. Facial Action Coding System (FACS): An Instrument for the Objective Evaluation of Facial Expression and Its Potential Applications to the Study of Schizophrenia [J]. Rivista Di Psichiatria, 2012, 47 (2): 126.

[134] Pons G, Masip D. Multi-task, Multi-label and Multi-domain Learning with Residual Convolutional Networks for Emotion Recognition [J]. arXiv Preprint arXiv, 1802.06664, 2018.

[135] P Dou, I A Kakadiaris. Multi-view 3D Face Reconstruction with Deep Recurrent Neural Networks [J]. 2017 IEEE International Joint Conference on Biometrics (IJCB), 2017, 80: 483-492.

[136] Qi C R, Su H, Nießner M, et al. Volumetric and Multi-view Cnns for Object Classification on 3D Data [C]//Proceedings of the IEEE Conference on Computer Vision and Pattern Recognition, 2016: 5648-5656.

[137] Ranjan R, Patel V M, Chellappa R. A Deep Pyramid Deformable Part Model for Face Detection [C]//2015 IEEE 7th International Conference on Biometrics Theory, Applications and Systems (BTAS), 2015: 1-8.

[138] Ranjan R, Sankaranarayanan S, Castillo C D, et al. An All-in-one Convolutional Neural Network for Face Analysis [C]//2017 12th IEEE International Conference on Automatic Face & Gesture Recognition (FG 2017). IEEE, 2017: 17-24.

[139] Ren S, He K, Girshick R, et al. Faster R-cnn: Towards Real-time Object Detection with Region Proposal Networks [J]. Advances in Neural Information Processing Systems, 2015, 28: 91-99.

［140］Richard T Marriott, Sami Romdhani, Liming Chen. A 3D GAN for Improved Large-pose Facial Recognition ［R］. CoRR abs/2012. 10545（2020）.

［141］Riegler G, Osman Ulusoy A, Geiger A. Octnet: Learning Deep 3D Representations at High Resolutions ［C］//Proceedings of the IEEE Conference on Computer Vision and Pattern Recognition, 2017: 3577-3586.

［142］Ruiz N, Chong E, Rehg J M. Fine-grained Head Pose Estimation Without Keypoints ［C］//Proceedings of the IEEE Conference on Computer Vision and Pattern Recognition Workshops, 2018: 2074-2083.

［143］Ruslan Salakhutdinov, Andriy Mnih, Geoffrey Hinton. Restricted Boltzmann Machines for Collaborative Filtering ［C］//Proceedings of the 24th International Conference on Machine Learning（ICML'07）, 2007: 791-798.

［144］S Ioffe, C Szegedy. Batch Normalization: Accelerating Deep Network Training by Reducing Internal Covariate Shift ［C］//Proceedings of the 32nd International Conference on International Conference on Machine Learning（ICML'15）, 2015, Vol. 37, 448-456.

［145］Sanyal B. T. , Feng H, et al. Learning to Regress 3D Face Shape and Expression from an Image without 3D Supervision ［C］. 2019 IEEE/CVF Conference on Computer Vision and Pattern Recognition（CVPR）, 2019: 7755-7764.

［146］Scarselli F, Gori M, Tsoi A C, et al. The Graph Neural Network Model ［J］. IEEE Transactions on Neural Networks, 2008, 20（1）: 61-80.

［147］Shan C, Gong S, Mcowan P W. Facial Expression Recognition Based on Local Binary Patterns: A Comprehensive Study ［J］. Image and Vision Computing, 2009, 27（6）: 803-816.

［148］Shi J, Zhu S, Liang Z. Learning to Amend Facial Expression Representation Via De-albino and Affinity ［J］. arXiv preprint arXiv: 2103. 10189, 2021.

［149］Sidney Mello. Monitoring Affective Trajectories during Complex Learning ［J］. Encyclopedia of the Sciences of Learning, 2012: 2325-2328.

［150］Simonyan K, Zisserman A. Very Deep Convolutional Networks for Large-scale Image Recognition ［C］//In Processed of 3rd International Conference on Learning Representations, ICLR 2015.

［151］Sinha S N, Ramnath K, Szeliski R. Detecting and Reconstructing 3D Mirror Symmetric Objects ［C］. European Conference on Computer Vision, 2012: 586-

600.

[152] Stewart R, Andriluka M, Ng A Y. End-to-end People Detection in Crowded Scenes [C]//Proceedings of the IEEE Conference on Computer Vision and Pattern Recognition, 2016: 2325-2333.

[153] Sun B, Li L, Zhou G, et al. Facial Expression Recognition in the Wild Based on Multimodal Texture Features [J]. Journal of Electronic Imaging, 2016, 25 (6): 061407. 1-061407. 8.

[154] Sun X, Zheng S, Fu H. ROI-attention Vectorized CNN Model for Static Facial Expression Recognition [J]. IEEE Access, 2020, 8: 7183-7194.

[155] Sun Y, Wang X, Tang X. Deep Convolutional Network Cascade for Facial Point Detection [C]//Proceedings of the IEEE Conference on Computer Vision and Pattern Recognition, 2013: 3476-3483.

[156] Suvash Sedhain, Aditya Krishna Menon, Scott Sanner, et al. AutoRec: Autoencoders Meet Collaborative Filtering [C]//Proceedings of the 24th International Conference on World Wide Web (WWW'15 Companion), 2015: 111-112.

[157] Szegedy C, Liu W, Jia Y, et al. Going Deeper with Convolutions [C]//Proceedings of the IEEE Conference on Computer Vision and Pattern Recognition, 2015: 1-9.

[158] Szegedy C, Vanhoucke V, Ioffe S, et al. Rethinking the Inception Architecture for Computer Vision [J]. 2016: 2818-2826.

[159] Szegedy Christian, Ioffe Sergey, Vincent Vanhoucke, et al. Inception-v4, Inception-ResNet and the Impact of Residual Connections on Learning [C]//Proceedings of the 31st AAAI Conference on Artificial Intelligence, AAAI, 2017: 4278-4284.

[160] Tamura M, Ohashi H, Yoshinaga T. Qpic: Query-based Pairwise Human-object Interaction Detection with Image-wide Contextual Information [C]//Proceedings of the IEEE/CVF Conference on Computer Vision and Pattern Recognition, 2021: 10410-10419.

[161] Tang X, Du D K, He Z, et al. Pyramidbox: A Context-assisted Single Shot Face Detector [C]//Proceedings of the European Conference on Computer Vision (ECCV), 2018: 797-813.

[162] Tao R, Gavves E, Smeulders A W M. Siamese Instance Search for Track-

ing [C]//Proceedings of the IEEE Conference on Computer Vision and Pattern Recognition, 2016: 1420-1429.

[163] Trinh Xuan Tuan, Tu Minh Phuong. 3D Convolutional Networks for Session-based Recommendation with Content Features [C]//Proceedings of the Eleventh ACM Conference on Recommender Systems (RecSys'17), 2017: 138-146.

[164] Valmadre J, Bertinetto L, Henriques J, et al. End-to-end Representation Learning for Correlation Filter Based Tracking [C]//Proceedings of the IEEE Conference on Computer Vision and Pattern Recognition, 2017: 2805-2813.

[165] Wan B, Zhou D, Liu Y, et al. Pose-aware Multi-level Feature Network for Human Object Interaction Detection [C]//Proceedings of the IEEE/CVF International Conference on Computer Vision, 2019: 9469-9478.

[166] Wang H, Zheng W, Yingbiao L. Contextual Heterogeneous Graph Network for Human-object Interaction Detection [C]//Computer Vision-ECCV 2020, 2020: 248-264.

[167] Wang Jingying, Zhang Lei, Liu Tianli, et al. Acoustic Differences between Healthy and Depressed People: A Cross-situation Study [J]. BMC Psychiatry, 2019, 19: 300.

[168] Wang K, Peng X, Yang J, et al. Region Attention Networks for Pose and Occlusion Robust Facial Expression Recognition [J]. IEEE Transactions on Image Processing, 2020, 29: 4057-4069.

[169] Wang Q, Teng Z, Xing J, et al. Learning Attentions: Residual Attentional Siamese Network for High Performance Online Visual Tracking [C]//Proceedings of the IEEE Conference on Computer Vision and Pattern Recognition, 2018: 4854-4863.

[170] Wang Q, Zhang L, Bertinetto L, et al. Fast Online Object Tracking and Segmentation: A Unifying Approach [C]//Proceedings of the IEEE/CVF Conference on Computer Vision and Pattern Recognition, 2019: 1328-1338.

[171] Wang T, Yang T, Danelljan M, et al. Learning Human-object Interaction Detection Using Interaction Points [C]//Proceedings of the IEEE/CVF Conference on Computer Vision and Pattern Recognition, 2020: 4116-4125.

[172] Wang T, Yuan L, Chen Y, et al. Pnp-detr: Towards Efficient Visual Analysis with Transformers [C]//Proceedings of the IEEE/CVF International Conference

on Computer Vision, 2021: 4661-4670.

[173] Wang Y, Ji X, Zhou Z, et al. Detecting Faces Using Region-based Fully Convolutional Networks [J]. ArXiv Preprint ArXiv: 1709.05256, 2017.

[174] Wang Y, Ren X, Liu X, Zhu T. Examining the Correlation between Depression and Social Behavior on Smartphones Through Usage Metadata: Empirical Study [J]. JMIR Mhealth Uhealth 2021, 9 (1): e19046.

[175] Wang Y, Wang J, Liu X, et al. Detecting Depression through Gait Data: Examining the Contribution of Gait Features in Recognizing Depression. Front. Psychiatry.

[176] Wei Q, Sun B, He J, et al. BNU-LSVED 2.0: Spontaneous Multimodal Student Affect Database with Multi-dimensional Labels [J]. Signal Processing Image Communication, 2017: S0923596517301510.

[177] Whitehill J, Serpell Z, Lin Y C, et al. The Faces of Engagement: Automatic Recognition of Student Engagement from Facial Expressions [J]. IEEE Transactions on Affective Computing, 2014, 5 (1): 86-98.

[178] Woo S, Park J, Lee J Y, et al. Cbam: Convolutional Block Attention Module [C]//Proceedings of the European Conference on Computer Vision (ECCV), 2018: 3-19.

[179] Wu F, Pang C, Zhang B. FaceCaps for Facial Expression Recognition [J]. Computer Animation and Virtual Worlds, 2021, 32 (3-4): e2021.

[180] Wu S, Rupprecht C, Vedaldi A. Unsupervised Learning of Probably Symmetric Deformable 3D Objects From Images in the Wild [C]//2020 IEEE/CVF Conference on Computer Vision and Pattern Recognition (CVPR), IEEE, 2020: 1-10.

[181] Wu Y, Lim J, Yang M H. Object Tracking Benchmark [J]. IEEE Transactions on Pattern Analysis & Machine Intelligence, 2015, 37 (9): 1834-1848.

[182] Xie S, Girshick R, Dollár P, et al. Aggregated Residual Transformations for Deep Neural Networks [C]//Proceedings of the IEEE Conference on Computer Vision and Pattern Recognition, 2017: 1492-1500.

[183] Xin Dong, Lei Yu, Zhonghuo Wu, et al. A Hybrid Collaborative Filtering Model with Deep Structure for Recommender Systems [C]//Proceedings of Thirty-First AAAI Conference on Artificial Intelligence, 2017.

[184] Xin M, Mo S, Lin Y. Eva-gcn: Head Pose Estimation Based on Graph

Convolutional Networks [C]//Proceedings of the IEEE/CVF Conference on Computer Vision and Pattern Recognition, 2021: 1462-1471.

[185] Xu Y, Wang Z, Li Z, et al. Siamfc++: Towards Robust and Accurate Visual Tracking with Target Estimation Guidelines [C]//Proceedings of the AAAI Conference on Artificial Intelligence, 2020, 34 (7): 12549-12556.

[186] Yan C G, Chen X, Li L, et al. Reduced Default Mode Network Functional Connectivity in Patients with Recurrent Major Depressive Disorder [J]. Proceedings of the National Academy of Sciences, 2019, 116 (18): 201900390.

[187] Yan X, Yang J, Yumer E, et al. Perspective Transformer Nets: Learning Single-View 3D Object Reconstruction Without 3D Supervision [C]//30th Conference on Neural Information Processing Systems (NIPS), 2016.

[188] Yang Lei, Tian Bo. Perspective SFS 3-D Shape Reconstruction Algorithm with Hybrid Reflectance Model [C]//Proceedings of 2011 International Conference on Computer Science and Network Technology, 2011: 1764-1767.

[189] Yang Qian, Liu Feng, Zhao Zhenglai. Expression Recognition Based on Attention Mechanism and Length Feature of Facial Landmark [R]. 13th International Conference on Wireless Communications and Signal Processing, 2021.

[190] Yang Y, Chen T, Lin Y, et al. Fsa-Net: Learning Fine-grained Structure Aggregation for Head Pose Estimation from A Single Image [C]//Proceedings of the IEEE/CVF Conference on Computer Vision and Pattern Recognition, 2019: 1087-1096.

[191] Yicheng Zhong, Yuru Pei, Peixin Li, et al. Face Denoising and 3D Reconstruction from A Single Depth Image [C]//2020 15th IEEE International Conference on Automatic Face and Gesture Recognition (FG 2020), 2020: 117-124.

[192] Yin T, SS Wulff, Pierre J W, et al. A Case Study on the Use of Data Mining for Detecting and Classifying Abnormal Power System Modal Behaviors [J]. Quality Engineering, 2019: 1-20.

[193] Yu Y, Xiong Y, Huang W, et al. Deformable Siamese Attention Networks for Visual Object Tracking [C]//Proceedings of the IEEE/CVF Conference on Computer Vision and Pattern Recognition, 2020: 6728-6737.

[194] Zhang C, Xu X, Tu D. Face Detection Using Improved Faster Rcnn [J]. arXiv Preprint arXiv, 1802.02142, 2018.

［195］ Zhang K, Zhang Z, Li Z, et al. Joint Face Detection and Alignment Using Multitask Cascaded Convolutional Networks ［J］. IEEE Signal Processing Letters, 2016, 23 (10): 1499-1503.

［196］ Zhang S, Zhu X, Lei Z, et al. S3fd: Single Shot Scale-invariant Face Detector ［C］//Proceedings of the IEEE International Conference on Computer Vision, 2017: 192-201.

［197］ Zhang Y, Liu Z, Liu T, et al. Real Point 3D: An Efficient Generation Network for 3D Object Reconstruction from A Single Image ［J］. IEEE Access, 2019, 7: 57539-57549.

［198］ Zhang Z, Peng H. Deeper and Wider Siamese Networks for Real-time Visual Tracking ［C］//Proceedings of the IEEE/CVF Conference on Computer Vision and Pattern Recognition, 2019: 4591-4600.

［199］ Zhao Z, Liu Q, Wang S. Learning Deep Global Multi-scale and Local Attention Features for Facial Expression Recognition in the Wild ［J］. IEEE Transactions on Image Processing, 2021, 30: 6544-6556.

［200］ Zhao Z, Liu Q, Zhou F. Robust Lightweight Facial Expression Recognition Network with Label Distribution Training ［C］//Proceedings of the AAAI Conference on Artificial Intelligence, 2021, 35 (4): 3510-3519.

［201］ Zhao Zhe, Hong Lichan, Wei Li, et al. Recommending What Video to Watch Next: A Multitask Ranking System ［C］//Proceedings of the 13th ACM Conference on Recommender Systems (RecSys'19), 2019: 43-51.

［202］ Zhi Li, Hongke Zhao, Qi Liu, et al. Learning from History and Present: Next-item Recommendation via Discriminatively Exploiting User Behaviors ［C］//Proceedings of the 24th ACM SIGKDD International Conference on Knowledge Discovery & Data Mining (KDD'18). New York, USA: ACM Press, 2018: 1734-1743.

［203］ Zhi R, Flierl M, Ruan Q, et al. Graph-Preserving Sparse Nonnegative Matrix Factorization With Application to Facial Expression Recognition ［J］. IEEE Trans Syst Man Cybern B Cybern, 2011, 41 (1): 38-52.

［204］ Zhong L, Liu Q, Yang P, et al. Learning Active Facial Patches for Expression Analysis ［C］//2012 IEEE Conference on Computer Vision and Pattern Recognition (CVPR). IEEE, 2012: 2562-2569.

［205］ Zhou P, Chi M. Relation Parsing Neural Network for Human-object Interaction Detection ［C］//Proceedings of the IEEE/CVF International Conference on Computer Vision, 2019：843-851.

［206］Zhou Xiuzhuang, Wei Zeqiang, Xu Min, Qu Shan, Guo Guodong. Facial Depression Recognition by Deep Joint Label Distribution and Metric Learning ［J］. IEEE Transactions on Affective Computing, 2020 (99)：1-10.

［207］Zhou Y, Gregson J. Whenet：Real-time Fine-grained Estimation for Wide Range Head Pose ［J］. arXiv Preprint arXiv, 2005, 10353, 2020.

［208］Zhu X, He Z, Zhao L, et al. A Cascade Attention Based Facial Expression Recognition Network by Fusing Multi-scale Spatio-temporal Features ［J］. Sensors, 2022, 22 (4)：1350.

［209］Zhu X, Lei Z, Liu X, et al. Face Alignment Across Large Poses：A 3D Solution ［C］//Proceedings of the IEEE Conference on Computer Vision and Pattern Recognition, 2016：146-155.

［210］Zhu X, Wang Y, Dai J, et al. Flow-guided Feature Aggregation for Video Object Detection ［C］//Proceedings of the IEEE International Conference on Computer Vision, 2017：408-417.

［211］Zhu Z, Wang Q, Li B, et al. Distractor-aware Siamese Networks for Visual Object Tracking ［C］//Proceedings of the European Conference on Computer Vision (ECCV), 2018：101-117.

［212］Zou C, Wang B, Hu Y, et al. End-to-end Human Object Interaction Detection with Hoi Transformer ［C］//Proceedings of the IEEE/CVF Conference on Computer Vision and Pattern Recognition, 2021：11825-11834.

［213］白慧茹, 昌进来. 基于聚类方法改进的关键帧提取算法 ［J］. 计算机工程与设计, 2017, 38 (7)：1929-1933.

［214］陈晋音, 王帧, 陈劲聿, 等. 基于深度学习的智能教学系统的设计与研究 ［J］. 计算机科学, 2019, 46 (6)：550-554.

［215］陈靓影, 罗珍珍, 徐如意. 课堂教学环境下学生学习兴趣智能化分析 ［J］. 电化教育研究, 2018, 39 (8)：6.

［216］陈茂林, 余旺盛. 基于二阶池化特征融合的孪生网络目标跟踪算法 ［J］. 空军工程大学学报, 2022, 23 (3)：68-74.

［217］程旭, 崔一平, 宋晨, 等. 基于时空注意力机制的目标跟踪算法 ［J］. 计算机科学, 2021, 48 (4)：7.

[218] 代钦，石祥滨，乔建忠，等．结合遮挡级别的人体姿态估计方法 [J]．计算机辅助设计与图形学学报，2017，29（2）：279-289.

[219] 杜宇．基于深度机器学习的体态与手势感知计算关键技术研究 [D]．杭州：浙江大学，2017.

[220] 付齐，谢凯，文畅，等．遮挡与几何感知模型下的头部姿态估计方法 [J]．计算机工程，2023，49（3）：296-303.

[221] 傅由甲．基于面部特征点的单幅图像人脸姿态估计方法 [J]．计算机工程，2021，47（4）：197-203，210.

[222] 韩冰雪，贾丽萍，朱国辉，等．不同状态抑郁症患者对情绪面孔的注意偏向 [J]．中国健康心理学杂志，2020，28（6）：819-824.

[223] 韩丽，李洋，周子佳，等．课堂环境中基于面部表情的教学效果分析 [J]．现代远程教育研究，2017（4）：99-105.

[224] 何功炳．基于校园卡消费数据挖掘的高校贫困生认定方法研究 [D]．合肥：安徽大学，2019.

[225] 何洁月，马贝．利用社交关系的实值条件受限玻尔兹曼机协同过滤推荐算法 [J]．计算机学报，2016，39（1）：183-194.

[226] 何秀玲，高倩，李洋洋，等．基于深度学习模型的自发学习表情识别方法研究 [J]．计算机应用与软件，2019，36（3）180-186.

[227] 何祎．基于情感的课堂教学评价方法研究 [D]．锦州：渤海大学，2015.

[228] 胡敏，胡鹏远，葛鹏，等．基于面部运动单元和时序注意力的视频表情识别方法 [J]．计算机辅助设计与图形学学报，2023，35（1）：108-117.

[229] 黄倩露，王强．基于跨连特征融合网络的面部表情识别 [J]．计算机工程与设计，2019，40（10）：2969-2973.

[230] 纪文璐，王海龙，苏贵斌，等．基于关联规则算法的推荐方法研究综述 [J]．计算机工程与应用，2020，56（22）：33-41.

[231] 姜钰莹．基于微博的抑郁倾向人群用户画像构建 [D]．长春：吉林大学，2021.

[232] 李宝珍，张晋，王宝录，等．融合多层次视觉信息的人物交互动作识别 [J]．计算机科学，2022，49（S2）：643-650.

[233] 李林坚．基于情绪词库的抑郁症患者情绪表达分析与预测 [D]．杭州：浙江大学，2019.

［234］李文倩．面向远程教育的学习专注度识别方法研究［D］．杭州：杭州电子科技大学，2018．

［235］李晓英，于春燕，米振宏，张心华．高校研究生精神障碍状况、影响因素及干预［J］．中国健康心理学杂志，2020，28（3）：332-336．

［236］李校林，钮海涛．基于 VGG-NET 的特征融合面部表情识别［J］．计算机工程与科学，2020，42（3）：500-509．

［237］李勇，林小竹，蒋梦莹．基于跨连接 LeNet-5 网络的面部表情识别［J］．自动化学报，2018，44（1）：176-182．

［238］刘德志，梁正友，孙宇．结合空间注意力机制与光流特征的微表情识别方法［J］．计算机辅助设计与图形学学报，2021，33（10）：1541-1552．

［239］卢官明，何嘉利，闫静杰．一种用于人脸表情识别的卷积神经网络［J］．南京邮电大学学报，2016，36（1）：16-22．

［240］吕宝粮，张亚倩，刘伟，郑伟龙．基于多模态情感脑机接口的抑郁症客观评估与调控治疗［J］．中华精神科杂志，2021，54（4）：243-251．

［241］潘翔．网络教学情境中学习者人脸检测及表情特征提取的研究［D］．北京：首都师范大学，2009．

［242］曲志雕．基于多源脑电数据融合的抑郁症识别模型构建方法研究［D］．兰州：兰州大学，2020．

［243］任海兵，徐光祐．人体上肢姿态的估计及多解分析［J］．软件学报，2002（11）：2127-2133．

［244］尚欣茹，温尧乐，奚雪峰，等．孪生导向锚框 RPN 网络实时目标跟踪［J］．中国图象图形学报，2021，026（2）：415-424．

［245］史青宣，邸慧军，陆耀，等．基于中粒度模型的视频人体姿态估计［J］．自动化学报，2018，44（4）：646-655．

［246］宋洁．基于校园大数据的学习行为分析及学习成绩预测［D］．武汉：华中师范大学，2020．

［247］宋鹏，杨德东，李畅，等．整体特征通道识别的自适应孪生网络跟踪算法［J］．浙江大学学报：工学版，2021，55（5）：10．

［248］谭建豪，郑英帅，王耀南，等．基于中心点搜索的无锚框全卷积孪生跟踪器［J］．自动化学报，2021，47（4）：801-812．

［249］汪亭亭，吴彦文，艾学轶．基于面部表情识别的学习疲劳识别和干预方法［J］．计算机工程与设计，2010，31（8）：1764-1767．

［250］王翠英．数字图书馆中基于内容的视频检索［J］．情报科学，2004（10）：1246-1249．

［251］王鹏宇，张敏，马为之，等．基于生活日志的情绪识别［J］．中文信息学报，2021，35（1）：96-103，112．

［252］王晓华，潘丽娟，彭穆子，等．基于层级注意力模型的视频序列表情识别［J］．计算机辅助设计与图形学学报，2020，32（1）：27-35．

［253］王新澳．基于校园行为信息网络的相似学生搜索与行为预测研究［D］．成都：四川大学，2021．

［254］吴国栋，宋福根，涂立静，等．基于改进 CNN 的局部相似性预测推荐模型［J］．计算机工程与科学，2019，41（6）：1071-1077．

［255］夏海莎，李雨豁，刘小菠，等．抑郁患者情绪面孔注视特征：基于眼动研究的 Meta 分析［J/OL］．中国组织工程研究，2022：26（29）：4735-4741．

［256］谢慧．基于数据挖掘的校园一卡通日志分析系统设计与实现［D］．武汉：西北大学，2020．

［257］熊碧辉．在线学习中融合视线分析的注意力检测方法的研究和应用［D］．杭州：杭州电子科技大学，2018．

［258］徐金东，马咏莉，梁宗宝，等．自监督学习的单幅透射图像恢复［J］．自动化学报，2023，49（1）：219-228．

［259］徐琳琳，张树美，赵俊莉．构建并行卷积神经网络的表情识别算法［J］．中国图象图形学报，2019，24（2）：73-82．

［260］徐路．基于表情行为模式的抑郁识别研究［D］．兰州：兰州大学，2020．

［261］杨彬，李和平，曾慧．基于视频的三维人体姿态估计［J］．北京航空航天大学学报，2019，45（12）：2463-2469．

［262］杨楚珺．基于语音和面部特征的抑郁症识别技术研究［D］．重庆：西南大学，2019．

［263］杨瑞琴，吕进来．基于双重检测的视频镜头分割方法［J］．计算机工程与设计，2018，39（5）：201-206．

［264］杨瑞琴．视频检索中镜头分割及关键帧提取技术的研究［D］．太原：太原理工大学，2018．

［265］杨小溪，郑珊珊，董庆兴．大学生心理健康信息需求触发路径研究——基于清晰集定性比较分析方法［J］．情报科学，2020，38（7）：30-36．

[266] 姚乃明, 郭清沛, 乔逢春, 等. 基于生成式对抗网络的鲁棒人脸表情识别 [J]. 自动化学报, 2018, 44 (5): 865-877.

[267] 尹芳, 宋垚, 李骜, 等. 基于局部优化奇异值分解和 K-means 聚类的协同过滤算法 [J]. 南京理工大学学报, 2019, 43 (6): 720-726.

[268] 袁源. 远程教育中不良表情的识别研究 [D]. 成都: 四川师范大学, 2014.

[269] 曾逸琪. 基于深度学习的人脸表情识别算法研究 [D]. 合肥: 中国科学技术大学, 2018.

[270] 詹泽慧. 基于智能 Agent 的远程学习者情感与认知识别模型——眼动追踪与表情识别技术支持下的耦合 [J]. 现代远程教育研究, 2013 (5): 100-105.

[271] 张睿, 宋荆洲, 李思昊. 基于无锚点机制与在线更新的目标跟踪算法 [J]. 计算机工程与应用, 2021, 57 (20): 210-220.

[272] 张志祯, 齐文鑫. 教育评价中的信息技术应用: 赋能、挑战与对策 [J]. 中国远程教育, 2021 (3): 1-11+76. DOI: 10.13541/j.cnki.chinade.2021.03.001.

[273] 张志祯, 喻凡, 李芒. 课堂教学视频分析软件的设计与实现 [J]. 中国电化教育, 2010 (6): 113-116.

[274] 赵安琪, 赵海平, 路培鑫. 基于社会化问答社区的抑郁症健康信息需求研究 [J]. 中华医学图书情报杂志, 2018, 27 (9): 38-45.

[275] 赵丹, 赵文广. 基于校园网的用户上网行为数据分析及应用 [J]. 中国信息化, 2020 (9): 63-66.

[276] 赵鹤林. 基于单张 RGB 图像的三维人脸重建 [D]. 长沙: 湖南大学, 2019.

[277] 赵雨欣. 基于一卡通数据的 G 大学学生校园消费行为研究 [D]. 大连: 大连海事大学, 2020.

[278] 钟马驰, 张俊朗, 蓝扬波, 等. 基于人脸检测和模糊综合评判的在线教育专注度研究 [J]. 计算机科学, 2020, 37 (11): 196-203.

[279] 周琳, 徐柳柳. 抑郁症病人手机依赖现状及影响因素分析 [J]. 循证护理, 2021, 7 (17): 2398-2401.